贵州民族大学学术文库丛书

GUIZHOU MINZU DAXUE XUESHU WENKU CONGSHU

丛书主编：黄其松

U1014187

明清府县佐贰官制度研究

MINGQING FUXIAN ZUOERGUAN ZHIDU YANJIU

赵宁芳 著

中国社会出版社

国家一级出版社 · 全国百佳图书出版单位

图书在版编目（CIP）数据

明清府县佐贰官制度研究 / 赵宁芳著 . -- 北京 ：
中国社会出版社，2023.7
（贵州民族大学学术文库丛书 / 黄其松主编）
ISBN 978-7-5087-6919-6

Ⅰ．①明… Ⅱ．①赵… Ⅲ．①官制－研究－中国－明清时代 Ⅳ．① D691.42

中国国家版本馆 CIP 数据核字（2023）第 119253 号

出 版 人： 程　伟
责任编辑： 陈　琛
责任校对： 卢光花
终 审 人： 李新涛
策划编辑： 陈　琛
封面设计： 尹　帅

出版发行： 中国社会出版社
邮政编码： 100032
网　　址： shcbs.mca.gov.cn
经　　销： 新华书店
地　　址： 北京市西城区二龙路甲 33 号
编 辑 部： (010)58124835
发 行 部： (010)58124864；58124848

印刷装订： 北京虎彩文化传播有限公司
印　　张： 14
版　　次： 2023 年 7 月第 1 版
定　　价： 68.00 元
开　　本： 170 mm × 240 mm　1/16
字　　数： 220 千字
印　　次： 2023 年 7 月第 1 次印刷

中国社会出版社微信公众号

中国社会出版社天猫旗舰店

前　言

府县佐贰官制度是明清地方治理的重要制度，不但关系到国家的政策指令如何落实到基层，也关系到正官与佐贰官之间的权力分配。百姓安否在府县，朝廷安否在府县，这不但关系到地方社会治理，更关系到王朝的安危，其府县设官分职也是本着这个目的。

明代在府县设置正官、佐贰官、首领官，试图在完善正佐相互辅助监督的基础上，加强对地方的控制。对于正官有责任条例规定，对佐贰官及首领官却没有完整的制度构建，将之纳入僚佐、参谋的范畴。这种正佐相互辅助监督制度虽然有其优长，但也存在着许多问题，不但使佐贰官及首领官难以发挥佐治的效用，也影响了行政的效率，更使正佐之间容易产生矛盾。两害相权取其轻，在加强对府县正官管控的情况下，逐渐走向正官负责制。

府县正佐相互辅助监督制度难以持久实行的原因，主要是正佐官员都是由中央统一任命。在具体政务实施过程中，朝廷致力于督促府县正官，却将僚佐置于监督的地位，其赞治往往转化为掣肘，不但限制正官权力的发挥，而且容易使正佐之间产生矛盾，他们常常会因为些许小事，甚至个人私事而相互控告。朝廷在最初处理这类问题时，概以同僚不和而两罢黜之。自知前途无望的佐贰官往往以此要挟正官，最终导致《在外正佐官互相纠举例》的出台，在制度上确立正官的优势地位，佐贰官的主干行政权被剥离，失去赞理职权，成为闲曹、冗员。在不断裁冗的情况下，佐贰官逐渐转向分事、分防事务，其职能也发生根本的变化。

清王朝承袭明代后期的制度，在雍正时期大规模移驻佐贰官以后，乾隆年间又确定了“厅”制，使佐贰官仅有其名而无其实，几乎与正官相等。明清两代在实行正官负责制的时候，并没有明令废除佐贰官制度，却将他们置于“微员”之列，也直接影响到分事、分防佐贰官的职能发挥。正官负责制也需要有人赞治，当佐贰官退出赞治行列以后，正官以聘用幕友的形式来协助办理各种事务，地方官府的运作模式也发生了根本变化。地方官聘用幕友一直没有得到朝廷在制度上的认可，而已经退出赞治行列的佐贰官却在制度上拥有赞治的权力，这种在制度夹缝中的政务运作模式，引起明清思想家们的关注。

明清府县佐贰官制度的发展变化，乃是正佐相互辅助监督制度自身存在的问题所决定的。正佐相互辅助监督机制是整饬吏治，督促各级官吏恪守朝纲法律的有效措施，但也应该承认其自身的缺陷。政治制度应该本着发挥最大的政治效能来设置，但也不能够忽略制约权力，没有权力制约也就没有社会。权力制约不是目的，促进社会发展才是政治的最高目标。明清府县佐贰官制度侧重于相互监督，则很容易卷入权力与利益的纷争，使他们无暇于政务，也无怪乎时人总是感叹府县官员弃民生于不顾，唯知利己害民了。

明清府县佐贰官制度的发展变化，涉及正佐辅助监督制与正官负责制，关注这两个制度的区别，分析其优长缺陷，探讨两种制度能否完美结合，得出一些有益启示，既是创新所在，也是研究的主要目的。正佐辅助监督固然可以减少决策上的失误，但也会影响到行政效率；正官负责制虽能够提高行政效率，却也会导致权力失控。如何解决这个问题，不但是明清统治者与思想家们所高度关注的，也是现代社会发展所不能忽视的。

目　录

绪　论

“从来国运之盛衰，系乎民心之离合；民心之离合，系乎吏治之隆污。”①在中国古代官僚体系中，有一个被称为佐贰的群体，乃是副职，在正佐监督负责制推行的时代，他们与主官共同办理政务；在施行主官负责制的时候，他们成为冗员，还要唯主官马首是瞻。无论如何变化，他们毕竟是官，“官者，管也”，就要履行管理职责。从正佐监督到主官负责，佐贰官的职权发生了哪些变化？在整个社会治理体制中，佐贰官具体发挥什么作用？这是研究政治制度，特别是地方制度所不能忽略的问题。

第一节　研究对象与目的

选题是决定研究成败的起点与关键，既要考虑研究的低重复率，又要有创新意识，还要思考研究对象的明确性及意义。以“明清府县佐贰官制度研究”为题，是以地方佐贰官制度设置为起点，通过制度设计分析，来看地方佐贰官职权演变，再从地方行政体制的角度进行分析，在探讨地方行政制度发展规律的同时，得出一些有益的启示。

一、研究对象

明清府州县官吏设置基本上是按正官、佐贰官、首领官、教职、杂职、吏典、差役的顺序编排的。正官就是知府、知州、知县，一般情况下仅有一人。佐贰官，即副职和辅助官。府为同知、通判、推官；州为州同知（通常

---

① 夏东元．郑观应集·易言三十六篇本．论考试，上册［M］．上海：上海人民出版社，1982：110.

称州同，以别于府同知）、判官（通常称州判，以别于府通判），县为县丞、主簿。府州县的佐贰官，或三人，或两人，或一人，或不设，或更多，这要看本府州县的事繁事简。事繁的每职设两人或多人，事简的设一人或不设。首领官在府为经历，在州为吏目，在县为典史。教职在府为教授、训导，在州是学正、训导，在县是教谕、训导。杂职是巡检司、驿、税课局、库、仓、织染杂造局、河泊所、批验所、递运所、冶铁所、闸、坝等官。吏典即俗称的“六房书吏”（吏、户、礼、兵、刑、工）。差役即俗称的“三班衙役”（皂、壮、快）及杂役（库子、仓老、仓夫、仓斗级、门子、禁子、巡拦、厨子、膳夫、斋夫、馆夫等）。

以府州县佐贰官为研究对象，其目的在于理解佐贰官制度构建的基础上，梳理与佐贰官制度有关的内容，在弄清制度设计原则的情况下，针对具体内容进行细致分析，通过佐贰官的权力运作、行为模式，看历代王朝地方治理的理念，再从相关的制度、政策、法令看具体实施，以期勾勒出明清府县佐贰官制度的全貌。

首先，府州县官是亲民之官，一直是明清王朝关注的对象。身为府州县官员，号称“父母官”，其背景、个性、行为、思想、文化不仅决定了他们自身的前途与命运，也关系到王朝和社会的稳定。君主专制中央集权制度，不但决定了设官分职，官必须拥有权力，但又不能够有不受限制的权力，而且要求所有官员在忠于王朝的情况下，必须服从上级，主官负责制得以长期实行，其权力也必须受到限制，正佐相互监督就成为必要，这也是佐贰官设置的初衷。正佐相互监督机制是整饬吏治，督促各级官吏恪守朝纲法律的有效措施。一方面，同僚之间的相互监视，使彼此的行为都要有所检点，可以促进吏治，提高工作效率；另一方面，以官制官，造成权力上的互相制约，有利于朝廷对他们的控制。在君主专制政体下，正佐监督机制也存在着难以克服的弊病，在保证效率的情况下，往往责成正官，佐贰官则渐成闲员。在权责规定上，主官的权责规定具体，佐贰官的权责规定含糊。在升进的仕途上，主官迁调比例较大，佐贰官则升进艰难。在正官负责制的情况下，佐贰官沦为闲职是不可避免的，但也不能使闲职尸位素餐，在权责范围内逐渐出现分防分守分事，使他们有了一定的辖区、管理一定事务，这不但意味着闲职向实职的转变，也意味着地方行政体制发生了变化。弄清这个演变过程，乃是深入了解明清地方行政制度的重点内容。

其次，以明清府县佐贰官为研究对象，可以发现地方行政体制发展变化的原因。秦以后的地方职官设置，一直是在正佐监督制与正官负责制之间徘徊。以正官负责制来责成行政效率，以正佐监督制来控制权力的扩张，也是历代王朝一直关注的重点。《大明律·吏律·公式·封掌印信》条规定："凡内外各衙门印信，长官收掌，同僚佐贰官用纸于印面上封记，俱各画字。若同僚佐贰官差故，许首领官封印信。"《同僚代判署文案》条规定："凡应行官文书，而同僚官代判署者，杖八十。"《大清律例》则完全承袭这些律文，增加一些条例予以细化，可见正佐监督制是有法律保障的。然而，在正官负责制逐渐形成的情况下，佐贰官的监督职能弱化，在制度规定的权责内，分防分守分事成为发展趋势，进而形成名为佐贰而实际上并不是佐贰的情况，不但导致"厅"制的出现，也成为民国以后的"区"制的源头。厘清这个变化过程，对深入研究明清地方行政体制有所裨益。

再次，从秦汉的郡守（太守）—郡尉（都尉）—郡监（郡丞）—郡三老，县令长—县尉—县丞—县三老，到后来形成的"令、丞、簿、尉"的县级权力格局，"大府（知府）、二府（同知）、三府（通判）、四府（推官）"的府级权力格局。"这种四套班子的官制构成，应该说是有利于皇帝集权统治，但也有致命的失误，那就是不能够保证办事效率"[①]。对明清佐贰官制度研究，可弄清这四套班子具体运作方式，也可以得到有益的启示。

此外，明清王朝根据地方治理需要，对这些职官进行变革，或分权、或集权，数量或增、或减，但往往殊途同归，发展为"一人政治"的主官负责制，佐贰官的位置非常尴尬，他们是被裁撤的对象，但也不能够忽略他们的作用，以分防分守分事的形式，将他们移驻到乡村、集圩、市镇、关隘、旧城等地方，并且赋予他们更重要的权力。对分防分守分事佐贰官权责与权力实施研究，也有利于对区域社会制度史的深入研究。

还有，以明清时期的佐贰官为研究对象，乃是经过慎重考虑的。从发展的眼光看中国政治制度史，各个朝代既有共性，又有特殊性。这是不难理解的，新建立的王朝，总是在吸取前朝施政经验得失的基础上，选择沿革或者扬弃旧的制度。在王朝延续过程中，又会根据统治者的偏好、顺应社会环境的变迁，以及对新出现问题的把控，不断完善已有制度。或者建立新的制度，

---

① 柏桦．中国古代地方职官设置与管理智慧［J］．贵州社会科学，2013（6）：54.

因而人类历史总体是向着先进和文明发展的。中国几千年君主专制中央集权制度延续到明清王朝，可谓臻于完善，同时也不可避免地呈现出强弩之末之势。明清王朝时君主专制中央集权制度发展到顶峰时期，但该制度在具体实施过程中也发生了一些变化，既有别开生面而较为成功的经验，又有日薄西山的制度和实际运行情况不协调的失败教训，还有一个由盛到衰的过程，值得总结的经验教训很多。

最后，需要说明的是，明清在边疆少数民族地区（四川、云南、广西、贵州、甘肃、青海、西藏、新疆）实行土官制度，虽然不断进行改土归流，但一直存在。这些地区的土职佐贰官，因为是世袭的，其管理模式及权责与其他地区不尽相同，囿于篇幅所限，这些土职佐贰官只是在佐贰官边疆分布情况时有简单概括，暂时未作深入研究，但关注了朝廷派遣到土职之处的佐贰官。

总之，以明清府县佐贰官制度为研究对象，既要弄清其历史渊源，又要关注明清王朝的发展变化，更重要的是分析这种制度具体发挥的效用，在关注制度具体实施情况的同时，试图以体用结合、表里互映的动态描述，勾勒出府县佐贰官制度的具体概貌，在分析其利弊得失的基础上，得到一些有益的启示。

二、研究概念

研究府州县佐贰官制度，有必要弄清相关的概念，厘清与这些概念相关的问题，进而厘清研究的思路。

首先，有关“佐贰”的概念。从语言学的角度来看，“左者，今之佐字。说文无佐也。𠂇者，今之左字。𠂇部曰左手也，谓左助之手也。以手助手是曰左，以口助手是曰右”①。《康熙字典》云：“佐，辅也，贰也。”② 王聘珍解诂云：“佐，助也。”③《说文解字》云：“贰，副益也”，段玉裁注：“当云副也，益也。《周礼》注副贰也。”④ 在训诂学排序注解中，“佐”字往往被强调

---

① 段玉裁．说文解字注，第9卷［M］//第五篇注上．上海：上海古籍出版社，1981：200.

② 张玉书，等．康熙字典：子集中［M］．标点整理本．上海：汉语大词典出版社，2002：23.

③ 王聘珍．大戴礼记解诂：卫将军文子，第6卷［M］．上海：中华书局，1983：111.

④ 段玉裁．说文解字注，第12卷［M］//第六篇注下．上海：上海古籍出版社，1981：281.

其“助”的功能，而“贰”字则往往被强调其“副”的角色。然而，两者之间这种“角色”与“功能”的差异并非特别明显，在一定语义范围内二者可互为通用。如《汉语大词典》排序注解中，“佐”与“贰”最靠前的两个注解近乎一致，一是指辅助、帮助，二是指副职或任副职者[①]。如果说两者之间有最显著差异的话，那就是“贰”字本身还代表一种怀疑、不专的心理状态，乃是研究佐贰官制度值得关注的问题，因为制度并没有要求他们与正官同心同德，既要辅佐，又要监督。值得注意的是，在这些训诂著作中，“佐”与“贰”基本上都是作为独立的单词表示动词或名词，至于“佐”“贰”合用代指僚属的情形，其出现至少不会晚于唐代[②]。“佐贰”强化了身居该职官的地位、功能，同时也蕴含了不确定因素。所谓“佐贰官”是指“主官的副职或辅佐官之统称。如金熙宗时，以同知、佥院、副使、少尹、通判、丞称佐贰官。明清为地方政府主官的辅佐官之统称。如府同知、通判、推官，州同知、判官，县丞、主簿等。其品秩略低于主官，但非属员，与主官同为堂上官”[③]。不是属官，乃是副职的辅佐官员，也就决定了佐贰官佐理赞治的地位。

其次，有关佐理的概念。佐理即协助治理，亦指协助长官治事的副职，由此可见，佐理人员应该是长官身边提供秘书与咨询服务的人员，并且被赋予副职的地位，应该是长官的“心腹”“股肱”。依照一般政务运行规则，具体职能部门将所要承办的事务呈送给正官批示，正官决策之后下达职能部门执行。在这个过程中，正官在决策时可能会与佐理人员探讨商议，也可能直接决策，进而形成两种政务运行模式：一是职能部门⟶正官（佐理人员⟶正官）⟶职能部门；二是职能部门⟶正官⟶职能部门。按照制度规定，佐理人员参与是必不可少的环节，而他们的地位又决定不能够起到决定作用，在具体政务运行中，便出现职能部门请示⟶正官批准⟶佐理人员副署⟶职能部门执行的过程。可以说制度规定有佐理人员参与，是中间环节，副署是他们参与政务的形式，如果不同意正官的决策，可以拒绝签署，提出自己

---

① 段玉裁．说文解字注，第 12 卷［M］//第六篇注下．上海：上海古籍出版社，1981：281.

② 同①.

③ 郑天挺，等．中国历史大辞典（音序本）［M］．上海：上海辞书出版社，2007：3824.

的意见，但他们与正官地位悬殊，出于自身安全考虑，往往不敢拒绝签署，更有甚者，要佐理人员副署却不让其知道所签署文件的内容，如韩愈所讲："丞位高而逼，例以嫌不可否事。文书行，吏抱成案诣丞，卷其前，钳以左手，右手摘纸尾，雁鹜行以进，平立睨丞曰：'当署。'丞涉笔占位，署惟谨，目吏，问：'可不可？'吏曰：'得。'则退。不敢略省，漫不知何事。"[①] 在这种情况下，其副署权不过是例行公事，他们连副署文件内容都不知道，怎么能够提出自己的意见呢！更不能够起到"心腹""股肱"的作用。即便如此，制度赋予他们以权力，能否履行权力，往往会因人而异。在正官负责制的情况下，佐理人员的副署只能够是形式，进而沦为闲散冗员，但正官还是需要"心腹""股肱"的，进而出现以正官私人名义延聘的幕友，这也是正佐相互监督制向正官负责制转变的关键时期。

再次，有关分防分守分事的概念。按照明清制度规定，佐贰官经常担任的是管粮、管马、清军、巡捕、水利、抚民等职事，有具体主管的事务，为了便于办理，他们往往不与正官同城办公，有自己单独的衙门，独自承办主管事务，也就没有了佐理之责。在大规模裁撤佐贰官的时候，这些有具体主管事务的佐贰官得以保留，在实际政务运作过程中与正官没有什么区别，是名为佐贰官，并没有佐理之责，是佐贰官职权的转移，也导致地方行政管理模式发生一些变化。

最后，府州县佐贰官与各种专管事务佐贰官的区别。在明清时期，河道、盐法、仓储等事务设有专门的衙门，同为佐贰官，隶属却不相同，如无特别说明，则是专指府州县的佐贰官。在分防分守分事制确立以后，府同知、通判称为"厅"，州同以下称为"汛"[②]。笔者将这些厅、汛也纳入研究的范围，因为这关系到地方行政体制发展变化。

三、研究意义

研究明清府州县佐贰官制度，就应该把握该制度的设置目的，所要发挥的作用，在静态地勾勒制度的具体内容的同时，动态地分析制度运行。既然

---

① 韩愈．韩昌黎文集：蓝田县丞厅壁记，第2卷［M］．马其昶，校注．上海：上海古籍出版社，1986：89－91．

② 昆冈，李鸿章，等．钦定大清会典：吏部，第6卷［M］．1899．

是以府州县佐贰官为研究对象，就应该以佐贰官为研究重点，这里不仅有佐贰官的具体内涵，也有佐贰官所发挥的作用，更有相关的制度与法律规定。“法律制度中起作用的准则不是原则或抽象的标准”，这是因为“人们究竟从来没有见到规则，人们只看见行为模式”①。也就是说，政治制度表现了人的行为，“政治制度是‘一套相互作用’，即一种社会制度，换言之，政治制度不是机构或机器，而是行为，是与其他行为相互联系的行为”②。既然是政治制度与人们的行为关联，研究明清府州县佐贰官制度，就不能够忽略在制度规范下佐贰官们的行为，也不能够忽略他们行为的社会属性，这就要求在具体的制度研究过程中，必须结合人们行为的社会属性。这样的研究，既有学术意义，又有历史意义，还有一定的现实意义。

就其学术价值而言，府州县官被称为“父母官”，所有的政务都应该由他们负责，但也不能够忽略作为佐理人员佐贰官的作用，其中间层次决定他们在府州县政务上要发挥作用，分管事务则要求他们承担分管之责。以往的研究多集中在府州县官，是一种“主官情结”，对佐贰官的关注明显不足。通过对佐贰官制度研究，将该制度纳入明清国家与社会变迁“大历史”中进行考虑，以传统国家与社会为视角，使基层官府组织结构的研究内容更加丰富，对中国地方行政制度史的研究也将是有价值的。

就历史意义而言，明清府州县佐贰官制度的承前启后、继往开来，不但彰显了皇权专制的不断强化，也体现了中央集权制度发展的特点，既有统治者的刚柔相济、张弛结合的治理理念，又有制度规范的特点。“一个法律制度，从其总体来看，是一个由一般性规范同适用于执行规范的特殊性行为构成的综合体。它既有规范的一面，又有事实的一面”③。从规范的角度看，针对佐贰官设置的制度是规范佐贰官的；从事实的角度看，还有被规范的佐贰官面对规范而出现的各种行为。规范与行为结合的研究，其本身就是静态与动态的结合，既要反映出制度本身的具体内容，又要看到在制度规范下的群体行为，也就使研究具有了实际的意义。

---

① 劳伦斯·M. 弗里德曼．法律制度——从社会科学角度观察［M］．李琼英，林欣，译．北京：中国政法大学出版社，2004：48.

② 同①6.

③ E. 博登海默．法理学法律哲学与法律方法［M］．邓正来，译．北京：中国政法大学出版社，1999：238.

就制度实施效果及影响而言，明清府州县佐贰官制度有制定、完善、衰败、变革的发展过程，既收到预期的效果，也存在制度的不足，最终非但失去实际效果，而且对当时的政治产生很大的影响。所谓的影响，既包括对当时的影响，也包括对后世的影响，因此从效果到影响的研究，既有过程的研究，也有理论分析，最终使研究具有一定理论意义。“国家问题就是一个归属问题，国家可谓是各种各样的人的活动所投入的共同点，不同的人的活动归属一个共同点”[①]。从国家与制度及人的角度，通过具体研究，上升到理论层面研究，也就突出了选题的理论意义。

就现实意义而言，通过对明清府州县佐贰官制度的研究，探讨该制度在王朝统治中所发挥的效用，从该制度运作过程进行动态考察，进而在注重历史经验探求的基础上，寻找历史的逻辑，总结利弊得失。从完善当今地方行政制度的角度出发，展望未来，在提供经验教训的基础上，进行一定的思考，进而突出研究的现实意义。

总之，明清府州县佐贰官制度，既是传统政治制度的重要组成部分，又是中国君主专制中央集权制度发展到顶峰时期的产物。制度构建与社会利益紧密相关，不可能不对社会产生重大影响，而制度的实现过程是一个不断循环的圈。起点是制度构建，终点是制度的实施效果。制度构建期待预期的效果，实际效果总要评判制度的成败。从明清府州县佐贰官制度构建可以看到，伴随着王朝的兴衰，佐贰官制度从不完善到完善，再从完善走向腐朽，又从腐朽走向不完善，然后再进行完善，最终也为后世制度构建奠定了基础。这是制度构建的过程，也是制度实施的过程，更是历史发展的过程。因此，在对明清府州县佐贰官制度实施的过程描述中，尽可能公正地分析与评价，乃是研究的重要意义所在。

---

① 凯尔森．法与国家的一般理论［M］．沈宗灵，译．北京：中国大百科全书出版社，1996：215.

第二节 研究现状

国内外学界对明清府州县佐贰官的研究并不多，也没有专门的著作。由于佐贰官是地方行政官员必不可少的设置，在论述地方行政时，或多或少都会提及，有必要进行梳理。了解相关的研究，既是研究的开始，也是深入研究的必要，更是发现与解决问题的根本。

一、地方行政体制内佐贰官研究

有关明清府州县佐贰官的研究，历来不为人们所重视。现存的史料中，关于佐贰官的资料也非常稀少，而且非常分散。与此相适应，至今学术界对这个群体的研究也不多，即便论及，也多是纳入地方行政体制范畴。

柏桦对明代州县政治体制有专门的论述，在谈及佐贰官时指出他们的地位稍高，是副职与辅佐官。佐贰官分管粮马、巡捕等事。州县长官掌握着佐贰官的考评大权，故对佐贰官拥有绝对的优势，甚至可以任意辱骂、责打。但佐贰官也不是完全无足轻重的，因为明代巡抚、巡按有调用地方佐贰官的权力，而巡抚、巡按又拥有对州县官的考评大权。佐贰官通过与巡按的这层关系，不但有可能摆脱州县官的控制，甚至可以反过来对州县官有所牵制。佐贰官的相对独立地位更加招致主官的嫉视。主官视佐贰官为掣肘，“多认为他们妨碍政事，于朝廷裁撤冗官之时奏请裁决而后快”①。在论述明清州县官群体时，注意到“佐贰官虽在本州县为辅助官，但有自己的衙门，也是一个部门的主管，故此，在他们因故离任和阙员的时候，要由府派人署理其任”②。在论述父母官时，谈及正佐相互监督制度是有法律保障的，“明初佐贰官与正官分庭抗礼是比较普遍的，而正佐相互监督机制也得以发挥功效”③。此外还论述了正佐相互监督制向正官负责制的转变过程，分析正官与佐贰官的关系，关注佐贰官的分防、分守、分事的问题。

---

① 柏桦．明代州县政治体制研究［M］．北京：中国社会科学出版社，2003：76－78.

② 柏桦．明清州县官群体研究［M］．天津：天津人民出版社，2003：51.

③ 柏桦．父母官：明清州县官群像［M］．北京：新华出版社，2015：46.

瞿同祖认为，清代基层官府是一人官府，实行的是正官负责制，因为这个时期佐贰官被大幅度地削减了。在1500个左右的州县中，只有467个佐贰官[①]。这些佐贰官大部分是处于“分防”“分守”的状态，还有一些负责“治水”的任务，实际统一归河道官员管理，这样的佐贰官“显然不能与负责一般行政事务的僚属混同”[②]。有分防分守责任的佐贰官在外驻扎，与正官同城办公的佐贰官也多不参与日常行政，“除了那些被委以特定职责的僚属官员外，他们大多仅有一些琐碎的、有时甚至不确定的职责”，常常被称为“闲曹”“冗员”[③]。

郑秦认为，佐贰官并非齐集州县衙署办公，而是分署办公，分管某一专门事务，但是并非分担州县治权。正因如此，他们的地位低下，不能够发挥作用，进而产生种种矛盾心态，并没有谈及佐贰官分防分守分事问题[④]。郑起东在研究晚清华北地区县级组织时，认为佐贰官是空有衙门，是闲散冗员，其行政作为完全仰仗正官鼻息，对正印官和整个地方行政都不重要[⑤]。周振鹤在讲述明清地方行政制度时，则认为佐贰官的地位非常重要，不但分管各种重要政务，在衙门日常事务处理中也发挥重要作用，不仅仅是起到辅助性作用[⑥]。

对于佐贰官的行政地位与作用，论者也存在一定分歧。约翰·瓦特（John R. Watt）认为：清王朝延续了宋代以来州县佐属官员数量减少的趋势，其佐属官在政治上影响力很小，缺乏权力与权威，特别是在地方行政体制变革过程中，佐贰官日渐远离政治中心，并逐步演变成为地方利益的代表者[⑦]。不过他关注到清代县丞、主簿、巡检等州县下级官员也有衙署，一般设在集镇上或者具有战略意义的水陆交通要道上，但还是认为在正常情况下，它们却并非帝国衙门机构的一部分[⑧]。费维恺（Albert Feuerwerker）认为：清代地

---

① 瞿同祖．清代地方政府［M］．北京：法律出版社，2011：19.

② 同①18.

③ 同①24－25.

④ 郑秦．清代县制研究［J］．清史研究，1994（6）.

⑤ 郑起东．转型期的华北农村社会［M］．上海：上海书店出版社，2004.

⑥ 周振鹤．中国地方行政制度史［M］．上海：上海人民出版社，2005.

⑦ WATT J R. The District Magistrate in Late Imperial China［M］. New York：Columbia University Press，1972.

⑧ 瓦特．衙门与城市行政管理［M］//施坚雅．中华帝国晚期的城市．叶光庭，等译．北京：中华书局，2000.

方设置佐贰官的州大概占总数1/2，县大约有1/3。在州县正官控制钱粮、刑名权力的情况下，佐贰官未拥有像正官那样真正独立的权力①。章楚（Djang Chu）指出：清代州县佐贰官在清代地方治理中扮演着不甚重要的角色，他们没有处理犯罪和民事案件的足够权力，仅是闲散冗员，不仅缺乏权威，而且缺少晋升的机会②。戴炎辉注意到，清代内地州、县、厅组织主要由长官和佐杂官构成，但不是所有的州县厅都设置佐贰官，乃是视辖境大小、事务繁简而定。佐贰官分担征粮、捕盗或水利等特定事务，其衙门或与印官同城，或分防管内要地，但他们没有司法审判权③。织田万在论述清代地方官厅构成时，认为正印官为主任官之义，佐贰、杂职、首领皆为辅助职官。司府以下正官往往有补助官以分掌其事务，佐杂官是正官的统属官僚，因土地大小、事务繁简而设置有异，其要在于辅助正官而并非具有独立职权④。魏光奇也认为，清代州县治理结构中，不能将佐贰视为正印官的副职官员，因为他们并没有被纳入州县主干行政系统，但注意到了佐贰官有自己的衙署和独立职能⑤。之所以在佐贰官权责上产生分歧，乃是基于典章制度规定与具体实施方面的差异。应该承认，在典章制度中规定的佐贰官的权力，与正官同城，其衙门也设在府州县衙门之内，就是佐理人员。当佐贰官接受委派去办理某项事务时，或者分防分守分事在某个地方时，则具有独立的职能。弄清这个问题十分关键，这不仅关系到佐贰官权责问题，也与地方行政体制密切相关。

二、佐贰官职权研究

对于佐贰官的职权，学者从多方面论及，综合起来，无外乎这几个方面：

首先，司法职能。那思陆认为：清代州县佐贰官衙署也是地方审判机构的组成部分，其职务也与司法有关。尽管官方典制规定非正印官不得受民词，

① FEUERWERKER A. State and Society in Eighteenth-Century China: The Ch'ing Empire in Its Glory [J]. Michigan Monographs in Chinese Studies, 1976 (27).

② CHU D. Translator's Introduction, A complete book concerning happiness and benevolence: a manual for local magistrates in seventeenth-century China [M]. University of Arizona Press, 1984.

③ 戴炎辉. 清代台湾之乡治 [M]. 台北：联经出版事业公司，1979.

④ 织田万. 清国行政法 [M]. 北京：中国政法大学出版社，2002.

⑤ 魏光奇. 清代州县治理结构述要 [J]. 首都师范大学学报（社会科学版），2003 (1).

但是因正印官事冗，佐贰官事实上时常受理民词，拥有一定审判权力①。吴吉远在研究清代地方政府司法职能的时候，对于佐贰官参与司法问题进行分析，在制度上规定佐贰官不得参与司法，而实际上在办理词讼过程中，佐贰官经常受委承办，也就在一定程度上参与了司法。至于不与正官同城的佐贰官，他们有自己固定的辖区，有一定的行政职责，就有相应的司法职权。无论是受委承办，抑或在自己的辖区，佐贰官在正官集权的情况下，在司法方面发挥的作用有限②。李凤鸣在论述清代州县官吏司法责任的时候，提到佐贰官的司法职权，并且通过《刑案汇览》所载案例进行分析，认为佐贰官没有法定受理和审判权力，但在具体实践中往往具有法外司法的职能③。茆巍从清代命案尸体勘验来看佐杂官参与司法的情况，因为命案普遍存在佐杂官代验的现象，他们事实上获得了命案检验权、审理权，发挥着一级审判机关的作用，是万事胚胎始于佐杂，他们并非闲曹④。王兆辉、刘志松专门论述清代州县佐贰官的司法权，从佐贰官参与勘验、缉捕、审断、执行等方面的司法事务，认为他们在不同程度上拥有司法权，虽然法律规定佐贰官不能够参与司法，但实际上却拥有司法权，这种法律和实际治理的背离，是值得深入研究的⑤。艾马克从中国台湾淡新档案中有关艋舺县丞的记载，分析在该地驻扎的县丞所发挥的作用，从法律与地方社会的角度，既看到县丞分驻对促进艋舺港地区经济繁荣起到重要作用，也看到随着商业成长、人口滋生，纠纷也日渐增多，而该分驻县丞一直承担办理词讼之责，其中饱私囊，坐收合法和不法的利益。虽然朝廷及台湾府一再严禁淡水厅同知以下官员涉及词讼，但从档案看，这些佐贰官实际上还是办理词讼的，从案件处理情况来看，多是一般民事纠纷，很少有强盗、命案，则可见朝廷禁止佐贰官办理词讼主要是刑事方

---

① 那思陆．清代州县衙门审判制度［M］．范忠信，尤陈俊，勘校．北京：中国政法大学出版社，2006.

② 吴吉远．清代地方政府的司法职能研究［M］．北京：中国社会科学出版社，1998.

③ 李凤鸣．清代州县官吏的司法责任［M］．上海：复旦大学出版社，2007.

④ 茆巍．万事胚胎始于州县乎？——从命案之代验再论清代佐杂审理权限［J］．法制与社会发展，2011（4）.

⑤ 王兆辉，刘志松．清代州县佐贰官司法权探析［J］．西南大学学报（社会科学版），2014（4）.

面，却允许他们办理民事方面的诉讼[1]。太田出从清代中后期江南三角洲地区佐贰官分防的情况入手进行研究，认为分防官拥有辖区内部分人口管辖、警察事务、轻微刑事案件处理等权力，这些权力既有地方生员、商人等地方势力政治的诉求，也是国家权力的象征[2]。吴佩林从《南部档案》有关县丞、巡检所裁断的案件，论述了县丞、巡检的司法裁断权，认为“皇权不止于县”，而是始于县以下基层行政衙署[3]。西川喜久子在研究广东南海县九江乡宗族与乡绅的时候，提到佐贰官下乡与乡绅们来往，且以官府的名义颁布告示，处理该乡一些轻微的刑事案件[4]。三木聪以雍正五年（1727 年）福建颁行的《抗租禁止条例》为据，分析地方对抗租行为所制定的法规，从裁判的角度看到佐贰官参与了执法情况[5]。贺跃夫对晚清佐杂官衙署设置状况进行研究，从乡村社会控制的角度进行分析，认为这些位于县级行政衙门与村落之间的次级官署设置，乃是应对人口增加及乡村社会控制的方式与策略，使之成为乡村社会控制的重要组成部分，而这些佐杂官拥有司法权力。太平天国运动之后，佐杂官衙署数量减少，乃是以绅权和族权为代表的非官方机构对乡村社会控制影响的扩大，也反映了清末官治与绅权自治之间的关系，但官府并没有放松管理，尽可能地将绅权自治纳入官府序列，为县下设区奠定了基础[6]。

其次，区域管理与区域控制。尹章义在考证中国台湾新庄县丞是否移驻艋舺时，提出新庄县丞并没有移驻，不过镇守艋舺的分守巡检却接受新庄县丞的领导，因为地方官驻地与建置虽是制度问题，但却往往反映出地区兴衰

---

① 艾马克．晚清中国的法律与地方社会：十九世纪的北部台湾［M］．王兴安，译．台北：播种者文化有限公司，2003.

② 太田出．清代江南デルタ地方社会と治安维持装置［J］．大阪大学博士论文要旨 40，2000：352－354.

③ 吴佩林．万事胚胎于州县乎：《南部档案》所见清代县丞、巡检司法［J］．法制与社会发展，2009（4）.

④ 西川喜久子．珠江三角洲の地域社会と宗族・鄉绅：南海県九江鄉のばあい［J］．Bulletin of Hokuriku University，1990（14）：129－149.

⑤ 三木聪．明清福建农村社会の研究［M］．北海道大学图书刊行会，2002.

⑥ 贺跃夫．晚清县以下基层行政官署与乡村社会控制［J］．中山大学学报（社会科学版），1995（4）.

与重要性，这乃是乾隆、嘉庆以来农、商与政治地位变化的结果[①]。陈祺助从台湾县丞、巡检的设置，分为草创期、沿袭期、式微期三个阶段，乃是以职权大小为标准。以县丞而言，可以分为两类：“分征县丞”与知县无异，拥有钱粮责任、审理词讼的权力；“留守县丞”或“分防县丞”，留守驻地与印官同城，分防则驻扎在外，其共同特征是职权较小、无钱粮责任、无审理词讼权[②]。林玉茹从清代台湾港口的发展空间看到行政配置的作用，认为市镇规模发展固然有商业发展及人口增加的因素，但行政配置所展现的空间，往往对市镇规模和成长有决定性影响。从笨港县丞、鹿港巡检、新庄巡检驻地变迁来看，港口规模与衙门等级是成正比的，行政附属商业机能与人口规模也存在正比，论述二者相互促进的关系[③]。左平从清代《南部档案》的资料中，对南部县丞出身、职权、衙署、吏役组成进行梳理，从变动情况分析其行政职能。因为县丞有“同城”与“分防”的差异，二者的权力也有所区别，南部县丞属于“分防”，实际上发挥着次县级行政单位的功能[④]。陈业新从清代皖北行政区划变迁过程，看到佐贰官持续移驻外派，在没有改变行政区划的情况下，加强对地方的控制，而这些驻外佐贰官实际上有自己的辖区[⑤]。傅林祥认为佐贰官外驻乃是次县级行政机构，可以分为“分巡”“分理”“分征”三种类型，并且以对雍正年间大量驻扎村镇的府州县佐杂官为例证，探讨了其具体职能[⑥]。张研以清代广东省为重点，对该省的佐贰官、典史、巡检的辖区与属地状况进行分析，应该属于县以下区域的行政编制与区划，进而对“皇权不止于县”的猜想提出质疑[⑦]。张海英从明清江南市政管理角度，分析各类市镇的官员设置及施政情况，对“国权不下县”的定论进行批驳，认为古代国家权力不是到县一级为止，而是延伸到了县以下，因为作为分驻的佐贰官乃是朝廷直接委派的官员，不但承担治安管理、教化民众、奖劝善事、督催

---

① 尹章义．台湾开发史研究：新庄县丞未曾移驻艋舺考［M］．台北：联经出版事业公司，1989.

② 陈祺助．清代台湾县丞与巡检司设置研究［J］．高市文献，1995，8（1）.

③ 林玉茹．清代台湾港口的空间结构［M］．台北：知书房出版社，1996.

④ 左平．清代县丞初探——以《清代南部县衙档案》为中心［J］．史学月刊，2011（4）.

⑤ 陈业新．清代皖北地区行政区划及其变迁［J］．清史研究，2010（2）.

⑥ 傅林祥．清雍正年间的次县级行政机构及其职能探析［J］．清史研究，2011（2）.

⑦ 张研．对清代州县佐贰、典史与巡检辖属之地的考察［J］．安徽史学，2009（2）.

赋役的责任，还有兴修水利、清查保甲户籍等责任，与行政官员无异①。在江南市镇行政管理方面，将佐贰官派驻市镇进行管理，乃是国家与社会发展互动的缩影②。太田出在对清代江南三角洲地区佐杂分防情况进行考证之后，对佐杂分防实态与市镇关系进行了分析，指出清王朝通过乡镇重建三角洲地区乡村治安体系，分防佐杂官是以官方的角色参与的，他们在实际管理过程中，在很大程度上代替下层知识分子、商人阶层行使地主私权，在与绅商交往过程中，也逐渐收回绅商的权力，回归以官府为主的管理模式③。任放从明清时期湖北、湖南、江西三个区域内的市镇管理入手，分析市镇的管理情况，在形成文武官员与兵丁、乡村基层组织、牙行与牙人三方面的市镇管理机构时，这些文武官员拥有辖区管理职责，文官则以分防佐贰官为主，武官则以分汛的军官为主，三位一体的管理机制，乃是明清王朝加强基层社会控制的努力④。安乐博（Robert J. Antony）、李欧娜（Jane Kate Leonard）认为，清王朝面对商业化、城市化、人口增长的问题，采取多种策略来扩展帝国管理空间，将佐杂官移驻这些地区，乃是应对地方社会危机、拓展国家权力的最重要、最持久的方式⑤。安乐博还对清代广东省地区州县佐杂分布、时间与变迁、权力及运作等问题进行研究，认为清代州县佐杂官在维护社区治安、加强传统教化，尤其是在自然灾害管理中扮演着极其重要的角色，特别是在社会变动时期，佐杂官作为国家和社会之间的媒介，不但扩展了国家的权力，也强化了政治统一，更维护了社会经济稳定，因此不能把佐杂官视为闲散冗员⑥。王泉伟从明清佐贰官分职到分防的情况，看到分职分防在一定程度上摆脱官府在地方管理上的困境，认为以职能分工为导向的正式部门及设立州县以下的

---

① 张海英．“国权”：“下县”与“不下县”之间——析明清政府对江南市政的管理［J］．清华大学学报（哲学社会科学版），2017（1）．

② 张海英．明清江南市镇的行政管理［J］．学术研究，2008（7）．

③ 太田出．清代江南デルタ佐雑“分防”考［J］．待兼山论丛，1999（33）：25－49．

④ 任放．明清长江中下游市镇的管理机制［J］．中国历史地理论丛，2003（1）．

⑤ ANTONY R J, LEONARD J K. Dragons, Tigers, and Dogs : introduction [M] // Dragons, Tigers, and Dogs : Qing Crisis Management and the Boundaries of State Power in Late Imperial China. New York: Cornell University East Asia Program, 2003.

⑥ ANTONY R J, LEONARD J K. Subcounty Officials , the State, and Local Communities in Guangdong Province, 1644 – 1860 [M] // Dragons, Tigers, and Dogs : Qing Crisis Management and the Boundaries of State Power in Late Imperial China. New York: Cornell University East Asia Program, 2003.

次级行政区划乃是非常必要，对地方基层治理有重要意义[①]。刘志松、王兆辉对清代元和县佐贰官分防的情况进行分析，从国家、官绅与社会的视角，论述分防佐贰官在治理过程中与耆老、绅衿等地方势力建立了互动关系，对佐贰官在基层治安体系构建方面的作用予以肯定[②]。胡恒从清代甘肃设置了分征佐贰官，谈及州县分辖的问题。分征佐贰官有固定的辖区，在辖区内拥有官方正式授权，因此有极为广泛的行政职能，最终形成了州县分辖体制[③]。

最后，其他行政职能。森田明从区域社会的角度研究清代水利，注意到佐贰官参与水利管理的情况，看到嘉庆以来区域水利发展中官治特征的淡化，有了地方自治强化的趋势，但官府始终没有放松水利的管理[④]。罗威廉（William T. Rowe）则从商业与社会的角度分析城市的发展，对驻扎汉口的汉阳县丞则颇有微词，认为他是专门负责管理防御洪水和保护港口设施的水利工程官，原本应该是份闲差，但他还经常从事不法活动[⑤]。白德瑞（Bradly W. Reed）利用四川巴县档案研究清代巴县吏役，驻扎白市镇的县丞、木洞镇的巡检，自 19 世纪始，已经处理着大量的行政事务，具有地方官的权力，且实际享有司法权[⑥]。魏丕信（Pierre-Etienne Will）以 1743—1744 年直隶赈灾活动为切入点，肯定了官僚制度在饥荒控制方面发挥的最重要、决定性作用，而这些作用的发挥是在皇帝特别关注的情况下，上行下效，各级官员层层督促，使他们不得不以救荒为要务，在救灾的勘查、赈济等环节中，一些佐杂官参与了，但作用有限[⑦]。申立增从清代州县佐贰杂职的设置谈起，考证了他

---

① 王泉伟．从分职到分防：明清州县佐贰官略论［J］．四川师范大学学报（社会科学版），2015（6）．

② 刘志松，王兆辉．国家、官绅与社会：清代州县佐杂官治区分防与治理——以元和县为例［J］．甘肃理论学刊，2015（6）．

③ 胡恒．清代甘肃分征佐贰与州县分辖［J］．史学月刊，2013（6）．

④ 森田明．国家清史编纂委员会编译丛刊－清代水利与区域社会［M］．雷国山，译．济南：山东画报出版社，2008．

⑤ 罗威廉．汉口：一个中国城市的商业和社会（1796—1889）［M］．江溶，鲁西奇，译．北京：人民大学出版社，2008．

⑥ REED B W. Talons and Teeth：County Clerks and Runners in the Qing Dynasty［M］. Stanford：Stanford University Press，2000.

⑦ 魏丕信．十八世纪中国的官僚制度与荒政［M］．徐建青，译．南京：江苏人民出版社，2002．

们的任用与权责，从管理的角度进行分析，探讨其中的利弊[①]。和田正广在对明代地方官任职资格进行考察时，采用了定量统计分析，分析功名与官职的关系，州县官中进士出身者居多，佐贰官中监生、贡生出身的居多，杂官则吏员出身的居多，这种比例直接影响到清代地方官的任命，认为佐杂官中低层次功名比例过大，使低级阶层社会价值相对上升，进而影响到明清时期吏治[②]。张振国利用中国第一历史档案馆档案，分析了雍正年间佐杂缺等级划分的原因，从选用标准与类别，谈及任用方式、权力分配，探讨制度变革的原因，认为清代州县佐杂官选任、行政状况与官缺等级之间有密切的关系，与社会发展状况是一致的[③]。左平在综述清代州县佐贰杂职官员时，以分类、综合来概述此前的研究，在肯定此前的研究成果的前提下，提出可以进一步深入研究的问题，以现存地方志、档案，结合历史文献，在综合方面可以就佐贰杂职官的历史演变、设置、移驻、裁革等问题进行过程研究，从出身、收支、衙门建置与胥吏设置、法定职责与实际职权、日常行政等方面分析他们与正印官和地方士绅的关系；在分类研究方面则可以扩大研究范围，甚至可以扩展到州县以上的佐贰杂职官[④]。王兆辉在综述清代州县佐贰官研究时，除了关注中国大陆的研究之外，对中国台湾地区、欧美、日本学者也有所关注，对相关研究的对象、视角、方法进行分析，特别是在相关研究资料运用方面的不断开拓，给州县佐贰官的研究带来很大的空间，并且就佐贰官是否"非主官"的问题提出自己的见解[⑤]。

除了明清佐贰官的研究之外，对于此前县丞、主簿，研究者也多有涉及，从秦汉到唐宋，既考证了职官设置，又论述增废的原因，还就其职权进行分析[⑥]。这些研究虽然与选题关系不大，但从历史发展的轨迹，可以找出一定规律。

---

① 申立增．清代州县佐贰杂职研究［D］．北京：首都师范大学，2006.

② 和田正广．明代の地方官ポストにおける身份制序列に関する一考察［J］．东洋史研究，1985，44（1）.

③ 张振国．清代地方佐杂官选任制度之变革［J］．历史档案，2008（3）.

④ 左平．清代州县佐贰杂职官员研究综述［J］．西华师范大学学报（哲学社会科学版），2012（6）.

⑤ 王兆辉．清代州县佐贰官研究综述［J］．中国史研究动态，2014（2）.

⑥ 李立．宋代县主簿初探［J］．城市研究，1995（4）；陆敏珍．宋代县丞初探［J］．史学月刊，2003（11）；张玉兴．唐代县主簿初探［J］．史学月刊，2005（3）；邹水杰．秦汉县丞尉设置考［J］．南都学坛，2006（2）；苑桂玲．明代县级佐贰官及首领官研究——以山东各县为例［D］．济宁：曲阜师范大学，2007；张玉兴．试论唐后期县丞增废及其原因［J］．唐都学刊，2008（2）；等等.

三、研究现状分析

佐贰官在整个官僚系统中并不占主要地位，相关的研究已经取得很大的进展，涉及的问题也越来越多，无论是研究视角，还是研究方法，抑或研究内容，都值得予以关注。

第一，从研究视角来看。当前对佐杂官的研究呈现多学科、多视角的特点。佐杂官虽然与正印官大不相同，但也是地方官府的重要组成部分，学者们在关注这个群体的时候，是从地方行政层级的角度出发，以多学科结合的方式来进行研究，具有交叉学科特点。佐贰官权责的变化，从留城到分防分守分征，导致行政管理体制发生变化，而佐贰官的外驻，不但与区域经济发展、乡村与城市管理密切相关，而且象征着国家权力的深入，必然涉及传统国家与社会互动问题。从社会发展与国家制度的角度展开研究，也赋予佐贰官的研究以活力。从依据典章制度规定进行静态研究，到注重社会实态，利用地方志及档案资料对区域社会和个体行为进行研究，再从区域与个体上升至国家与社会层面，使研究更有意义。

第二，从主要观点来看。从佐贰官是“闲散冗员”，在地方行政管理基本上不能够发挥作用，到佐贰官是地方行政的重要构成，并非“闲散冗员”，其评价也越来越客观。基于“皇权不下县”的论点，研究者对佐贰官分防之后，实际上发挥行政效能的情况入手，论证皇权非但要下县，而且还要下到县以下，对州县行政管理体制进行重新评价，也给佐贰官研究带来新的生机。

第三，从研究内容来看。总体上还存在着单薄、分散、零碎和偏失，重视区域性、个案性的研究，强调特殊性而忽略共性。在职权方面偏重典章制度的规定，缺少实际运作的事例。论述分散而且欠系统性，内容偏向某一方面。从社会史角度的研究居多，很少涉及政治史。从经济与司法层面论述的居多，很少涉及制度与法律。关注某一个区域的设置，缺乏整体及历史沿革的考察，更缺少客观与公正的评价。因此，有必要在整合已有研究成果的基础上，进行分析、贯通、深入、综合、提炼，全面而具体地对佐贰官制度进行研究。

第四，从研究方法来看，也是多种方法共同使用。从现有研究来看，文献分析法、制度分析法是经常使用的，管理学、法学、心理学、社会学的一些分析框架和术语也经常见于论述。研究固然要不拘一格，但适当的研究方法还是必要的，采用不当，就会出现静态描述过多，实态分析不足，即便是进行实态分析，也停留在一地一事之上，而忽略制度的本源，也就难以进行制度分析。对明清府县佐贰官制度的具体内容进行解析，注重制度运行，结合历史现实，客观地对该制度的实施和效果进行评析，乃是研究时必须予以关注的问题。

总之，进入21世纪，由于研究队伍的扩大，研究者不断寻找新的研究点，县以下的机构也逐渐成为研究对象，不但佐贰官及首领官有人关注，就连巡检、闸坝官、河泊所等杂官也被纳入研究视野，而与地方治理关系密切的书吏、衙役、里甲、保甲、团练也成为研究热点。尽管如此，当前研究还有明显的不足，以府县佐贰官制度而言，迄今为止还没有系统的研究，则很难窥探该制度的全貌，也就为府县佐贰官制度研究留下了很大的空间。以“明清府县佐贰官制度研究”为题，从制度设计、制度实施、制度影响等方面进行研究，尽可能地作出公正的分析与评价，赋予该制度研究以新的活力，其学术价值与现实意义也不言而喻。

第三节 研究理论与方法及创新

理论和研究方法是科学研究中的重要工具。理论一般是指用来解释社会生活特定方面与系统化的关联性陈述。它具有三方面功能：可以预防侥幸心理；可以合理解释观察到的模式并指出更多可能性；建立研究形式和方向[①]。方法则是指用于搜集资料的研究技术和工具，其选择也是根据研究对象而定的。方法论是指研究过程的哲学，包括假设和作为研究基础理论的价值，以及研究人员用作解释资料和获得结论的标准与尺度[②]。理论决定研究方法的选择，指导研究方法运用，甚至一定程度上可以决定研究结论。创新意识是在现有研究基础上，寻找新的突破点，以期有所提高。

---

① 艾尔·巴比. 社会研究方法（第8版）：上册［M］. 邱泽奇，译. 北京：华夏出版社，2000：56.

② 肯尼斯·D. 贝利. 现代社会研究方法［M］. 许真，译. 上海：上海人民出版社，1986：44-45.

一、研究理论

历史制度研究应该注重史实与史料的考察，但不是史料收集、整理与汇集，也不是针对某种历史现象的简单描述，应该是在史实与史料的基础上，从理论层面进行分析。与其他人文社会科学研究一样，历史制度研究不能够忽略发展规律，同样也不能够忽略理论总结。无论是何种研究对于理论内涵的追求，都需要有相关学科的理论支撑，更需要将各种理论综合应用于研究。

（一）历史制度主义

20 世纪 80 年代以来，当代西方政治科学研究中最为突出的现象就是新制度主义政治学的兴起及发展。历史制度主义于 20 世纪 90 年代初形成，它强调历史研究与制度研究的结合，是从政治科学传统中萌发出来的新制度主义方法论。在研究视角上，它强调中观层面的制度中心论；在研究对象上，它强调对复杂历史和现实中重大问题的解释；在研究方法上，它主张在比较历史分析方法的基础上综合运用多种方法理解复杂问题。

历史制度主义指出的制度包括一套正式规则和非正式的工作规程，同时还包括某些作为规则载体和监督规则执行情况机构间的相互关系。历史制度主义的主要特征和内容如下①：

第一，历史制度主义倾向于在相对广泛的意义上来界定制度与个体行动之间的相互关系。制度不仅仅提供了与行动者相关的信息、执行机制、对背叛行为的惩罚，而且制度还在一定程度上塑造行动者所追求的目标和偏好。旧的制度、环境、行动者是制度起源和变迁的三个关键因素。

第二，历史制度主义强调在制度的产生和运作过程中权力的非对称性特征。它假定了制度给予某些集团更多的接近决策过程的机会，行动者能够运用政治权威推动相关游戏规则的变更，从而形成了制度的自我强化。

第三，在分析制度的建立和发展过程时，强调制度的路径依赖特征和政治生活中的意外后果。制度因素被视为是推动历史沿着某一路径发展的核心要素之一。由于制度设计者存在的预见性问题，因此制度在实际运作过程中

---

① 何俊志．结构、历史与行为——历史制度主义对政治科学的重构［M］．上海：复旦大学出版社，2004.

完全有可能偏离制度设计者的初衷，所以历史制度分析强调现存制度所产生的非意图性后果和无效率现象。

第四，历史制度主义关注制度与其能够产生出的政治后果，将之与其他因素整合起来进行政治分析。其他因素包括观念、信仰、经济、利益等，这些直接关系到制度实施的效果。

明清府县佐贰官制度尽管承袭了前代部分制度形态，却也经历着前所未有的变革。这套制度的变迁与明清王朝所面临的政治、社会环境密切相关，也折射出地方行政权力格局变动中的结构与利益矛盾。历史制度主义的分析框架在整体揭示该制度变迁方面具有较突出的适用性，特别是实施效果，更关系到制度设计与制度所面临的社会问题。

（二）官僚制理论

自 20 世纪初马克斯·韦伯进行的开创性研究以来，官僚制一直是中外研究者关注的热点。作为其中的代表者，安东尼·唐斯尝试建构一种决策理论，对官僚组织、官僚动机和官僚行为进行全面分析，揭示鲜为人知的官僚制内幕。

唐斯的官僚制理论以经济人假设为前提，建立在三个中心假设的基础上：一是官僚化官员试图理性实现他们的目标，在有限能力和信息成本条件下，追求效用最大化；二是官僚化的官员一般都有一系列复杂的目标，包括权力、收入、声望、安全等；三是每一个组织的社会职能都能强烈影响其内部的结构和行为，反之亦然。唐斯认为，官僚具有四个重要特征：（1）他为一个大型组织工作；（2）全职为组织工作，并且主要收入来源于这个职业；（3）组织对其重要职员及有问题的员工采取的人事政策（包括雇用、提升和留职），至少是以其在组织中履行的职责为基础的；（4）无论他所在的组织整体如何对产出进行评估，它自身的产出不能通过任何市场评价机制来进行直接或间接的评估。为避免存在的对“官僚”一词的误解，唐斯使用更中性的词语“官员”。官僚制可以从“官僚部门”“官僚化决策”“官僚政治”三个层次来理解。唐斯指出，其官僚制理论的基本框架适合任何一种制度形式：民主主义的、极权主义的、君主专制主义的、传统主义的，甚至是官僚组织中能找到的其他形式[1]。

需要指出的是，正如唐斯本人所指出的那样，其理论仅适用于官僚整体行为的一小部分。因此，研究使用官僚制理论，仅仅局限在分析明清府县佐贰官的行为，并不是用于分析整个制度，这有助于加深对明清府县佐贰官行为模式与政治制度、社会环境的互动关系的理解，而经济人假设基础上的官僚制理论的局部使用，也不会对本书整体理论框架产生实质性影响。

（三）社会控制理论

自 19 世纪末期以来，社会学首先开始关注社会控制的研究，进而奠定了社会控制理论的基本知识体系。此后法学、社会哲学、政治学等也渐次介入社会控制理论研究，进而呈现出各具特色的理论形态。

由美国社会学创始人之一的爱德华·A. 罗斯（Edward A. Ross）于 1896 年首次提出控制论，他将 1901 年以前发表的论文，以《社会控制》为名出版。这是系统研究社会控制的第一部专著，罗斯也因此成为社会控制理论的创始人。按照罗斯的解释，社会控制是社会对人的动物本性的控制，其目的是维持社会秩序，指出社会控制不同于阶级控制。在对社会控制的手段进行分析之后，认为社会控制是由舆论、法律、信仰、社会暗示、社会宗教、个人理想、礼仪、艺术、人格、启蒙、幻象、社会价值观、伦理法则等多种手段来实施的[2]。中国学者吴泽霖将罗斯的社会控制理论介绍到了国内，阐明了狭义的社会约制和广义的社会约制，区分了社会约制的工具与方法，还对社会约制的组织进行了分类[3]，社会控制理论也逐渐开始为国人所接受。以罗斯为代表的社会学家们的理论研究，奠定了社会控制理论的基本知识体系，形成了社会控制理论的基本观点。

1942 年，美国法学家庞德（R. Pound）发表《通过法律的社会控制》，随后又出版了《法律的任务》，两部著作的中译本以《通过法律的社会控制、法律的任务》为名出版。庞德认为，社会控制就是“人们对内在本性的控制，

---

① 安东尼·唐斯. 官僚制内幕［M］. 郭小聪，等译. 北京：中国人民大学出版社，2006.

② 爱德华·罗斯. 社会控制［M］. 秦志勇，毛永政，译. 北京：华夏出版社，1989.

③ 吴泽霖. 社会约制［M］//孙本文. 民国丛书·第四编·社会学大纲（下册）. 上海：上海书店，1992.

使人们得以继承这个世界并保有和增加他们所继承的东西”[①]。指出社会控制的主要手段是道德、宗教和法律。庞德对法学的贡献在于“社会利益理论”，即个人利益、公共利益、社会利益的具体分类。以庞德为代表的法学学者研究，强调法律在当代社会控制中的主导作用，重视法律这一社会控制手段的可操作性，具有一定的合理性与科学性，也就从法学的角度丰富和发展了社会控制理论。不过在强调法律控制功能时，忽略了宗教、道德与法律之间的互动，更没有关注政治的作用，使其理论难以应用到其他研究领域。

1948 年，美国学者维纳（N. Wiener）《控制论》的出版，标志着控制论的正式问世，而 1950 年出版的《人有人的用处——控制论和社会》，则专门探讨了社会控制问题。维纳认为：“我们只能通过消息的研究和社会通讯的设备的研究来理解社会。”[②] 因为强调“通讯”对社会控制重要性的理论，引起人们的关注，而 1978 年，《控制论和社会》论文合集的出版，则丰富了该理论的内容。这些控制论的学者们，主张用控制论分析和界定社会控制，重视社会控制手段的作用，认为控制论是优于系统理论和行为理论的，特别强调其研究的数学模型化。这种强调技术因素的研究倾向，以及过于注重个体行为的研究视角，虽然限制了这种理论的进一步发展，但“个人和群体均在他们的行动中受到物质的、社会结构的以及文化的约束，可是同时他们也是局部地造就他们自己的、历史的、创造的、主动的力量”的观点，使其与其他学科有了联系的纽带。

20 世纪末期，社会哲学也开始介入社会控制理论的研究。社会哲学审视的对象是民族国家，它所研究的社会控制是民族国家的社会控制，因而其关注的重点既不是社会群体和个人，也不是社会控制的模型化和数量化，而是社会结构及其功能。近年来，我国社会哲学界对社会控制问题进行探讨，一是“从社会哲学的层面上看，社会控制是社会结构的一种功能”。[③] 对自在控制和自为控制颇为关注，认为：“社会结构的异质性决定了社会控制的层次

① 罗斯科·庞德．通过法律的社会控制、法律的任务［M］．沈宗灵，董世忠，译．北京：商务印书馆，1984：35.

② N. 维纳．人有人的用处——控制论和社会［M］．陈步，译．北京：商务印书馆，1978：8.

③ 杨桂华．论社会系统的自在控制和自为控制［J］．哲学研究，1998（8）.

性，不同的社会结构在社会生活中有着不同的控制功能。"[①] 这种观点也有认为不妥的，因为"前者的社会控制主体是社会的主体性存在，即社会中的人；后者的社会控制主体是社会的制度化存在，它是'人'这一主体被隐含或'不在场'条件下的社会控制，人将控制机制中的'目的'通过规范性的制度予以体现和保证"，社会的自为控制应该为主体性社会控制与制度性社会控制两种形式[②]。那么"对社会控制的研究必须坚持历史与逻辑相统一的方法，反对将逻辑演绎与社会存在对立，避免将社会控制作抽象物与社会实际运行规律相割裂"[③]。可见从社会哲学的层面研究社会控制理论，在国内还没有达到统一，但把社会控制理论研究推向了更为宏观的研究领域，以及在各种研究中予以广泛应用。

近年来，在历史研究中已经比较普遍采用该理论。仅以明清为例，在政治思想方面，有论述理学及思想名家的社会控制思想[④]；在制度层面，有从教育的角度谈社会控制者[⑤]，也有从信仰的角度谈社会控制者[⑥]，有分析土司社

---

① 杨桂华．社会控制理论的三大历史阶段［J］．北京社会科学，1998（3）．

② 何怀远，田佑中．社会哲学视野中的社会控制——兼就"社会系统的自在控制"问题与杨桂华先生商榷［J］．哲学研究，2000（1）．

③ 鲍宗豪，李振．社会控制的哲学反思——兼与杨桂华、何怀远等先生商榷［J］．哲学研究，2000（12）．

④ 廖小波．王阳明"心即理"社会控制思想初探［J］．重庆师范大学学报（哲学社会科学版），2005（3）；刘锦涛．试论朱元璋的社会控制思想［J］．商业时代，2009（25）；高金霞，刘涛．明初朱元璋的游民治理与社会控制［J］．云南社会科学，2015（3）；吴静．宋明理学的社会控制思想述论［J］．成都纺织高等专科学校学报，2009（4）；王吉平．唐甄社会控制思想研究［J］．重庆师范大学学报（哲学社会科学版），2006（4）；等等．

⑤ 赵毅，刘晓东．明代"社学"之社会属性辨析——兼及"乡村教化"与社会软性控制［J］．东北师大学报（哲学社会科学版），2007（1）；张晓婧．明清乡村书院与地方社会控制——以徽州为中心的考察［J］．淮北师范大学学报（哲学社会科学版），2012（4）；付春，管卫江．试论明代云南社学与基层社会的软性控制［J］．云南行政学院学报，2014（2）；孔伟．论明代教育制度的社会控制功能［J］．商丘师范学院学报，2016（8）；郝锦花，李伟中．清末民初地方社会控制中的权力较量——以对乡村教育阵地的争夺为中心的探讨［J］．山西大学学报（哲学社会科学版），2007（2）；等等．

⑥ 程宇昌，温乐平．文化认同与社会控制：以明清鄱阳湖区许真君信仰为例［J］．南昌大学学报（人文社会科学版），2013（5）；卢勇．论天津教案中晚清政府对社会舆论的引导与控制［J］．长春理工大学学报，2012（9）；王广义．论清代东北地区"乡约"与社会控制［J］．史学集刊，2009（5）；王日根．习礼成俗：明清东南海洋区域社会控制的一种路径［J］．江海学刊，2005（1）；薛彦乔．明清泉州祈雨与社会控制［J］．赤子，2014（15）；等等．

会控制能力者①，也有从突发或事变的角度谈社会控制者②，有从区域史角度谈社会控制者，而更多的是从基层社会角度，多以乡绅、会党、基层组织构建等为重点来谈社会控制③。从社会控制理论应用来看，在国家制度层面则明显存在欠缺。

明清府县佐贰官制度研究，既然是从地方治理层面展开，对社会控制也

---

① 赵秀丽．明清时期田氏土司对容美地区的社会控制力研究［J］．中南民族大学学报（人文社会科学版），2014（1）；冉进，彭福荣．明代酉阳土司社会控制述略［J］．怀化学院学报，2009（3）；石龙，刘长芝．论广西土司对地方的社会控制——以忻城县为个案［J］．法制与社会，2008（28）；莫代山．历史时期土家族地区土司的社会控制［J］．长江师范学院学报，2008（3）；等等.

② 高晓波，张科．论清代青海民族纠纷解决与社会控制［J］．青海民族研究，2013（2）；李崇林．清代对新疆社会控制的法制经验总结［J］．新疆社会科学，2013（2）；李细珠．清末民变与清政府社会控制机制的效能——以长沙抢米风潮中的官绅矛盾为视点［J］．历史研究，2009（4）；王成兰．从"陈四案"管窥康熙五十年前后的社会控制［J］．清史研究，2002（2）；王洪兵．清代京师流民问题与社会控制［J］．北方论丛，2013（2）；王建革．清代华北的蝗灾与社会控制［J］．清史研究，2000（2）；赵玉田．明代北方灾荒的社会控制［J］．东北师大学报，2002（5）；郑传斌，苏新留．明代河南流民问题与社会控制［J］．史学月刊，2002（6）；周蓓．聚众案件与清代基层政权的社会控制机制［J］．北方论丛，2014（3）；等等.

③ 潮龙起．从清代保甲的社会控制看会党的滋长动因［J］．云南社会科学，2006（3）；清代保甲的社会控制与教门势力的消长［J］．理论学刊，2011（11）；清代会党的地域环境与清政府的社会控制［J］．史学月刊，2004（4）；陈瑞．明清时期徽州宗族社会关系控制初探［J］．安徽史学，2007（2）；丁芮．从方志、族谱看晚清湖南宗族的地方社会控制［J］．中国地方志，2013（6）；冯贤亮．明清江南的州县行政与社会控制［J］．江南大学学报（人文社会科学版），2014（3）；明清江南地区的环境变动及其社会控制模式［J］．中国社会经济史研究，2001（3）；贺跃夫．晚清县以下基层行政官署与乡村社会控制［J］．中山大学学报（社会科学版），1995（4）；胡兴东．元明清时期南方民族基层社会控制制度的变迁［J］．中南民族大学学报（人文社会科学版），2005（9）；李智君．战时清政府对海峡西岸移民社会的控制——以台湾林爽文事件中的福建漳州府为例［J］．厦门大学学报（哲学社会科学版），2013（6）；牛建强．从制度层面看明代国家的基层社会控制［J］．中国史研究，2015（1）；邱捷．清末民初地方政府与社会控制——以广州地区为例的个案研究［J］．中山大学学报（社会科学版），2001（6）；施由明．论明代的里甲制与农村社会控制——以江西为例［J］．农业考古，2010（1）；唐力行，徐茂明．明清以来徽州与苏州基层社会控制方式的比较研究［J］．江海学刊，2006（1）；王先明，常书红．晚清保甲制的历史演变与乡村权力结构——国家与社会在乡村社会控制中的关系变化［J］．史学月刊，2000（5）；修朋月，宁波．清代社会乡绅势力对基层社会控制的加强［J］．北方论丛，2003（1）；闫鸣．门牌保甲与清代基层社会控制——以清代门牌原件为中心的考察［J］．南京大学学报（哲学·人文科学·社会科学版），2013（2）；余燕飞．明清时期湘鄂赣交界山区的地界纷争与社会控制［J］．经济与社会发展，2008（2）；张金俊．宗族组织在乡村社会控制中的运作逻辑——以清代徽州宗族社会为中心的考察［J］．江西社会科学，2011（2）；赵崔莉．清代皖江圩区的组织功能与社会控制［J］．农业考古，2008（3）；等等.

是必然的，将社会控制理论纳入研究视野，有可能从另外一种视角解析该制度的作用。

二、研究方法

考虑到研究对象、研究资料和研究术语问题，在写作过程中将主要使用文献分析、统计分析、历史比较等研究方法，对研究对象特点、权力、运转进行应然与实然、定性与定量结合的研究，在重视制度价值的同时，重视行为个体的能动作用，再纳入社会发展予以考量。

（一）文献分析法

文献分析法是一种通过对文献资料的收集、整理和分析，达到科学研究目标的方法。文献研究的最重要优点，是它可以研究不可能接近的研究对象。文献分析法在历史研究中扮演着非常重要的角色。由于研究对象的特殊性，也就决定了明清府县佐贰官制度研究是以历史文献为基础的，必然要采用此种研究方法。

明清府县佐贰官制度研究所涉及的历史文献资料较多，主要包括以下五种类型：一是官方典制，诸如《明会典》《皇明制书》《大明律》《清会典》《大清会典事例》《清通典》《大清律例》部门则例、部门处分例等；二是史书、实录、诏令、奏议类，包括明清史、实录、奏折、奏稿、上谕等；三是地方性资料，包括地方志、地方档案、省例等；四是文集汇编，包括经世文编、史料笔记、官箴书等；五是文学笔记与小说、戏曲，也有许多涉及佐贰官的内容。可以说要查阅的历史文献资料浩如烟海，也给资料收集、阅读、筛选、分析、写作带来了一定的困难。另外，对于一些反映府县佐贰官行为实态的第一手文献，如地方性档案等，囿于各种原因不能阅读，也只能采取转引的方式。

（二）历史比较法

在近代史学中，比较方法首先在启蒙学者中广泛应用，他们多数人把历史看作一个客观的过程，力图寻找一定的规律，区分出历史过程中的典型特点[①]。所谓历史比较法是指按照时间顺序解释同一社会内部，或不同社会中的社会现象，或事物相似性和差异性的一种研究方法[②]。它是一种纵向比较法，适用于解释事物变迁的过程，而历史比较研究也常被视为一种定性而非定量的技术。

明清府县佐贰官制度研究运用历史比较方法，主要存在于两个方面：一是通过明清时期整体比较，探求明清时期府县佐贰官的不同特点，分析彼此之间存在的共性及特殊性；二是通过佐贰官自身发展过程的比较，寻找影响府县佐贰官制度变迁的“关键节点”。

（三）统计分析法

社会统计分析在数据资料分析中有广泛应用。对统计分析而言，最重要的莫过于对资料的有效整理，它是进行数据资料分析的前提和基础。作为资料整理的有效方法之一，统计分组是指依据某些特征或标志将统计对象区分为不同类别，从而揭示现象的特征、结构和相互关系的方法。统计分析所使用的表格称为统计表，它以统计表格的形式反映变量数值分布，是表达统计资料数量特征和关系的重要形式。

明清府县佐贰官制度研究将依据历史文献的记载，对府县佐贰官“同城”与“分防”的情况进行统计，并且根据统计数字进行分析。根据各省不同的情况，选择有代表性的省份，统计府县佐贰官分布的情况，进而分析区域分布与特点。对分防佐贰官驻地进行统计，分析分防佐贰官具体的形态。这不仅有助于了解明清府县佐贰官制度，也有利于进行总结，得出恰当而具有说服力的结论。

三、可能的创新点

明清府县佐贰官一直被认为是“闲散冗员”，不断地进行裁撤，更使这种认识根深蒂固。至于为什么裁撤，论者只看到在正官负责制的情况下，权力集于正官一人，却忽略在正官负责制确定以后，佐贰官的权责也随之转变，

---

① B. B. 伊万诺夫．历史比较法［M］//项观奇．历史比较研究法．济南：山东教育出版社，1986：61.

② 林聚任，刘玉安．社会科学研究方法［M］．济南：山东人民出版社，2004：162.

而这个转变过程，不但使佐贰官不再是“闲散冗员”，而且使他们承担起行政职责，在府县管辖区域内出现一些分署，那些分防在市镇及边区的佐贰官在履行行政职权的时候，地方行政体制也随之发生变化。清王朝的“厅”制确立，民国县下区的设置，与此都有关系。对明清府县佐贰官制度的研究，既可以发现地方行政体制有不适应社会发展的一面，也可以看到在社会发展变化的情况下，地方行政体制也在适应变化，并且积极地治理社会，由此可能会有一些创新点。

首先，全面梳理明清府县佐贰官制度的具体制度规范及内容，探讨制度规范出台的原因，分析该制度所蕴含的理念，从制度实施与运行的角度，分析制度规范在具体运作过程中发挥的效用，这在相近的研究中尚不多见。

其次，明清王朝在地方治理过程中，已经逐渐演变出了一套治理策略。在府县治理方面设置正官、佐贰官、首领官、杂职、吏役，并且有里甲、保甲、村寨等基层组织，在层级管理中寓意相互监督，根据具体情况进行分权，试图在保证横向制约的基础上，强化纵向垂直管理，从而达到控制社会秩序的目的。根据政治的需要，原有的正佐相互监督制逐渐改变为正官负责制，具有监督之责的佐贰官难以履行监督权力，而地方治理却面对社会发展带来的困境，以正官一人之力则难以实行有效的治理。为了适应这种情况，正官聘用私人幕友以应对辅佐方面的缺失，原有辅佐之责的佐贰官则成为闲职，以分防分守分巡分事的方式赋予他们以治理权力，既有必要，又有可能。对这种职权演变的研究，不但可以看到曾经沦为“闲散冗员”的佐贰官，在向实职实权过渡过程中，成为地方治理不可或缺的部分，进而可以从国家与社会变迁的角度去考察。

再次，可以拓展新的研究视角。美国学者艾马克认为：在现在地方区域史研究过程中，往往存在政治史和社会史顾此失彼的问题。明清府县佐贰官制度研究属于制度研究，但也不能够脱离社会发展，以制度结合社会实态，分析佐贰官治理的过程，以期考察具体运作与实际效果。佐贰官活动空间并不仅是城池和官衙，在官僚制层面下的民众与区域社会，才是展示他们个性与行为的最重要场所。在“上有政策，下有对策”的传统官僚制社会，制度规定与实际状况存在一定的差异，这种差异可能是政治上的，也可能是经济上的，还可能是社会风俗习惯的，以典型案例进行分析，从制度与社会层面进行考察，也是一种探索。

此外，关注作为底层官僚佐贰官在基层治理所发挥的作用。一般基层社会治理研究，大多关注士绅阶层作为中间阶层在国家和社会之间的整合作用，却少关注地方行政职能的变化。士绅阶层参与地方治理，导致地方官府行政机能收缩，但官府并不是放手不管，佐贰官分防是加强管理的重要措施。自晚明以降，大量的公共管理和公益事务，虽然主要由士绅承担，但也离不开地方官府的参与和支持，作为分防的佐贰官与士绅最为接近，他们的介入，不但维持了既存的社会生产关系，也维护了乡村的稳定。将佐贰官在基层治理中的功能发挥，纳入乡村控制的范畴，也是值得研究的内容。

还有，对州县以下是否存在“次级政府”的问题进行分析。佐贰官在正官负责制确立以后，其职能确实进行了转变，特别是普遍分防，使他们具有州县以下官府的性质，但也不能够一概而论，要注意其中的区别。这里不采用“次级政府”概念，一是因为当时还没有“区”的概念；二是他们也不是“政府”，乃是官府。既然佐贰官参与地方治理，他们就代表官府，从官府的角度去看佐贰官参与地方治理情况，进行实态分析，从横向分层管理的角度分析多种因素和发展趋势。

最后，注意到明清社会的整体性，也注意到社会发展的差异性，发展不平衡的问题。研究是建立在以往研究成果的基础上，建立在对明清整体社会变迁的实态考察上，力图运用多学科的理论和方法，从多维的角度迈出比较全面研究府县佐贰官制度的坚实一步。

可以说明清府县佐贰官制度研究是一个庞大的课题，要想整体把握，确实也不是一件容易的事。明清史料浩如烟海，但论及佐贰官的却不多，不但收集不易，在阅读上也存在一些障碍，而有关佐贰官制度方面的术语，也与现代相差甚远，研究困难可想而知，要想达到预期的效果及创新，也不是一件容易的事情，只能在力所能及的范围内展开。

第一章　明清府县官吏设置

明洪武九年（1376 年），朱元璋裁撤行中书省，改为承宣布政使司，其所辖区与省大致相同，只是明代没有省之名，而有省之实。永乐帝确立两京制以后，大明王朝腹里地区有十三个布政司及南北直隶，在边远地区设立十五个行都指挥使司，管辖明王朝的国土。在管辖体制上，十三个布政司及南北直隶归吏部，十五个行都指挥使司归兵部。十三个布政司及南北直隶直辖的是府及直隶州，其下是散州、县，统称为府州县，实际上是两级体制，即府及直隶州为一级，散州（即便是有辖县）、县为一级。清代改布政司为省，府州县制没有变化，但在承袭明代道制的基础上，在府之上增加道一级机构。值得注意的是，在省或府之下有一种“厅”的设置，其直隶厅同于府，散厅同于县。在东北、内外蒙古、西藏、青海、新疆等地，施行不同的管理制度。明清府县佐贰官研究范围设定在腹里地区，即布政司、省辖府县，兼及厅制。无论是明，还是清，府州县“亲民”的地位都没有变，一直发挥着地方治理作用。

第一节　明清府职官

据《大明一统志》所载，十三布政司及南北直隶设有 137 府、12 军民府；《明史·地理志》记载，十三布政司及南北直隶设有 140 府；《职官志》记有 159 府。清代全盛时有 188 府，《清史稿·职官志》记有 215 府。这些数字不仅不同，统计的时间段也不一样，但可以看出府级行政区划增加的趋势。明代的府是以纳粮区分上中下三等，分别是二十万石以上、二十万石以下、十万石以下。清代按缺分定为繁中简三等。

一、府正官

明清府的正官是知府，明代为正四品，清代改为从四品，每府各设一人，掌管一府之政令，但在职掌上出现一些变化。

明代知府，“掌一府之政，宣风化，平狱讼，均赋役，以教养百姓。每三岁，察属吏之贤否，上下其考，以达于省，上吏部。凡朝贺、吊祭，视布政使司，直隶府得专达。凡诏敕、例令、勘劄至，谨受之，下所属奉行。所属之政，皆受约束于府，剂量轻重而令之，大者白于抚、按，布、按，议允乃行。凡宾兴科贡，提调学校，修明祀典之事，咸掌之。若籍帐、军匠、驿递、马牧、盗贼、仓库、河渠、沟防、道路之事，虽有专官，皆总领而稽核之”①。清代知府，“掌总领属县，宣布条教，兴利除害，决讼检奸。三岁察属吏贤否，职事修废，刺举上达，地方要政白督、抚，允乃行”②。

通过对比，可以看到清代的知府，不但级别上降了一级，权力也有所萎缩。明代知府对于所属的政务，可以剂量轻重而裁决，政务的责任要重于督察，特别强调在有专官负责办理的情况下，也有总领与稽核的责任，正如朱元璋所讲：“汝往治郡，务在安辑人民、劝课农桑，以求实效，勿学迂儒但能谈论而已。”③ 这里要求知府要办有实效的事，在《明太祖实录》也多记载知府直接奏报的事宜，涉及地方各种政务，朱元璋多有批示。宣德帝《各府箴》讲到知府在耕桑、学校、教化正俗方面的作用，以为“安危休戚，一系厥政”④。责任条例讲：“州临县治，亦体府治施行。耳目有所不及，精神有所不至，遗下贪官污吏，及无籍顽民，本府方乃是清。”⑤ 由此可见，乃是政务与察所属并重。清代最初规定：“掌一府之政，统辖属县，宣理风化，平其赋

---

① 张廷玉，等．明史：第75卷：职官志四［M］．标点本．北京：中华书局，1974：1849.

② 赵尔巽，等．清史稿：第116卷：职官志三［M］．标点本．北京：中华书局，1977，116：3356.

③ 明太祖实录．洪武元年十二月辛卯条，37.

④ 各府箴曰：列郡有守，民之司牧。有佐有谟，协恭教育。邦国之本，实惟斯民。教之育之，一主于仁。千里之地，膺受朝命。安危休戚，一系厥政。耕桑之业，毋夺其时，督之劝之，民罔寒饥。学校之政，必修必饬，无慢无怠，善教斯植。正其范防，去其蠹蠹。所恶勿施，所欲与聚。循典祗祀，以为民福。礼贤尚德，以励民俗。奉法循理，为下表仪。廉公与明，政乃弗疵。岂弟君子，民之父母。慎哉敬哉，用永终誉．明宣宗实录．宣德七年六月丁巳条，92.

⑤ 申时行，等．明会典：第12卷：吏部·责任条例［M］．北京：中华书局，1989：77.

役，听其狱讼，以教养万民。凡阖属吏，皆总领而稽核之。”① 到后来则规定“要政”白督抚，实际上大事小情，都要禀告督抚，知府的独立治理权限大大缩小，“今则谓之知一府之钱谷而已矣”②。以至于在清末有人提出裁撤知府一职，张之洞曾经强烈反对③。

知府的职权发生变化，既说明府一级在督抚设置之后，权力逐渐萎缩，也说明知府在具体政务运作过程中所受到的制约越来越多，当然也会影响到府级佐贰官。知府逐渐沦为闲职，身为副职的佐贰官也可想而知，但实际上佐贰官并没有沦为闲职，却承担起更多的责任，这一点是值得关注的。

二、府佐贰官

明代府佐贰官有正五品同知、正六品通判、正七品推官。同知号称“二府”“贰守”，通判号称“三府”“通守”，均无定员，是按照府的事务繁简设的。推官号称“四府”“推守”，每府一人，是洪武三年（1370 年）开始设置的。如明嘉靖温州府有同知一员、通判二员、推官一员，佐贰官是四员④。弘治徽州府有同知、通判、推官各一员⑤。嘉靖宁国府有同知一员、通判二员、推官一员，佐贰官是四员，明确规定同知职责是清军兼巡捕，通判一人督粮、一人巡捕，因为同知兼巡捕，故裁通判一人⑥。嘉靖延平府有同知、通判、推官各一员⑦。嘉靖青州府同知一员清军兼协理堂事，通判三员，二员管粮、一

---

① 官修．清通典：第 34 卷：职官十二・府州［M］．杭州：浙江古籍出版社，2000：2210.

② 贺长龄，等．清经世文编：第 15 卷：吏政［M］//阎若璩．守令．北京：中华书局，1992：374.

③ 吴庆坻．蕉廊脞录：张之洞电驳更张官制［M］．有云：“至废去知府而令大县称府，则似有未安。各省幅员辽阔，轮舶罕通，每一府所辖少则四五县，多者至十县。各县距省遥远，极远者至二三千里，赖有知府，犹可分寄耳目，民冤可伸理，灾荒可复勘，盗匪可觉察饬缉。若尽归省城考察，岂能遍及？待该县禀报至省，祸乱已成；控告到院司，民命已毙矣。故裁去知府一说，万分窒碍，势有难行”．北京：中华书局，1990，2：53.

④ 嘉靖．温州府志：第 1 卷：官守［M］//天一阁明代地方志选刊 21. 上海：上海书店，1982：10.

⑤ 弘治．徽州府志：第 4 卷：职制［M］//天一阁明代地方志选刊 29. 上海：上海书店，1982：32.

⑥ 嘉靖．宁国府志：第 3 卷：官守［M］//天一阁明代地方志选刊 21. 上海：上海书店，1982：1.

⑦ 嘉靖．延平府志：第 5 卷：官守［M］//天一阁明代地方志选刊 21. 上海：上海书店，1982：6.

员捕盗，推官一员[①]。按照规定："同知、通判分掌清军、巡捕、管粮、治农、水利、屯田、牧马等事。无常职，各府所掌不同，如延安、延绥同知又兼牧民，余不尽载。无定员。边府同知有增至六、七员者。推官理刑名，赞计典。"[②] 也就是说，同知、通判是分掌一些事务的，属于"分事"佐贰官，那些兼有牧民的佐贰官，则有可能是"分守"，而边府增员多是"分驻"，在这种情况下，佐贰官除了协理堂事是真正的副职事务之外，基本上都有专管事务，这种情况乃是逐渐变化而来的，也是佐贰官研究的重点内容。

清代于康熙六年（1667 年），省去府推官，而同知、通判已经完全不协理堂事，"分掌粮盐督捕，江海防务，河工水利，清军理事，抚绥民夷诸要职"，且不归知府所辖，他们或直隶于布政使，或直隶于将军，或直隶于道员，"各因地酌置"[③]。仍然隶于府的同知、通判，往往还"以佐知府之政治"。由此可见，不直隶于府的同知、通判以佐贰为名，实际上已经不具有佐贰之责了。

清乾隆时，各省共设同知 202 员，当时有 183 府，他们"掌督粮、捕盗、海防、江防、清军、理事、抚苗、水利诸事"。其中理事、抚苗，显然是属于"分守"。各省通判共设 154 员，"分掌粮运、督捕、水利、理事诸务，均各量地置员，以佐知府之政治。其有兼理民事，直隶于各省者，其职如各府、各直隶州之制，而品级则同"[④]。在这里明确指出兼理民事者，权如府州，则是"厅制"。清代的同知、通判并不是每府必设，如陕西 7 府，同知 6 人、通判 3 人；广西 11 府，同知 8 人、通判 6 人。即便是府内有设，也是以分管各事为主，更何况许多还不归知府管辖，显示出主官负责制的特点。

三、府首领官及属官

明代各府均设经历司、照磨所、司狱司，其中"经历司、照磨所，皆府

---

① 嘉靖．青州府志：第 8 卷：官署［M］//天一阁明代地方志选刊 21. 上海：上海书店，1982：6.

② 张廷玉，等．明史：第 75 卷：职官志四［M］．标点本．北京：中华书局，1974，75：1849.

③ 赵尔巽，等．清史稿：第 116 卷：职官志三［M］．标点本．北京：中华书局，1977，116：3356.

④ 官修．清通典：第 34 卷：职官十二·府州［M］．杭州：浙江古籍出版社，2000：2210.

之幕属也”[①]。按照规定，经历司设正八品经历一人，正九品知事一人；照磨所设从九品照磨一人，未入流检校一人；他们“受发上下文移，磨勘六房宗卷”[②]。这是首领官还没有完成职责转变时的情况，在嘉靖时，经历司经历已经开始身兼巡捕事务，到明末时，经历的工作重点基本是在巡捕事务了。

清代也设经历、知事、照磨、司狱等官，但不是统一规定员额，而是根据省份不同，看情况设置，乾隆时经历有171员，知事只有11员，照磨41员，可见并不是每府都有，但相关事务还是要办，特别是经历司，总需要有人掌管，故没有经历的府，以理事主持，经历司也成为一官负责了；照磨则不是每府必设，可见府内案卷照刷之事减少，这大概是道成为固定编制之后，照刷事宜多由道来进行。“经历、都事掌出纳文移。照磨掌照刷案卷”[③]。这里的权责与明代略有区别。明代经历司是“受发上下文移”，清代改为“出纳文移”，表面看起来区别不大，实际上却大不相同。受发是要首领官查看内容的，如果有不妥，是可以封还已签署的案牍，就意见分歧与主官商榷，还要在案牍上签字。出纳则仅仅负责登记，无权与主官商榷，更不能够封还。由此可见，首领官的参谋权力已经丧失殆尽，成为一般的办事人员。正因为首领官“赞幕”权力的丧失，才会出现主官私人聘用的幕友，以补这个缺失。

明代府属官除了司狱司司狱之外，根据本府情况，还有巡检司巡检、驿丞、税课司大使、仓大使、库大使、织染杂造局大使、河泊所官、闸官、坝官、批验所大使副使、递运所大使副使、铁冶所大使副使等。这些属官不是每府必设，有些也不是府属官，而归州县管辖，但府辖与州县辖还是有一定区别，府辖是九品、从九品，州县辖除巡检司巡检、驿丞之外，都是未入流。各府都设有医学、僧、道、阴阳官等，属于不给禄的官，多是从九品，州县也有，但为未入流。除了这些纳入官员序列的属官之外，还有一些没有纳入官员序列，却管理一定事务的人，他们不是书吏，如养济院、惠民药局等。

清代因循明制，设官更是根据实际情况，如乾隆时183府，只有司狱61员。除此之外，根据各府的情况，还有宣课司大使、税课司大使、仓大使、

---

① 弘治．徽州府志：第4卷：职制［M］//天一阁明代地方志选刊29．上海：上海书店，1982：32．

② 张廷玉，等．明史：第75卷：职官志四［M］．标点本．北京：中华书局，1974：1850．

③ 官修．清通典：第34卷：职官十二・府州［M］．杭州：浙江古籍出版社，2000：2210．

检校、库大使、茶引批验所大使等官，也不是每府必设。至于其他的杂职官，如巡检、驿丞、闸坝官、河泊所官、铁官、盐大使、场官等，多为双重管理，即考核事务由府负责，业务则由中央外派专职官指导。

明清各府都设有儒学，明代府设从九品教授一人，未入流训导四人。清代正七品教授、从八品训导各一人。清代提高了教职的级别，以显示重教，实际上是很轻视教职的，因为有官员不胜职而改教的制度，也就给人以当不好官，才为教职的感受，更因如此，连教职升迁之路也堵死了。海瑞在明代能够从南平教谕升为知县，而在清代则只能够在教职中升迁，三十余年老教授，已经是司空见惯。

四、府书吏衙役

明代府有额设的书吏，俗称“六房书吏”，按照《明会典》所载，各府有司吏、典吏、承发、狱典等。典制规定每房司吏一人、典吏二人，这是额定书吏，但衙门事务繁多，显然人手不够，故此有许多“白役”，连被朝廷尊奉为国之典章的《会典》，也不得不讲“在外各衙门事体繁简不同，吏典数目，多寡不一，俱不开载”①。如嘉靖年间建宁府六房各设司吏一人、典吏二人，还有承发房、经历司、架阁库、大盈库、照磨所典吏各一人。此外，儒学司吏、司狱司典吏、税课司司吏、浔阳驿司吏、广盈仓攒典各一人，这些都是额定书吏。他们“有事于官者，皆谓之役，吏之与民分虽不同，其所以职书办、掌文移，以事公家之事者，则一而已，故均以役名之，而有正杂之异焉，则亦不嫌于混淆而无别矣”②。这里隐隐约约提到“正杂”，是额定之外，还有帮办者。吏的主要来源有三种，一是佥拨农吏。是从军、民人户中佥充的③。二是一些生员、监生、官员因犯过失而被谪充的。三是以不正常手段而谋充的，称之为非法充吏，这些非法充吏在明清“为数甚多，为害也最大”④。额定的书吏有工食银，白役则要自谋生计。

---

① 申时行，等．明会典：第7卷：吏部·吏员［M］．北京：商务印书馆，1936：190.

② 嘉靖．建宁府志：第4卷：徭役［M］//天一阁明代地方志选刊38．上海：上海书店，1982：15.

③ 申时行，等．明会典：第8卷：吏部·佥充吏役［M］．北京：商务印书馆，1936：199.

④ 李洵．论明代的吏［M］//李洵．下学集．北京：中国社会科学出版社，1995：188－205.

府的衙役虽然没有州县多，但额定的也不少，如明代嘉靖时期的建宁府，有柴薪祗候49名，马夫540名，值堂皂隶232名，门子100名，禁子45名，库子31名，值堂弓兵20名，斗级30名，巡拦8名，巡哨水手47名，渡夫27名，总计1129名之多[①]。这些是额定，白役更多。在朱元璋统治时期，管制那样严格，松江府仅“吏，其名曰正吏，曰主文，曰写发。皂隶，其名曰正皂隶，曰小弓兵，曰直司。牢子，其名曰正牢子，曰小牢子，曰野牢子，除正牢子合应正役外，余有小牢子、野牢子九百余名，皆不务生理，纷然于城市乡村扰害吾民”[②]。以后更是如此，特别是在嘉靖以后，实行一条鞭法，胥吏成为职业，父子兄弟师徒把持，以至于明人认为明代是“以官府之衣冠临天下，以胥吏之心计管天下”[③]。清人认为“本朝则与胥吏共天下”[④]。在政治运作上“夺百官之权，而一切归之胥吏，是所谓百官者虚名，而柄国者吏胥而已”[⑤]。被统治者称为“蠹吏”“蠹役”，官员要驭之以术。

第二节 明清州职官

据《大明一统志》所载，十三布政司及南北直隶设有37直隶州，181散州。《明史·地理志》记载，十三布政司及南北直隶设有193州（20直隶州）。清代全盛时有73直隶州，145散州，《清史稿·职官志》讲有76直隶州，48属州，《清通典》记有146州。

一、州正官

明代无论是直隶州知州，还是散州知州，都是从五品。清因之，乾隆三十五年（1770年），将直隶州知州升为正五品。明代知州“掌一州之政”[⑥]，

① 嘉靖．建宁府志：第4卷：徭役［M］//天一阁明代地方志选刊38. 上海：上海书店，1982：14.

② 张德信，毛佩琦．洪武御制全书［M］．合肥：黄山书社，1995：794.

③ 陈龙正．几亭全书：政书·乡筹·御吏，23.

④ 徐珂．清稗类钞·胥役类·例吏利［M］．北京：中华书局，1984：5250.

⑤ 顾炎武．日知录集释：第8卷：吏胥［M］．黄汝成，集释．石家庄：花山文艺出版社，1990：375.

⑥ 张廷玉，等．明史：第75卷：职官志四［M］．标点本．北京：中华书局，1974：1850.

其权责与知府相同，只不过是亚于府[①]。清代知州“掌一州治理”[②]，但“以县之地大而事繁者升而置之，所统辖一如县制”[③]，这应该是针对散州而言，其直隶州则如府制。

从知州职权变化来看，明代因为州辖县，故此与知府权责相同；清代强调其治理与县相同，故此倾向于与县制相同。无论是与知府相同，还是与知县相同，仅仅表明直隶州与散州，分属于两个层次，是属州视县，直隶州视府。清代将直隶州知州提高到正五品，使这种区别明显了，属于制度调整范畴。

二、州佐贰官

明代各州设从六品同知（简称州同，以区别府同知），从七品判官，均无定员，“里不及三十而无属县，裁同知、判官。有属县，裁同知”[④]。其掌如府佐贰官。清代州佐贰官与明代相同，“分掌粮务、水利、防海、管河诸职”[⑤]，也不是每州必设，乾隆时期，州同有 37 员，州判有 51 员，“分掌各州粮马、巡捕之事”[⑥]。在这里应该注意到，清代后期主要是分掌事务，其管辖并不在州，而前期分掌巡捕事则归州所辖，则可见州佐贰官已经脱离州的序列，名为佐贰官，却无佐贰之责，其巡捕之事则由首领官吏目承担了。

从明代开始，以州佐贰官为名，分管海防、河工事宜的，已经归巡抚及总河直辖，清代更是如此，作为分防的州佐贰官，大部分成为厅了，而分事的佐贰官则归专官所辖，大多数的州已经不管辖佐贰官了。

州佐贰官自明代正统年间就不断裁减，至嘉靖更大规模地裁减，如隆庆时，海州有同知一员，判官一员，地方志编者认为：“州之图里至一百十六，

---

① 各州箴曰：环境千里，置府以治。州亚于府，建官次之。有临乎上，有仰乎下。凡尔所职，承流宣化。蚩蚩者氓，休戚在尔。心诚求之，如保赤子。无妨其穑，乃衣乃食。无殚其力，乃休乃逸。兴举学教，敬恭神祇。狱讼必平，赋税必时。毋纵民厉，毋侈货黩。维仁维清，如冰如玉。如绳之直，如鉴之明。岂弟君子，懋永令名。明宣宗实录．宣德七年六月是月条，92.

② 赵尔巽，等．清史稿：第 116 卷：职官志三［M］．标点本．北京：中华书局，1977：3357.

③ 官修．清通典：第 34 卷：职官十二・府州［M］．杭州：浙江古籍出版社，2000：2211.

④ 张廷玉．明史：第 75 卷：职官志四［M］．标点本．北京：中华书局，1974：1850.

⑤ 同②.

⑥ 同③.

可谓大矣。今土荒里并，民淳事简，又无车马往来之烦，官尚旧额，似可省也。官而贤则可，如不贤，懦者坐食以耗国。能者生事以扰民。纵之则恣肆，制之则怨望。偶缺正官，则借重府佐，而州佐虽多，何为耶！夫建官者，使事浮于食，勿使食浮于事，则繁简相称，财不费而政亦举矣。惟儒官之于学也，亦然，可并省之。"① 仅仅有同、判各一人，编者都认为多，则可见佐贰官的处境。清代州佐贰官本来就不多，到了道光年间，还进行较大规模的裁减，仅"直隶省自通判以下共裁去二十余员"②。经过裁减以后，各州几乎没有直辖的佐贰官了，余下的，不是分守分防，便是分事，与州也就没有什么关系了。

三、州首领官及属官

明清州首领官均是吏目，从九品，《职官志》讲每州设一人，实际上也不尽相同，如成化二年（1466 年），当时巡抚叶盛因为军事需要，请求"置保

---

① 隆庆．海州志：第 4 卷：历代官制 [M] //天一阁明代地方志选刊 12. 上海：上海书店，1982：295.

② 道光十二三年中，各直省皆奉敕裁汰冗员。直隶省自通判以下共裁去二十余员。广东省裁廉州府同知，肇庆府通判，高、廉两府司狱，南海、番禺两县河泊所大使，长宁、始兴两县训导。江南省裁江苏华亭县主簿一缺，所司水利，改归县丞兼管；镇江府照磨一缺，所司稽查渡江、救生船事，改归镇江府知府兼管；金坛县湖溪巡检无巡防之实，江宁府照磨无专管事宜，扬州府检校无专司之事，均裁去；所有稽查邗沟闸座、督夫启闭事宜，改归扬州府经历兼管。陕甘省裁丞□等官五员。江西省裁建昌府水利通判一缺，九江府督粮通判一缺，又抚州、袁州、九江三府府磨，又武宁县高坪司巡检、新淦县□□山司巡检、德兴县白河司巡检三缺。又云贵省奏锦屏县幅员偏小，所有知县、典史、训导，俱着裁汰，地丁钱粮，就近改归开泰县管理，惟锦屏地方民、苗杂处，未便乏员，着改设锦屏县丞一员，仍归开泰县管辖，又裁磐石司巡检一缺。又南河裁丹徒县丞、仪征县闸官、如皋县县丞、兴化县县丞。又云南裁曲靖府同知，剑州所属弥沙井盐大使，并曲靖、永昌、大理三照司狱，顺宁府知事。又浙江裁绍兴府北塘通判，衢州府粮捕通判，杭州府属之城北务，钱塘县属之西溪务，湖州、绍兴二府司狱，宁波府属象山、赵岙巡检，严州府属建德县县丞。又长芦裁芦东、沧州运判一缺，归并天津运同；胶、莱运判一缺，归并滨、乐运同；兴国场大使一缺，归丰财场兼管；又登宁场大使一缺，信阳场大使一缺，并着邻境寿乐场兼管。又湖南裁岳州同知一缺，永顺、常德两府通判二缺，郴州、道州州判二缺，巡检七缺，训导六缺。又福建裁县丞二缺，司狱六缺，巡检九缺，皆杂见邸报中。所裁已不为少，然此外尚有不实不尽者，惟在各督抚大吏随时察看办理，亦撙节之一端，圣经所谓生财大道，食之者寡，不得谓非当时之急务也。梁章钜．浪迹丛谈：第 5 卷：冗员 [M]．陈铁民，点校．北京：中华书局，1981：87.

定州判官五员、吏目一员，隆庆州判官四员、吏目四员，分管各营堡仓粮”①。查嘉靖时期的《隆庆方志》，确实发现了隆庆州设置有两个吏目，其中一员负责“各堡仓收粮”，但是在嘉靖年间也已经被裁革②。吏目原本号称幕职，“掌凡赞治州之小事”③。在文书运作上，“不当律令者，幕官不署文书不得行”④。从地方志上看，在嘉靖以前，吏目已经有分掌事务，到嘉靖以后，吏目更多的是主管监狱捕盗，到了清代，直接明确他们的职责是“掌辅理各州之刑禁”⑤。但也没有明确地规定他们没有首领官的权限，故称为“掌司奸盗、察狱囚、典簿录”⑥。其典簿录原本为吏目的职责，但奸盗狱囚却成为主要职责。清代也不见得是每州都设吏目一人，如乾隆时146州，有152名吏目。

首领官从幕职转向刑禁，这是在主官负责制确立以后，逐渐演变而成的，其重要标志则是幕友制度的出现，从早期的主文，到嘉靖年间幕友制的出现，再到清代普遍雇有幕友，赞治的职能则由幕友承担，首领官也只能够负责刑禁的事务了⑦。

明代州属官设置如府县，根据本州事务繁简，也有巡检司巡检、驿丞、税课司大使、仓大使、库大使、织染杂造局大使、河泊所官、闸官、坝官、批验所大使副使、递运所大使副使、铁冶所大使副使等官，除了巡检、驿丞之外，其余的属官级别比府低一等。按例也设有医学、僧、道、阴阳官等。清代同明制，其属官设置与县相同，只是名称略有不同。

明清各州都设有儒学，州的教职一般设学正一人、训导三人，均为未入流；清代提高教职的地位，州学正为正八品，训导为从八品，裁减训导名额为一人。

---

① 明宪宗实录：第28卷．成化二年闰三月丁丑条［M］．上海：上海古籍出版社，1983：553－554.

② 嘉靖．隆庆志：第4卷：守令提名［M］//天一阁明代方志选刊．上海：上海书店，1982：7－8.

③ 万历．通州志：第3卷：官制［M］//天一阁明代地方志选刊12. 上海：上海书店，1982：215.

④ 郑本忠．安分先生集：第6卷：送施以敬调承安吏目序［M］．民国抄本．4－5.

⑤ 官修．清通典：第34卷：职官十二·府州［M］．杭州：浙江古籍出版社，2000：2211.

⑥ 赵尔巽，等．清史稿：第116卷：职官志三［M］．标点本．北京：中华书局，1977：3357.

⑦ 王泉伟．论明代州县幕官的职权转变［J］．史学月刊，2013（9）.

四、州书吏衙役

明代直隶州额定书吏，与府大致相同，如弘治易州有司典吏27名[①]，万历通州有吏、户、粮、礼、兵、刑、工7房，各司吏1人、典吏2人，再加上承发科、架阁库典吏各1人，铺长科司吏1人，马政科司吏、典吏各1人，共计26人[②]。嘉靖寿州有吏、户、礼、兵、刑、工6房，南北科、粮科，各司吏1人、典吏2人，另有承发司、架阁库、铺长司、马政科司吏典吏，共计28人[③]，则可见一斑。各地方志所列都是额定，乃是朝廷的规定，但也隐隐约约透露出有额外的典吏，其数目往往多于额定。清代典制对各州书吏也有原则性规定，具体使用则地方可以自主。

明清各州的衙役及各种差役，也都是有一定的额度，地方志多有记载，但一直存在白役的问题，这要看本州的事务繁简而定。除了这些差役之外，地方官还带有家人，清代规定知州可以带20~30名，这是制度规定，实际上更多，多者有数百人者。这些家人与胥吏一起承担地方治理责任，也就是说，各房及三班衙役都有家人参与。

第三节　明清县职官

据《大明一统志》所载，十三布政司及南北直隶设有1105县。《明史·地理志》记载有1138县（《职官志》云有1172县）。清代全盛时1314县（《职官志》云有1369县，未包括台湾11县，若合计当为1380县），乾隆时1307县。

---

① 弘治．易州志：第3卷：额设官吏［M］//天一阁明代地方志选刊7. 上海：上海书店，1982：3.

② 万历．通州志：第3卷：官制［M］//天一阁明代地方志选刊12. 上海：上海书店，1982：362.

③ 嘉靖．寿州志：第5卷：官师志［M］//天一阁明代地方志选刊34. 上海：上海书店，1982：13.

一、县正官

明清的知县无论是繁简大小，都是正七品，但是调繁为升，调简为贬，只是事务多寡而已。当然事多者利多，事寡者利少。明代知县，“凡赋役，岁会实征，十年造黄册，以丁产为差。赋有金谷、布帛及诸货物之赋，役有力役、雇役、借债不时之役，皆视天时休咎，地利丰耗，人力贫富，调剂而均节之。岁歉则请于府若省蠲减之。凡养老、祀神、贡士、读法、表善良、恤穷乏、稽保甲、严缉捕、听狱讼，皆躬亲厥职而勤慎焉。若山海泽薮之产，足以资国用者，则按籍而致贡”①。清代知县，“掌一县治理，决讼断辟，劝农赈贫，讨猾除奸，兴养立教。凡贡士、读法、养老、祀神，靡所不综”②。

经过对比，可以看到明清知县权责有了一些变化。明代知县偏重于亲民教化，解决民生是首务，要他们“如父与母，字厥孩提”③，因此“学校、田野、户口、赋役、讼狱、盗贼之六事者，乃国朝督崇守令之令典”④。嘉靖年间推行“一条鞭法”，劳役折成银两缴纳，赋役制度已经发生根本的变化。在此基础上，张居正提出：“夫均徭、赋役、里甲、驿递，乃有司第一义，余皆非其所急也。”⑤ 既然是要义改变了，也无怪乎“今之守令以户口、钱粮、簿书为急务，至于农桑、学校，王政之本，乃视为虚文而置之不问”⑥。《明史》所讲的权责，乃是在此基础上编排的。清代实行滋生人丁永不加赋、摊丁入亩，发展经济当然是重点，乾隆时期，知县“掌一县之政令。平赋役，听治讼，兴教化，厉风俗。凡养老、祀神、贡士、读法，皆躬亲厥职而勤理之”⑦。

---

① 张廷玉，等．明史：第75卷：职官志四［M］．标点本．北京：中华书局，1974：1850.

② 赵尔巽，等．清史稿：第116卷：职官志三［M］．标点本．北京：中华书局，1977：3357.

③ 各县箴曰：人君代天，子养兆民。任牧民者，邑令尤亲。丞簿佐令，幕有赞画。民之休戚，咸其所职。保民之方，心诚求之。如父与母，字厥孩提。察其冻馁，俾衣俾食。恤其疾痛，俾康俾适。既厚其生，必道其行。有礼有仪，善俗用兴。致恭神祀，致励学校。毋肆侵渔，毋纵苛暴。尔端尔心，务恪与诚。政用有成，民用底宁。明宣宗实录．宣德七年六月是月条，92.

④ 林希元．林次崖先生文集：第9卷：赠郡侯西川方公朝觐序［M］．厦门：厦门大学出版社，2015.

⑤ 张居正．张太岳集：第25卷：答保定巡抚孙立亭［M］．上海：上海古籍出版社，1984：298.

⑥ 黄宗羲．明文海：第47卷［M］//叶居升．上万言书．北京：中华书局，1987：348.

⑦ 官修．清通典：第34卷：职官十二・府州［M］．杭州：浙江古籍出版社，2000：2211.

与以上规定相比较，可以看到赋役还排在最前，《清史稿》将“决讼断辟”放在首位，说明乾隆以后社会治安成为地方治理的重点。至于其他权责的位置也有一些，如乾隆时“养老”居其他事务的首位，以后则排到第三位，从这些位置及内容的细微变化之中，可以看到社会发展的轨迹，并不是简单列举一二职权规定所能够看清的问题，这也是制度不断适应社会发展而使然。

二、县佐贰官

明代县佐贰官是县丞（二衙、贰尹、少尹）、主簿（三衙、三尹），按典制规定，每县有正八品县丞一人，正九品主簿一人，“县丞、主簿分掌粮马、巡捕之事”[①]。实际上是根据情况而设的，或三人，或两人，或一人，或不设。如明代的句容县，设有县丞一员、主簿二员、管马主簿一员，其佐贰官有四名[②]。江阴是事繁大县，除县丞一员之外，尚有治农县丞一员、管粮县丞一员、抚民县丞一员，加上主簿，其佐贰官达五名[③]。太原县为省之首县，曾设县丞一员，主簿三员[④]。这些大都是裁革兴设不一。“国朝县小者亦不置丞”，“国朝县小者亦不置簿”[⑤]，事简的县常常仅有主官一人。

清代县佐贰官缺额不定，多者各职全备，在乾隆时，县丞有415缺，主簿有98缺，“分掌粮马、征税、户籍、巡捕之事，以佐其县”[⑥]。后来减裁县丞为345缺，主簿为55缺，各县不设佐贰者为多，设则“分掌粮马、征税、户籍、缉捕诸职”[⑦]。值得注意的是，清代县佐贰官分驻地方，有了规定的辖区和专门的衙署，实际上已经具有地方行政官功能，一些管河、管粮的县丞、主簿，虽然挂有该县的名称，但典制上明白规定他们归道所属，这些佐贰官

---

① 张廷玉．明史：第75卷：职官志四［M］．标点本．北京：中华书局，1974：1850.

② 弘治．句容县志：第3卷：历代衙门官吏［M］//天一阁明代地方志选刊13. 上海：上海书店，1982：2.

③ 嘉靖．江阴县志：第11卷：禄秩考第九［M］//天一阁明代地方志选刊15. 上海：上海书店，1982：5.

④ 嘉靖．太原县志：第1卷：职官［M］//天一阁明代地方志选刊10. 上海：上海书店，1982：3.

⑤ 嘉靖．兰阳县志：第6卷：官师志［M］//天一阁明代地方志选刊续编52. 上海：上海书店，1982：3.

⑥ 官修．清通典：第34卷：职官十二·府州［M］．杭州：浙江古籍出版社，2000：2212.

⑦ 赵尔巽，等．清史稿：第116卷：职官志三［M］．标点本．北京：中华书局，1977：3357.

也就不是佐贰之职了。

三、县首领官及属官

明代县的首领官是典史，每县设一人，未入流，“典文移出纳。如无县丞，或无主簿，则分领丞簿职”①。清代因之，“掌稽检狱囚。无丞、簿，兼领其事”②。从职权来看，二者有很大的区别，前者典文移，是首领官本身的职责，后者稽检狱囚成为管狱官，这一演变过程是在明代完成的。经过职权确定没有发生变化、职权转变正在进行、职权转变已经完成三个时期。嘉靖初年是职权转变进行期，嘉靖后期是职权转变完成期，清王朝恰恰是因循明末的制度③。典史在明代被称为首领官，到清代则称为属官，可以说在清代的县内已经没有首领官了。

明代县的教职是教谕、训导，未入流；清代县教谕为正八品，训导为从八品。实际上他们受双重领导，“凡学政遵卧碑，咸听于提学宪臣提调，府听于府，州听于州，县听于县”④。明代对教职的考核，主要是以本县考中举人来定优劣，宣德五年（1430年），各县举人名数，“教谕二名为称职，一名为平常。训导一名为称职，不及者皆为不称。称职者升，平常者本等用，不称者降”⑤。清代则没有这个指标，仅仅是“掌训迪学校生徒，课艺业勤惰，评品行优劣，以听于学政。训导佐之”⑥。由于教职行政化，于地方教育几乎没有什么促进，在康熙年间，“儒学诸生月课，杳矣无闻”，黄六鸿提出“宜移文学师，每月订期，诣彝伦堂出题面课”⑦，这是儒学之事操于县官之手，其行政化特点，使教职变得可有可无，只不过是听命于地方官而已。

根据地理、交通、治安、物产等情况，有些县还设有一些杂职，诸如巡检司、驿、税课局、库、仓、织染杂造局、河泊所、批验所、递运所、冶铁

---

① 张廷玉，等．明史：第75卷：职官志四［M］．标点本．北京：中华书局，1974：1850.

② 赵尔巽，等．清史稿：第116卷：职官志三［M］．标点本．北京：中华书局，1977：3357.

③ 王泉伟．论明代州县幕官的职权转变［J］．史学月刊，2013（9）．

④ 同①1851.

⑤ 申时行，等．明会典：第12卷：吏部·考核［M］．北京：中华书局，1989：74.

⑥ 同②3358.

⑦ 黄六鸿．福惠全书：第25卷：教养部·生童课试［M］．康熙三十八年（1699年）种书堂刊本.

所、闸、坝等，分别设巡检、驿丞、大使、副使等官进行管理。其官高者为从九品，大多数则为未入流。杂职虽然各有所专掌，但要接受所在地县正官的领导，是“关略于承差舍余，网密于上司府县”①。

此外，各县还设有一些不给俸禄的杂职官。如医学训科、阴阳学训术、僧正会、道正会等。这些是人在官籍的专门技术人员，国家虽不给俸禄，但他们可以靠自己的业务专长以谋生。人在官籍就要接受官的考核，考满则有升迁降调。值得注意的是，明初，“立养济院以处无告，立义冢以瘗枯骨，累朝推广恩泽、又有惠民药局、漏泽园、幡竿蜡烛二寺。其余随时给米给棺之惠，不一而足”②。翻阅明代地方志，各县基本上都有这些设置，是官办的救济机构。清代各县除了部分州县还保留有养济院之外，其余基本上不设置，这些则纳入官府与民间慈善活动的范畴。

四、县书吏衙役

明清各县都设有“三班六房”，称之为胥吏。胥是差役，吏是书吏。吏、户、礼、兵、刑、工六房，故俗称“六房书吏”。实际上各州县不止六房，最起码要有承发房和架阁库③。差役一般的县要有二三百人，大县往往有千余人，乃至数千人④。这是一个庞大而有体系的组织，“一般分为两大部分，一部分服役于班房，分为三班：即壮班——专司值堂、站班兼捕盗；快班——专管缉盗维护治安；皂班——司仪仗护卫。一部分服役于知县，下分七个部

---

① 陈义钟．海瑞集：上编：驿传议［M］．北京：中华书局，1962：34.

② 申时行，等．明会典：第80卷：礼部·恤孤贫［M］．北京：中华书局，1989：77.

③ 明清州县设房多寡不一，除六房之外，一般都设有承发房和架阁库。刘子扬认为大兴县有承发、吏、户、礼、兵、刑、工、仓、库9房，宛平县有吏、户、礼、兵、刑、工、仓、库8房（刘子扬．清代地方官制考［M］．北京：紫禁城出版社，1988：280）。王笛根据巴县档案，认为有吏、户、礼、兵、刑、工、仓、盐茶、承发吏9房，有的县还设有书柬房（王笛．跨出封闭的世界——长江上游区域社会研究［M］．北京：中华书局，1993：361）。实际上各州县以六房为基本编制，如刚毅所云：“州县六房之设，各有专司”（牧令须知：书役，1）。承发、架阁、书柬等均是主管文书档案的部门，是官府不可缺少的组成部分。因此，不管国家编制如何，州县这些事务总是要有专人办理。

④ 嘉靖．龙溪县志：田赋志·徭役，载岁办徭役总类，4：除马夫外，计七百役，而马夫170名，据其所录名目，本县徭役共981名定额，此不包括吏典、书手等。另据《嘉靖惠安县志》卷7《职役》载：其县徭役有988名，均有工食银或丁粮。另外还有人吏、贴书手、手力、斗子、医人、专知、杂职等97人，因属于吏典而未计算在内。

门：收发——管收发公文，前稿——管差标画，候稿——值签押房，班管——总管监督，值堂——司内庭事务，跟班——随侍左右，执帐——传递、通事、随同知县拜会”[①]。前一部分在习惯上称为三班衙役，一般州县有二三十名，多者可达数百名。此外还有非在编而谋充进来的白役[②]。三班衙役的分工不甚明确，具体的工作基本上是以本州县的长官所发出的牌票为基准[③]。后一部分是杂役，除上面所讲的七个部门之外，尚有库子、仓老（仓夫）、仓斗级[④]、门子、禁子、巡拦、厨子、膳夫、斋夫、馆夫等，分别管理各种具体事务或杂务。

明清一直严格管制吏胥，实行的是贱视政策，他们非经三代，不许参加科举。朝廷在政策上不允许吏胥把握实际权力，但在实际政治运作中，往往是簿书山积、文繁政苛，使吏胥涉入权力运作，顾炎武认为是“夺百官之权，而一切归之胥吏，是所谓百官者虚名，而柄国者吏胥而已”[⑤]。“从理论说，官员为长官，吏役为厮奴；官为主导，吏役为附从；官的地位高贵尊严，吏役

---

① 王笛．跨出封闭的世界——长江上游区域社会研究［M］．北京：中华书局，1993：362.

② 大诰续编·松江逸民为害第二云：“皂隶，其名曰正皂隶，曰小弓兵，曰直司。”除正皂隶是额定之外，其余都是谋充不在编的，这些人往往超过正规编制人员。《福惠全书》卷3《莅任部·驭衙役》云：“吏书皂快，除经制外，类多帮身白役。”可见明清两代的白役是很普遍的。

③ 一般来说，皂班在州县衙内站堂值班看守大门，所谓值堂皂隶、把门皂隶、行刑皂隶，都是皂班；快班亦称捕班，分马快和步快两种，负责缉捕；壮班亦称民壮，负责治安和防卫（见《福惠全书》卷3《莅任部·驭衙役》）。三班有分工，但不明确。《清代巴县档案汇编（乾隆卷）》第226页载，乾隆二十七年九月二十一日刘贵禀云：“查该书公同捕快各头役议，将本城及里甲赌博、宰杀、娼家、窃盗、刀伤、私铸、抢夺、啯匪归捕班承办。其户婚、田土、酗酒、打架、潮银、奸拐归快班办理。皂班原系承办本城债银、酗酒、打架、拐逃及小差案件。”这禀文的起因是皂班在承办里甲事务时推卸责任，知县批文云：“尔房协同三班役头妥议，再行公复候夺，毋致更烦扰干咨。”由此可见，三班的分工很不明确。明代也有这种问题存在。【明】张肯堂《䓨辞》卷1《擒贼纪事》中讲：“于是呼快壮诸人，平日识其有胆力者而用之，密授方略，申饬赏罚，诸人无不踊跃愿奋。”捕快和民壮都听知县的临时安排，但捕役的缉捕责任较专。

④ 储粮为仓，存物为库。库子是管理本州县各库的人员，一般州县都有三五人，分别管理本州县各仓库。一般州县有本州县库、架阁库、廪给库和儒学库等库，有驿站的州县则置驿库。仓老亦称仓夫，是负责看守本州县各仓的，一般州县有预备仓（嘉靖以后，许多州县改为常平仓）、水次仓、官仓、学仓等。每仓设仓老一人，领力役数人以防卫本仓，不涉仓物出纳之事。仓斗级负责仓物的出纳，一般是每仓设二人以上，以期相互监督和相互核对；学仓一般只设一人，因其主管发放生员廪粮，生员是不好欺蒙的。

⑤ 顾炎武．日知录集释：第8卷：吏胥［M］．黄汝成，集释．石家庄：花山文艺出版社，1990：375.

则为卑贱低下，甚至法律上‘不齿于齐民’，非经三代之后，子孙不得应科举考试。理应由官员统率指挥吏役，驾驭之，使令之，必要时鞭鞑斥革法办之。吏役只有服从的义务，而无操纵或胁制官长的任何权力”[①]。然而，这些在“衙门积年主文、书手、老人、皂隶、弓兵、门子、马夫，由其凡百事情无所不知，经历乖滑，无所不透，是以通同作弊，易如吹毛。主文则改抹文卷，出入罪名；书手则诡寄钱粮，科害里甲；老人则营求管事，欺官害民；皂隶、弓兵则狐假虎威，吓诈良善；门子、马夫则承奉浸润，透漏事情。甚至因而说事过钱，坏累官长；拨置违法，害及平人”[②]。官是外来之人，吏役是本地土著；不明白风土人情，连语言也很难通的官，遇上在本地盘根错节、上下都有耳目的吏，官的优势也就相形见绌了。官是读圣贤书而得，吏是学法律文牍而取；官和吏虽都有任期，但在繁剧的法规事例面前，不熟悉与熟悉之间，孰优孰劣自然可见。官有官之优势，吏役有吏役之所恃，孰胜孰负，均未可料，当然要在实际运作上去见高低。

第四节　清代厅职官

清代全盛时有 41 直隶州厅，78 散厅，乃是乾隆中期形成定制，但其源头还是来自明代[③]。就是这样一个已经形成定制的机构，在清国史馆所撰之《职官志》及《清史稿·职官志》，都没有专门立目。清代的厅有二等：直隶厅、散厅。行政上，直隶厅直隶于省布政司，与直隶州、府同级，但大都无属州属县，为基层官府，其长官也类同知州、知县之“亲民”官，下辖州县者仅个别特例。散厅与散州、县在行政上同级，辖于府。散厅同知、通判为“亲民”官。其理事厅同知、通判，乃属驻防将军或道，也有隶于府者。

---

① 韦庆远.《明清档案》与顺治朝官场［M］//韦庆远．明清史新析．北京：中国社会科学出版社，1995：309.

② 王廷相．浚川公移集：第 3 卷：巡按陕西告示条约［M］．影印明刻本.

③ 真水康树．清代“直隶厅”及“散厅”的定制化及其明代起源［J］．北京大学学报，1996（3）.

一、厅正官

厅之正官，为同知或通判，个别为州判。这里需要注意的是，同知、通判、州判本为佐贰官，在厅则为长官，就不能够再以佐贰官来看待了。即便如此，这个制度还是因佐贰官分防、分守而逐渐形成，是佐贰官制度研究的重点内容，要厘清其发展变化的过程。

厅长官有称“抚民”者，有称“理事”者，还有称“抚彝”“抚边”“理民捕盗”“民番粮捕”“刑钱捕盗”等名衔者，还有任以土厅官之土厅。作为长官，其衙署如州县，职掌刑名、钱谷及缉捕等事。

清代人口剧增，无业之民大量增加，摊丁入亩后取消丁口编审，百姓得轻去其乡，无业贫民为谋生计，或至山林僻地开发，或至沿海沙洲、岛屿落户，或远徙边区垦种，移民聚居之区不断形成、增多。清代于民族边地治理加强、深化，少数民族地区，或行改土归流，或新设政区以置流官，或为省内州县中的民族聚居之区，需规划新行政区以加强管理，又有因移民而成民族杂居之地。凡此移民聚居之地、民族杂居区及少数民族地区，以及离府州县之治所窎远之地，均需置基层性“亲民”之官直接管理，而这些区域中的某些地区，因管理较一般州县为难，尤需加强弹压、震慑性治理职能，若增设新县，七品之知县位低职卑，治理多有不便，因置正五品之同知或正六品之通判，为新设区之长官，此类新行政区，也沿用同知、通判办事厅署之名，称之为厅。同知、通判有由知县升任者，职历较长，行政经验相对丰富，也适宜任繁要之缺。厅区政务，镇抚、缉盗、治安之事尤重，以同知、通判之职位，也可调动参将、游击等武官，协同管理。个别厅之长官，乃配置亲标千总、把总，有直接调动之士兵，如“康熙年间，乾州、凤凰二厅，各拨给标兵一百名，把总一员，以供驱使巡缉”，到乾隆年间乾州、永绥、凤凰“三厅所辖苗人，久已输诚向化，与民一体，该同知、通判，止审理词讼，催科抚字等事，有标兵三百名，把总三员，应裁汰”①。由此可见，厅制是与该地社会发展紧密联系在一起的，既可以将理事厅改为抚民厅，又可以改为府州

① 清高宗实录：第77卷．乾隆二十九年八月癸卯条．

县，还可以升等[①]。以同知、通判为厅之长官，也有裁汰某些府之闲冗佐贰同知、通判，将其官缺改为新设厅之长官同知、通判缺，以精简编制、节省经费。厅之职要事繁者，则定为直隶厅，与府同级，政务可直达于省，免去一般州县、散厅转达府级之环节，以保障其行政效率效能，故此类直隶厅虽与府同级，其长官却仍为亲民之官，与知府不同。职此之故，直隶厅也大多不辖州县，辖区小于府、直隶州，直隶厅之长官也与散州知州、知县类同，仅管本厅一厅事务，与散厅同为基层亲民之官[②]。

二、厅属官吏役

其下属有首领官、教职、杂职、书吏、衙役，偶尔也有县丞、主簿这样的佐贰官。各厅有设儒学者，则兼掌教育。厅之设诸科房，分办吏、户、礼、兵、刑、工诸事，各置典吏以协理杂务。厅多无佐贰官，个别厅设县丞、主簿等以为佐贰，分管某项政务，多分驻某地[③]。厅之首领官，有设经历、知事、照磨者，以司公文、档案诸事，也有分防地方而充佐贰之职者。杂职官，有设管理监狱之司狱、缉捕等务之巡检者，不设司狱，则以首领官或巡检兼管。巡检还有掌缉捕之外其他事务者。

同知、通判本为府之佐贰官，有分管府境某地某些事务者，其“分防”地发展为新行政区，遂以其办事衙署——厅称之，并以同知、通判为厅之长官。有专管行政区之同、通，为厅长官，无专管区之同、通，为府佐贰，不列于厅。厅之长官，有新设置者，有本为府之佐贰官同知、通判而升为本厅区长官者，又有本府或别府同知、通判调入厅区任为长官者。

---

① 吏部议覆：湖南巡抚浦霖奏称，辰州府属凤凰厅，向缘与镇道同城，止设通判，六品顶戴，与分防千总无别，以致征粮听讼，苗民视同末弁，不听弹压。请改为同知，与永绥、乾州二厅一体。应如所奏，仍定为苗疆俸满缺。从之。清高宗实录．乾隆五十五年三月丙申条，1351.

② 赵尔巽，等．清史稿：第116卷：职官志三［M］．标点本．北京：中华书局，1977：3357.

③ 咸丰．淅川厅志：第1卷：舆地；陈淑均．噶玛兰厅志（中）：第2卷：职官·官制；道光．循化厅志：第5卷：官师.

第二章　明清府县佐贰官的裁增

明清府县佐贰官制度历经500余年的发展，其职权也不断演变。按照朱元璋的说法："朕为布政司、府、州、县并军职衙门，恐各官吏才力不及，特设良法使行之。"[①] 朱元璋这个良法，既构成层层监督，使布政司、府、州、县各自"是清"；又发挥监察效用，官员中不职不法，由监察官员"是清"[②]；还构成正佐相互监督的制度，既要求官亲自办事，又要官尊重赞治，"凡所施行诸事，议论已成，正官、首领官亲行草稿，役吏精书之，而乃书押印行。所以事多端正，并无过误稽迟"[③]。这种制度设计，在一个部门里设置正官、佐贰官、首领官，诸事要他们议论而行，吏役仅仅是具体办事人员。在这种情况下，佐贰官的赞襄权责明确，而随着实际运作，部分佐贰官有了分职，继而分事、分守、分防，发展到分驻，佐贰官的赞襄职能也就不复存在了。

第一节　明代府县佐贰官裁撤与增添

按照明代制度，府佐贰官为同知、通判、推官，除了推官各设一员（也

---

① 张德信，毛佩琦．洪武御制全书：大诰三编·臣民依法为奸第一［M］．合肥：黄山书社，1995：862.

② 朱元璋讲：县亲临里甲，"若耳目有所不及，精神有所不至，遗下无藉顽恶之民，本州方乃是清"。州临县治，"耳目有所不及，精神有所不至，遗下贪官污吏，及无藉顽民，本府方乃是清"。府临州治，"耳目有所不及，精神有所不至，遗下贪官污吏，及无藉顽民，布政司方乃是清"。布政司治理亲属临府，"傥耳目有所不及，精神有所不至，遗下贪官污吏，及无藉顽民，按察司方乃是清"。按察司治理布政司府州县，"耳目有所不及，精神有所不至，巡按御史方乃是清"。申时行，等．明会典：第12卷：吏部·责任条例［M］．北京：中华书局，1989：77.

③ 同①.

有例外）之外，其余无定员。州佐贰官为州同知、州判，也是无定员。县佐贰官是县丞、主簿，还是规定无定员。所谓的“无定员”，就是没有硬性的规定，要根据事务繁简而定。明代各府州县的佐贰官原本为必设之官，后经不断裁撤，则不见得是必设之官了。

一、府县佐贰官的增添

朱元璋很重视地方官府的作用，早在吴元年（1367 年），不但发给府州县官道里费，还发给他们的父母妻子文绮布帛等实物，认为：“新授郡县官多出布衣，到任之初，或假贷于人，或侵渔百姓，不有以养其廉，欲其奉公难矣。”[①] 在这里任命 234 名官员，既有府州县正官，也有佐贰官及首领官，所因袭的应当是元代的制度。

明初佐贰官“赞治”权责较重，但已经有了分事。从《大诰》所涉及的府县佐贰官来看，有受正官委派去办理某项事务的，有专门负责踏勘、征粮、马政、赈济、修船、修城、解课、勘验、清军、私盐、抄札等。正因如此，佐贰官的设置往往是因事增添。以永乐一朝而言，永乐元年（1403 年），“增置山东鱼台、夏津二县县丞、主簿”[②]。永乐二年（1404 年），“置山东临清县县丞主簿各一员”[③]；“直隶应天、太平、镇江、扬州、庐州、凤阳六府所辖五州二十九县，滁、和二州，全椒、含山二县，各增设州判官一员，县主簿一员，专理马政”[④]。永乐三年（1405 年），“增置山东恩县县丞、主簿”[⑤]。永乐四年（1406 年），“增置江西星子、德安二县县丞、主簿”[⑥]；“置山东陵县县丞主簿”[⑦]。永乐六年（1408 年），“添设辽东自在、安乐二州同知、判官各一员”[⑧]。永乐七年（1409 年），“增置凤阳府泗州判官一员，专掌马政”[⑨]。永乐九年（1411 年），增置“永平、保定、河间三府同知、通判各一员，涿、

---

① 明太祖实录：第 24 卷．吴元年秋七月丙子条.
② 明太宗实录：第 25 卷．永乐元年十二月丁酉条.
③ 明太宗实录：第 31 卷．永乐二年五月甲寅条.
④ 明太宗实录：第 51 卷．永乐四年二月丁丑条.
⑤ 明太宗实录：第 51 卷．永乐三年十二月癸酉条.
⑥ 明太宗实录：第 54 卷．永乐四年五月壬辰条.
⑦ 明太宗实录：第 58 卷．永乐四年八月庚子条.
⑧ 明太宗实录：第 80 卷．永乐六年六月乙酉条.
⑨ 明太宗实录：第 98 卷．永乐七年十一月辛卯条.

通、霸、蓟、滦、安、景、沧八州同知、判官各一员，专理屯田之务”[①]。永乐十三年（1415 年），“增置江西德兴县主簿一员”[②]。永乐十八年（1420 年），“增置霸州文安县县丞、主簿”[③]。永乐二十年（1422 年），“复置河南汲县县丞主簿各一员，以人复增故也”[④]。永乐二十一年（1423 年），“复置河间之任丘、阜城二县，及山东之阿县县丞、主簿各一员，盖近岁人民复盛故也”[⑤]。二十多年间增加 80 多员佐贰官，这与社会经济发展有关，以后各朝也是如此，但有了一定变化，社会治安因素，往往高于社会经济发展。

可以说明代佐贰官的添设，与社会经济发展有密切的关系。以农桑而言，明初“丧乱之后，中原草莽，人民稀少。所谓田野辟，户口增，此正中原今日之急务”[⑥]。因此令典规定：“凡各处府、州、县官员，任内以户口增、田野辟为尚。”[⑦] 地方政务也是“农桑，衣食之本；学校，风化之原”[⑧]。乃是“国初农桑之政，劝课耕植，具有成法。初皆责成有司，岁久政弛，乃稍添官专理”[⑨]。在农业社会，农桑既是人民衣食之本，也是朝廷赋税的主要来源，但一个社会并不是农桑这一件事，地方官要治理的事务很多，当急风暴雨式地发展农桑过去之后，地方官的关注重点也会随之改变，这就是岁久政弛，但农桑这个根本不能丢，添官专理就是增加佐贰官进行管理。

从《明会典》来看，添设治农、劝农佐贰官是在不同地区陆续进行的，如宣德二年（1427 年），浙江添设 8 名治农县丞。成化元年（1465 年），河南、山东各府均添设同知一员，“职专提督人民栽种耕耘，又预备仓粮糴买劝借”[⑩]。成化九年（1473 年），南直隶各府县普遍增设通判及县丞以劝农。成化十一年（1475 年），北直隶各直隶州各添设判官一员，68 个县添设主簿；

---

① 明太宗实录：第 120 卷．永乐九年冬十月乙巳条．

② 明太宗实录：第 167 卷．永乐十三年八月癸巳条．

③ 明太宗实录：第 251 卷．永乐十八年十一月乙亥条．

④ 明太宗实录：第 254 卷下．永乐二十年闰十二月庚午条．

⑤ 明太宗实录：第 257 卷．永乐二十一年春三月丁未条．

⑥ 明太祖实录：第 37 卷．洪武元年十二月辛卯条［M］．国立北平图书馆藏红格本．1962：749．

⑦ 中国珍稀法律典籍集成：大明令·吏令［M］．杨一凡，等点校．北京：科学出版社，1994，乙编 1 册：8．

⑧ 明太祖实录：第 106 卷．洪武九年六月乙未条［M］．国立北平图书馆藏红格本．1962：1773．

⑨ 申时行，等．明会典：第 17 卷：户部·农桑［M］．北京：商务印书馆，1936：463．

⑩ 同⑨464．

江西22县添设主簿；湖广二州八县添设州判、主簿；河南一州十二县添设州判、主簿；应天府二县添设主簿；成化二十一年（1485年），南直隶二州三县添设州判、主簿。在不断添设的情况下，就要进行优化，裁撤整顿也是不可避免的。如嘉靖六年（1527年），针对治农佐贰官经常被抚按官委署办理其他事务，所以下诏："江南等处各该抚按官，通行所属府州县，原设有治农官处，不许营干别差，责令著实修举等职业，专业循行劝课。原无官处，定委佐贰官一员带管，果有实效，具奏旌擢。如或因循废职，作罢软罢黜。"则可见专门治农的佐贰官被抚按官调动去办别差的现象很严重，不得不予以禁止。嘉靖九年（1530年），当户科给事中王聘提出："宜令天下郡县各置一官专理农事"时，嘉靖帝下旨云："治农不必添设，惟令抚按各行所属，委官管理，务顺民情，毋有所扰。"[①] 因此在普遍裁撤佐贰官时，个别地区还添设劝农佐贰官。

针对粮食征收与管理，自宣德以来开始添设佐贰官为管粮专官，一直到万历时期，不是更改职权，就是添设，持续不断。如宣德六年（1431年），"改苏、松、嘉、湖等府县治农通判县丞等官，为管粮官"；"苏、松、常、镇、嘉、湖六府添设通判一员，每县添设县丞一员，催征税粮"。到万历二年（1574年），"铸给监收肃州仓临洮府带衔通判，固原州仓平凉府带衔通判，靖虏甘州凉州庄浪西宁洮州六仓巩昌府带衔通判，监收永丰仓同知，各关防"[②]。由此可以看出，原来是添设管粮佐贰官，变成带衔佐贰官，有了专门的"关防"，也就是差遣职官了，仅带佐贰官衔，却不能以佐贰官来看待。其余盐法、钞关、督运、河工等佐贰官也是如此。

值得关注的是，各府州县巡捕及江防、海防佐贰官的添设。弘治十六年（1503年），"四川各州县添设判官、主簿各一员，捕盗"，这是整个四川全部添设。正德六年（1511年），江西赣州、南安、瑞州、广信，湖广郧阳、武昌、岳州、衡州、永州，陕西汉中府，四川保宁、重庆、夔州及两广各府，添设捕盗通判各一员，是针对那些地方社会治安所采取的措施，以后则因事在其他地区也逐渐添设。这些专司巡捕的府州县佐贰官，多在事发地点修建

① 明世宗实录：第113卷．嘉靖九年五月丁酉条.

② 申时行，等．明会典：第22卷：户部·各司府州县卫所仓［M］．北京：商务印书馆，1936：601.

城池衙署，逐渐成为分守佐贰官，当社会治安好转，也裁撤一些，应该引起注意的是，在裁撤过程中的变化。如正德十五年（1520 年），“革湖广衡州府捕盗通判，以抚民通判管理”①。隆庆四年（1570 年），湖广“郴州宜章县香口岭，僻居边陲，接壤两广，瑶苗杂处，不时侵犯。建城垣一座，添设衙门，每年衡、永二府轮委同知一员，统领民兵，在彼驻镇，防御盗贼，督收钱粮。如或同知员缺，即委通判、推官代理”②。从捕盗到抚民、理事，再到差委，城池衙署得以保存，也有了一定的辖区，已经有了“厅”制的雏形。海防及江防佐贰官多是在嘉靖年间防倭的时候设置的，他们挂有海防江防之名，虽然带有府州县名称，却与府州县没有关系，要听从操江巡抚、兵备道的调遣。“沿江地方，除授府州县同知、县丞文凭内，明注管理巡捕字样，令专听操巡衙门节制”③。嘉靖时，总督张经条陈讲道：“吴淞江口及黄浦一带，皆通海要路，兵船既设，统领无人。请于苏松各增设海防同知一员，而以水利通判并入巡盐。”④ 当时是为了防倭，后来倭寇逐渐平定，应天巡抚便提出：“苏、松二府额设水利通判各一员，后因兵兴事繁，二府各置海防同知，苏州又有练兵同知，及防御福山通判，而旧所设水利者裁减矣。今海氛稍靖，其练兵、防御诸员可省，须复水利旧额，以任疏浚松江，则以海防同知兼摄其事。”⑤是以海防同知并没有裁撤，而是兼摄其他事务。万历三年（1575 年），“令芜湖县筑城，以便防守。徽宁兵备道照苏松淮扬兵备例，增设兵额，应天治中移驻新江口，太平同知移驻芜湖，和州同知移驻泥汉，境内州县巡司官兵，尽属统率查点”⑥。这些佐贰官有了分驻地，又修建城池，实际上也有了管辖权。如万历二年（1574 年），广东南岭，“在永安貉老坪东，去县东南八十里。其高四百余丈，周百余里，四崇中衍，一路微通，险阻可据”。当时分守岭东道参议赵可怀议建城南岭，“戍以守备及抚民通判”⑦，也就有了抚民通判公署。

---

① 申时行，等．明会典：第 136 卷：兵部·巡捕［M］．北京：商务印书馆，1936：2785－2786.

② 申时行，等．明会典：第 131 卷：兵部·镇戍［M］．北京：商务印书馆，1936：2686.

③ 申时行，等．明会典：第 211 卷：南京都察院［M］．北京：商务印书馆，1936：4225.

④ 明世宗实录：第 417 卷．嘉靖三十三年十二月辛巳条.

⑤ 明世宗实录：第 499 卷．嘉靖四十年七月辛亥条.

⑥ 同②2692.

⑦ 屈大均．广东新语：第 3 卷：山语·南岭［M］．北京：中华书局，1985：122－123.

明代府县佐贰官的添设，多是因事，由地方抚按兵备道等官提出，报请朝廷核准，也会有特殊的情况。比如说，各府推官，按照典制各设置一人，成化二十二年（1486 年），江西吉安府知府张锐，以“吉安一府健讼尤甚，囚犯监禁常累至千人，缘官少不能决断，多致瘐死”为由，奏请“增设推官一员，专理词讼，不得以他事差遣”[①]。此事经法司核议上奏，居然得到成化帝的认可，沈德符认为：“此举真属创见，后不知何时始罢。”[②] 创见不仅仅是吉安府增加一名推官，因知府的提议被朝廷采纳，在当时已经罕见了。

二、府县佐贰官的裁撤

早在洪武七年（1374 年），朱元璋以“北方郡县有民稀事简者”，要求吏部裁减北方府州县官。经过吏部议减，“河南行省府减同知、知事者二，通判者一，州减知州者二、同知者八，县减丞者四十九、主簿者七，减丞及簿者六；北平行省府减同知、知事者五，州减知州者一、知州及判官者二、同知者十二，减同知及判官者四，县减知县及簿者一、丞者四十三、主簿者九，减丞及簿者四十八；山东行省州减同知者三，县减丞者二十九、主簿者四，减丞及簿者二”[③]。这次裁减的 308 府州县官中，绝大部分是佐贰官。即便如此，洪武十九年（1386 年），河南府卢氏县主簿徐存义的建言还是提出：“夫一州一县，设官不必数多，如州有守，县有令以专其政，设一佐贰以赞治，足矣。若其廉能可称，则升赏之，贪污不才则黜罚之，赏罚既明，则天下自治。”[④] 可以看到，当时州县佐贰官乃是必备的官员，至少是每职一员。徐存义的建言似乎起到一定的作用，洪武二十一年（1388 年），“汰天下州县佐贰官凡三百六十四人，以民稀事简故也”[⑤]。这次裁汰，也确立了佐贰官设置的原则，以事务繁简而定，从明代地方志来看，至少在嘉靖以前，府县佐贰官

---

① 明宪宗实录：第 280 卷．成化二十二年秋七月壬戌条．

② 沈德符．万历野获编：第 22 卷：一府二推官［M］．北京：中华书局，1959：576．

③ 明太祖实录：第 90 卷．洪武七年六月戊午条．

④ 明太祖实录：第 179 卷．洪武十九年八月甲申朔［M］．上海：上海古籍出版社，1983：2716．

⑤ 明太祖实录：第 194 卷．洪武二十一年冬十月辛卯朔［M］．上海：上海古籍出版社，1983，194：2912．

依然是必设的官员，每职至少是一员，只有极少数不设佐贰官的州县①。嘉靖时期则不同了，佐贰官不是必备之员，被裁撤府县佐贰官的事务，则由首领官兼管。

自洪武大规模裁撤佐贰官以来，虽然因事有所增设，但总的形势是裁撤。如永乐一朝，永乐元年（1403 年），“裁减云南亦佐、广通、石咢嘉、阳林四县县丞，复旧制也”②。永乐二年（1404 年），“裁减湖广江华县县丞、主簿”③；“裁减湖广泸溪县县丞、主簿”④；“裁减湖广沅州麻阳县县丞、主簿”⑤。永乐三年（1405 年），“裁减湖广岳州府临湘县县丞、主簿”⑥；“裁减湖广嘉鱼县县丞、主簿”⑦。永乐四年（1406 年），“裁省湖广郴州宜章县县丞、主簿”⑧；“裁省直隶池州府东流县县丞、主簿”⑨；“裁省湖广新宁县丞并主簿”⑩；“裁省隶池州府建德县县丞”⑪。永乐五年（1407 年），“裁省福建泉州府永春县县丞、主簿”⑫。永乐六年（1408 年），“裁省四川重庆府涪州府同知，叙州府南溪县县丞、主簿”⑬。永乐十二年（1414 年），“裁减陕西凤翔府郿县县丞、主簿”⑭。永乐十四年（1416 年），“裁减浙江昌化县县丞、主簿”⑮。永乐十五年（1417 年），“裁革湖广彬州兴宁县县丞、主簿”⑯。不到二十年，共计裁减府县佐贰官 30 余员，与这个时期增置 80 余员相比，裁减

---

①　如洪武二十六年（1393 年）定朝觐考察，“若系（佐贰官）裁革，未及二十里长州县，止设正官、首领官各一员去处，止令首领官吏来朝”。申时行，等．明会典：第 13 卷：吏部・朝觐考察[M]．北京：中华书局，1989：78.

②　明太宗实录：第 25 卷．永乐元年十二月丁酉条.

③　明太宗实录：第 29 卷．永乐二年三月己酉条.

④　明太宗实录：第 31 卷．永乐二年五月丙寅条.

⑤　明太宗实录：第 37 卷．永乐二年十二月辛卯条.

⑥　明太宗实录：第 48 卷．永乐三年十一月己亥条.

⑦　明太宗实录：第 49 卷．永乐三年十二月癸酉条.

⑧　明太宗实录：第 51 卷．永乐四年二月己巳条.

⑨　明太宗实录：第 55 卷．永乐四年六月戊辰条.

⑩　明太宗实录：第 56 卷．永乐四年秋七月庚寅条.

⑪　明太宗实录：第 58 卷．永乐四年八月癸丑条.

⑫　明太宗实录：第 73 卷．永乐五年十一月丁卯条.

⑬　明太宗实录：第 77 卷．永乐六年春三月己巳条.

⑭　明太宗实录：第 156 卷．永乐十二年闰九月丁巳条.

⑮　明太宗实录：第 173 卷．永乐十四年二月庚午条.

⑯　明太宗实录：第 190 卷．永乐十五年六月丙午条.

的显然要少，所涉及的地区，主要是湖广。

自永乐以后，府县佐贰官的裁撤多于增置，则成为发展趋势，至嘉靖年间则出现裁撤高潮。嘉靖帝《即位诏》针对正德时期的冗官冗役冗费，提出裁革的方针，最初的裁冗先在朝廷展开，之后渐渐扩展到地方，佐贰官则成为主要的裁撤对象。嘉靖三年（1524 年），先是局部地区进行小的裁撤，如江西布政司裁革捕盗通判三员、县丞一员[①]；湖广裁革县主簿一员[②]；广西裁革府通判二员、县丞一员、县主簿一员[③]；嘉靖六年（1527 年），则进入裁撤的高潮，先是直隶、山西、山东裁革判官二员、县丞一员、县主簿三十七员[④]，共计 40 员佐贰官；接着在嘉靖十年（1531 年），湖广裁革七员府通判，一员州同知，三员州判官，十二员县丞，六员县主簿[⑤]，共计 29 员佐贰官；浙江裁革三员府通判，一员州判，四员县丞，七员县主簿[⑥]，共计 15 员佐贰官；广东裁革五员府通判，三员县丞，二员县主簿[⑦]，共计 10 员佐贰官；南直隶裁革二员府通判，二员县丞，八员县主簿[⑧]，共计 12 员佐贰官；陕西裁革府同知一员，二员府通判，三员州同，一员州判，九员县丞，六员县主簿[⑨]，共计 22 员佐贰官；南直隶裁革三员府通判，九员州判，五员县丞，十六员县主簿[⑩]，共计 33 员佐贰官。此次裁革，涉及 6 个布政司，被裁革的佐贰官有 121 员，可以称为大规模的裁撤，以后多是个别裁革，一次裁革 10 员以上的，有嘉靖三十六年（1557 年），府通判二员，州判官二员，县丞七员，县主簿四员[⑪]，共计 15 员，多是管河、管粮、管山等管事佐贰官。嘉靖四十年（1561 年），裁革山东、广东、陕西县丞七员，县主簿九员[⑫]，共计 16 员，其县主簿都是管治农事的。嘉靖四十一年（1562 年），裁革直隶管马判官二员，

---

① 明世宗实录：第 36 卷．嘉靖三年二月壬戌条.
② 明世宗实录：第 39 卷．嘉靖三年五月庚午条.
③ 明世宗实录：第 43 卷．嘉靖三年九月甲申条.
④ 明世宗实录：第 76 卷．嘉靖六年五月辛丑条.
⑤ 明世宗实录：第 127 卷．嘉靖十年闰六月甲申条.
⑥ 明世宗实录：第 127 卷．嘉靖十年闰六月乙丑条.
⑦ 明世宗实录：第 127 卷．嘉靖十年闰六月己亥条.
⑧ 明世宗实录：第 127 卷．嘉靖十年闰六月辛丑条.
⑨ 明世宗实录：第 127 卷．嘉靖十年闰六月乙巳条.
⑩ 明世宗实录：第 127 卷．嘉靖十年闰六月戊申条.
⑪ 明世宗实录：第 452 卷．嘉靖三十六年十月庚子条.
⑫ 明世宗实录：第 493 卷．嘉靖四十年二月辛卯朔条.

管马县丞十员[①]，共计 12 员；裁革山东县丞六员，县主簿五员，贵州抚苗通判官一员[②]，共计 12 员；“裁革各处管马州判、县丞、主簿，易州、景州、盐山、任丘、涞水、定兴、新城、献县各一员管粮者”[③]。这一年裁革规模也是很大的，特别是各处管马佐贰官，这个数目应该是很可观的。按照弘治时期的种马额，南北直隶及山东、河南 26 府，原额种马多达 124930 匹[④]。这些府之外，各州县也多有养马额，如嘉靖时寿州，是在这 26 府之外的，其州有儿马 248 匹，骒马 992 匹，犍牛 26 只，母牛 72 只，俵马 248 匹，印犊 73 匹，共计 1659 匹只，拥有几十所马厂；所属蒙县有儿马 80 匹，骒马 320 匹，犍牛 12 只，母牛 36 只，俵马 80 匹，印犊 36 匹，共计 564 匹只，拥有 9 所马场；所属霍县有儿马 71 匹，骒马 282 匹，犍牛 18 只，母牛 55 只，俵马 71 匹，印犊 55 匹，共计 552 匹只，拥有 3 所马场；各设州判、县主簿为管马官[⑤]。马政，特别是在内地及北方地区，管马官是普遍设立的，这次裁革可能波及数以百计的管马佐贰官。隆庆元年（1567 年），也有一次规模较大的裁革，波及北直隶、山西、广东、浙江、陕西 5 省。其中北直隶约 14 员[⑥]、山西 9 员[⑦]、广东 4 员[⑧]、浙江 8 员[⑨]、陕西 4 员[⑩]，总计 40 余员。由此可见，这个时期裁革佐贰官的数量，远比增设的要多。

这种佐贰官的裁革，主要是主官负责制的确立，以及赋役制度的改革，需要裁撤“冗官”。主官负责制确立，使佐贰官退出佐治行列，进而成为“冗员”。一条鞭法的实行，佐贰官转向分职事务，成为具体分职的职能长官，进

---

① 明世宗实录：第 513 卷．嘉靖四十一年九月戊戌条.

② 明世宗实录：第 513 卷．嘉靖四十一年九月丁未条.

③ 明世宗实录：第 513 卷．嘉靖四十一年十一月壬寅条.

④ 申时行，等．明会典：第 150 卷：兵部・马政［M］．北京：商务印书馆，1936：3071.

⑤ 嘉靖．寿州志：第 4 卷：孳牧［M］//天一阁明代地方志选刊续编 34. 上海：上海书店，1982：16－18.

⑥ 有一处云裁革大名府下某某“等县”主簿各一员，罗列者为 4 县，这里难以确定确切数字，故暂以 4 县计。明穆宗实录：第 9 卷．隆庆元年六月壬寅条［M］．上海：上海古籍出版社，1983：258.

⑦ 明穆宗实录：第 11 卷．隆庆元年八月壬寅条［M］．上海：上海古籍出版社，1983：312－313.

⑧ 明穆宗实录：第 12 卷．隆庆元年九月丁卯条［M］．上海：上海古籍出版社，1983：330－331.

⑨ 明穆宗实录：第 12 卷．隆庆元年九月戊辰条［M］．上海：上海古籍出版社，1983：335.

⑩ 明穆宗实录：第 14 卷．隆庆元年十二月己未条［M］．上海：上海古籍出版社，1983：381.

而从职能分职变为地域分防，使一些佐贰官名为佐贰，实际上却是一方的主官。这种发展趋势，直接影响到清王朝府县佐贰官的设置[①]。

第二节 清代府县佐贰官裁减与职能转变

努尔哈赤用了36年（1583—1619年）的时间完成了女真族的统一，建立后金王朝。在从部落到国家的发展过程中，无论是在经济活动、社会制度，还是精神文化方面，都保留了大量原始落后的因素，同时又受到蒙古族、朝鲜族、汉族的影响，所以其道路发展曲折，在对先进文化崇仰酷爱的同时，对原有落后习俗又顽固保持。从皇太极到清入关之初，满族从不适应到适应，再到国家制度汉化的过程中，因为专制政体的官僚制能够巩固和加强以满族贵族为主体的政治统治，更何况“在专制制度的历史中，专制君主常常通过组建一套官僚机构，摧毁贵族封建特权，来建立自己的权力”[②]。所以统治者自觉与不自觉地接受前代的制度，并没有理解传统的中央集权制度的优长，也不知道这种政治体制更有利于满族贵族为主体的政治统治，仅仅是从安抚明朝官吏的角度思考问题。当满族贵族认识中央集权制度更有利于统治时，进行适当的调整，也就成为必要，府县佐贰官的裁撤与职能转变也就成为必然。

一、府县佐贰官制度变革

满洲贵族统治经过百余年的发展，达到鼎盛时期，在广阔的版图内，中国各民族的统一进一步加强，专制统治空前提高，社会经济、文化发展也达

---

① 例如：龙泉县县丞在康熙之后就被“以后奉裁”，主簿在清代“本朝不设”。庆元县县丞在嘉靖后“以后裁省”，主簿在洪武“以后裁省”。云和县县丞在正德朝“以后裁缺”，主簿在嘉靖朝“以后裁缺”。宜平县县丞嘉靖朝后“以后裁缺”，主簿“嘉靖十二年裁缺”。景宁县丞隆庆朝“后裁不设”，主簿在嘉靖朝“后裁不设”。丽水县主簿清代“本朝裁去不设”。缙云县县丞康熙朝“以后奉裁”，主簿在嘉靖朝“之后奉裁”。松阳县县丞在清朝“本朝裁省”，主簿“明不设，本朝因之”。青田县县丞在雍正后没有记载，主簿在清朝“本朝不设”。遂昌县县丞在嘉靖朝“以后裁缺”，主簿在崇祯朝“以后裁缺”。雍正．处州府志：第8卷：官秩志［M］//中国地方志丛书，清雍正十一年刊本：856－1022.

② 魏斐德．洪业：清朝开国史［M］．陈苏镇，薄小莹，等译．南京：江苏人民出版社，2003：372.

到高峰。“清初统治者在运用相当进步但属于传统类型的制度与技术以恢复政治稳定的过程中，获得了彻底的成功。权力高度集中，而未得到彻底的合理化改革；君主的权威提高了，官僚政治的积极作用却下降了”[①]。这些可以在佐贰官制度变革中，寻找一些答案。

以府级官设置而言，清初完全因袭明代制度，“每府设知府一人，推官一人，挂衔推官一人，督捕左右理事官一人，同知、通判因事增减无定员。经历一人，照磨一人，知事一人，检校一人，司狱一人，各因地方繁简设立无定员。仓库税课司、杂造织染局、税课分司大使、茶马司大使、草场大使、副使、巡检司巡检、水马驿驿丞、递运所大使，皆因事设立无定员”。在顺治三年（1646 年），率先裁去各府挂衔推官，人数近二百。顺治七年（1650 年），开始裁撤管事的府佐贰官，“裁直隶真定巡捕抽分、江宁开通厂、宝源局鼓铸、马政、船政、苏州水利、扬州造船、河南开封河捕、陕西西安管粮、临洮监饷、庆阳盐课、湖广武昌肇陈口缉盗等同知各一人。裁江南江宁捕盗水利管粮、松江水利、镇江农马、河南归德河捕、山东济南管马、东昌管河、浙江嘉兴管粮、湖州管粮、宁波管粮、湖广武昌捕盗、福建福州管粮、江西赣州管粮等通判各一人”。康熙六年（1667 年），“裁各府推官一百四十二人”[②]，自此以后各府不再有推官的设置。以后经常增添或裁撤，总的趋势是裁多增少，至光绪十五年（1889 年）左右，同知：奉天 6 人，吉林 3 人，黑龙江 1 人，直隶 23 人，山东 11 人，山西 10 人，河南 7 人，江苏 12 人，安徽 7 人，江西 11 人，福建 7 人，台湾 1 人，浙江 16 人，湖北 12 人，湖南 8 人，陕西 9 人，甘肃 7 人，新疆 10 人，四川 10 人，广东 11 人，广西 9 人，云南 15 人，贵州 8 人，共计 214 人，基本上分为三个类别：一是冠有理事、抚民的同知，都是直隶厅的正官；二是冠有水利、盐捕、河捕的同知，是管事的，隶属于各专职道；三是冠有地方之名的同知，在本府有分守地方。也就是说，已经没有赞治的同知设置了。通判：奉天 1 人，吉林 1 人，黑龙江 1 人，直隶 15 人，山东 10 人，山西 8 人，河南 10 人，江苏 19 人，安徽 7 人，江西 8

---

① 魏斐德．洪业：清朝开国史［M］．陈苏镇，薄小莹，等译．南京：江苏人民出版社，2003：391．

② 光绪．清会典事例：第26卷：吏部・官制［M］．光绪二十五年原刻影印本．台北：新文丰出版公司．

人，福建5人，台湾2人，浙江8人，湖北7人，湖南7人，陕西2人，甘肃5人，新疆3人，四川7人，广东9人，广西6人，云南5人，贵州6人，共计152人，其类别与同知相同（详见附录A）。

以直隶州而言，清初“每直隶州设知州一人，吏目一人，州同、州判，因事增减无定员。巡检、驿丞、仓大使、税课司大使，皆因事设立无定员”。以后一些散州及县升为直隶州，作为佐贰官的州同、州判，也是分厅、分事、分驻，到光绪十五年（1889年）左右，州同：直隶3人，山东2人，河南1人，江苏2人，安徽3人，福建2人，台湾1人，湖北1人，湖南1人，陕西1人，甘肃2人，四川1人，广东2人，共计22人。州判：直隶5人，山东2人，山西4人，河南3人，江苏1人，安徽2人，江西1人，台湾1人，湖南2人，陕西2人，甘肃3人，四川6人，广东2人，广西1人，云南1人，共计36人。这些州同、州判，也都有固定的驻地，有些则还要兼水利、河工等事（详见附录B）。

以散州而论，清初“每州设知州一人，吏目一人，州同、州判，因事增减无定员。巡检、驿丞、仓大使、税课司大使，皆因事设立无定员”[①]。从设置上与直隶州区别不大，但其地位相当于县，在不断升直隶州的情况下，其设置也渐少。到光绪十五年（1889年）左右，州同：直隶3人，山东2人，河南1人，江苏2人，安徽3人，湖北2人，湖南1人，陕西2人，甘肃1人，四川2人，广西11人，云南1人，贵州2人，共计33人。州判：直隶15人，山东6人，河南4人，安徽1人，湖北5人，湖南1人，陕西1人，甘肃2人，四川2人，广西4人，云南3人，贵州2人，共计46人。基本上分为三个类别：一是冠以“地方”，则分驻在外；二是冠以“管河”“河工”，则是管事；三是冠以“土”字，是土官之职（详见附录C）。

以县而论，清初“每县设知县一人，典史一人，县丞、主簿，因事增减无定员。仓库税课司大使、副使、巡检、驿丞、所官，皆因事设立无定员”[②]。顺治三年（1646年），“大县设知县、县丞、典史各一员；小县设知县、典史

---

① 光绪．清会典事例：第28卷：吏部·官制［M］．光绪二十五年原刻影印本．台北：新文丰出版公司．

② 光绪．清会典事例：第30卷：吏部·官制［M］．光绪二十五年原刻影印本．台北：新文丰出版公司．

各一员；一切主簿，尽行裁革。原管职事，大县归并县丞，小县归并典史”①。也就是说，县主簿全部裁去，县丞也裁去不少，以后根据需要，还是增设一些主簿，到光绪十五年（1889 年）左右，县丞：奉天 2 人，直隶 35 人，山东 36 人，山西 6 人，河南 28 人，江苏 29 人，安徽 15 人，江西 48 人，福建 23 人，台湾 4 人，浙江 45 人，湖北 18 人，湖南 14 人，陕西 18 人，甘肃 9 人，新疆 1 人，四川 18 人，广东 20 人，广西 9 人，云南 3 人，贵州 10 人，共计 391 人。主簿：奉天 1 人，直隶 21 人，山东 14 人，山西 1 人，河南 8 人，江苏 14 人，安徽 4 人，江西 2 人，福建 1 人，浙江 11 人，湖北 4 人，湖南 1 人，陕西 3 人，甘肃 1 人，四川 3 人，广东 2 人，广西 2 人，贵州 1 人，共计 94 人。县佐贰官基本上有两个类别：一是“地方”县丞、主簿，这是分守佐贰官，各自有驻地，计有 408 缺；二是冠以“河工”之名，是管河官，归河道官序列，计有 77 缺（详见附录 D）。

二、府县佐贰官职能转变

从佐治到理事的佐贰官职能转变，自明代初年已经初见端倪，自永乐以后，率先以劝农为职的佐贰官设置，使部分佐贰官成为管事的官员，以后针对清军、河工、盐法等事务也设置专门佐贰官管理，特别是出于社会稳定的需要，巡捕成为佐贰官的一项重要事务。在实际政治运作过程中，佐贰官添设与裁革频繁，所添设的多是事务型的佐贰官，裁革的多是佐治型的佐贰官，使原有的正佐监督负责制难以推行，逐渐向正官负责制转变。经过嘉靖十年（1531 年）大规模“裁冗”，正官负责制得以完全确立，而管事的佐贰官则仅有佐贰之名，而无佐治之实。

管事佐贰官承担分管事务，在事务上几乎与府县正官毫无关联，其上司乃是各种专职道以及分守道、分巡道，政务指导也归各道负责，特别是兵备道普遍设立之后，地方行政体制变成巡抚—兵备道—府县，一些佐贰官也开始分防、分驻地方，已经具有正官的性质。即便如此，佐贰官仍然没有脱离正官的控制，那就是每年的考语要由正官来写，他们掌握对佐贰官的考评权。

① 清世祖实录：第 25 卷．顺治三年三月辛丑条［M］．北京：中华书局，1985：216.

如海瑞为淳安知县，对县丞参评有云：“治县之绩，无一足纪”①；对主簿参评有云：“有钱则宽征，无钱则急比。”② 可以说对县丞、主簿充满鄙夷，在这种情况下，正官的考语有可能决定他们的命运。

从明代职官考核制度来看，知县、知州考核所属各官，年终填注考语，送交直隶州和府复核；府州正官考核所属，并对所辖州县正官进行考核，填注考语，送分巡、分守道复核，再送按察司、布政司复核，最终由抚按确定考语，送交吏部、都察院考核。这种制度是在抚按官体制完全确立的情况下施行的，因此考核的关键在于抚按官，“在嘉靖以前，巡抚代表中央监控地方的职责仍很明显，且级别较高，权力较大，故抚按发生争执时，巡抚往往占优。在嘉靖以后，巡抚节制三司，成为总领一方的封疆大吏的趋向已大大加强，而原有的代表中央监控地方的职能相对地减弱，因而朝廷便有意通过巡按对巡抚牵制，以防止巡抚在地方上专擅”③。既然抚按相互监督，按照制度规定，他们都有权委署佐贰官办理各种事务，也就使原本沦为闲职的佐贰官，变得繁忙起来，而作为掌握考评权的正官，对于佐贰官也不敢故意贬低，毕竟考语最终要由抚按官决定。

地方行政运行机制的变化，使府县佐贰官的职能也发生变化，特别是在府县衙门承担佐治职责的佐贰越来越少，管事与分驻的佐贰越来越多，即便是在府县衙门佐治的佐贰，大多数也被抚按道等官委署办理其他事务，以至于没有被委署的佐贰也千方百计地谋求委署。如正统时，陕西巡按时纪上任

① 县丞参评：“官以县丞名，盖谓一县事，宜与知县和衷协济，承流而宣化之也。诚请共尔位，无忝厥职，好官我为之，安知不与鸣琴而治者，大展雷封之略哉？是县丞之事，亦知县之事，亦县丞之责也。如未入官门，先营家计，官爵贿赂，夺魄动心，国病民冤，如聋如哑，县丞之谓耶！瑞自下事日，窃心鄙之。讵我寮列，备官而未之讲耶！每见时可共言，为之卷舌，事可独任，为之却步。有如韩退之所谓‘涉笔占位署惟谨，惟长官之听，漫不可否事’，治县之绩，无一足纪。是上人子惠元元之意，不能承而宣之也。非县丞也。”陈义钟．海瑞集：上编［M］．北京：中华书局，1962：147.

② 县丞参评：“主簿者，掌一县簿书之事也。虽位有崇卑，职有详要。夫人莫不有真性，率真而行之，即古所谓仅得一官，亦可小试。苟不尽分称职，金玉其外而败絮其内也，即陟巍科，登膴仕，徒玷官常耳。余无容觇缕。如钱谷一书，宜出入明允，无悖孔子会计当之说。苟勾稽错乱，追呼朦胧。有钱则宽征，无钱则急比。且计粮数之多寡，无茧丝之有大封、小封，以为常规之人焉。是凭家兄为驱使，了不能以自主，徒老死于簿书间也。又何异于王佝辈唯唯诺诺，仅供公之喜怒也哉！非主簿也。”陈义钟．海瑞集：上编［M］．北京：中华书局，1962：147.

③ 关文发，颜广文．明代政治制度研究［M］．北京：中国社会科学出版社，1995：62.

时，绕道回乡，路过长垣县时，县丞萧节之，就“夤缘交结”。萧县丞交结是有目的的，因为巡按有权委署佐贰，若是他能够被巡按委署，则获得当副职难以得到的利益，因此为时巡按聘娶本县殷氏为妾，却没有想到时巡按妻妒忌，将殷氏驱逐，被殷氏父母闹得锦衣卫得知，告知皇帝。正统帝以时纪“挟势娶民间女子为妾，背违礼法，有玷风纪”①，送交法司问罪，萧县丞是否问罪，史料没有交代，按照《大明律·吏律·职制·交结近侍官员》条规定：“凡诸衙门官吏，若与内官及近侍人员互相交结，漏泄事情，夤缘作弊，而符同奏启者，皆斩。妻子流二千里安置。”② 萧县丞罪责肯定不轻，因为时纪被法司拟为绞刑，遇赦还被“谪戍边”③。能够冒着这么大的风险去夤缘交结，则可见佐贰官被抚按官委署，会有多么大的利益。

清入关之后对佐贰官进行了大规模的裁革，特别是明令在县级废除主簿一职，一般州县都不设佐贰官，即便是设，也不是佐治了，也就完成了佐贰官蜕变，即佐贰官分防、分事，与主官的权责也就别无二致了。清康熙年间郯城知县黄六鸿在谈到知县的同僚时，认为佐贰官“诸惟仰赖堂尊”④，所重视的是邻封知县与地方武职。郯城是大县，设有县丞，至少在康熙四十九年(1710年)，郯城县丞已经是“效力河工”，不再有佐治之责了。

清代佐贰官职权转移的重要标志，就是与正官不再同城同属办事。以府佐贰官而言从顺治十八年（1661年）“改山西中路通判驻阳和”⑤，到光绪二十年（1894年），“改湖南岳州府通判，为南洲直隶厅抚民通判，驻扎九都地方，归岳常澧道管辖”⑥。可以看到分驻佐贰官逐渐发展为一种行政区划府轨迹，即便是分驻地没有改为州、县、厅，大多数也有规定的辖区，虽然他们还不可能“成为其分辖之地有所谓‘承督盘查亲民之责’的长官”⑦，但分区

---

① 明英宗实录：第98卷．正统七年十一月甲申条．

② 大明律［M］．怀效锋，点校．北京：法律出版社，1999：35．

③ 明英宗实录：第105卷．正统八年六月乙酉条．

④ 黄六鸿．福惠全书：第4卷：筮仕部·交接寅僚［M］．康熙三十八年（1699年）种书堂刊本．

⑤ 光绪．清会典事例：第26卷：吏部·官制［M］．光绪二十五年原刻影印本．台北：新文丰出版公司．

⑥ 光绪．清会典事例：第27卷：吏部·官制［M］．光绪二十五年原刻影印本．台北：新文丰出版公司．

⑦ 张研．对清代州县佐贰、典史与巡检辖属之地的考察［J］．安徽史学，2009：15．

管辖，已经意味着行政区划发生一定变化，这一点在清代不断增加的“厅”中，可以得到印证。

清代“厅”的设置，以雍正、乾隆、嘉庆、光绪、宣统几朝最多。西南少数民族地区之厅，雍正朝设置较多。直隶、山西北部之厅，主要设于雍正、乾隆两朝。新疆之厅，设于乾隆中期及光绪朝。东北地区之厅，则乾隆、光绪、宣统几朝设置最多。还有移民地域之厅，内地或沿海省份、边区均有设置。这些“厅”的正官还是佐贰官之名，却也不是佐贰官了，乃是正官，而其沿用佐贰官之名，却与佐贰官分驻有很大的关联，也是论述佐贰官职能转变的重要内容。

第三节 从同僚到正官的转变

府县佐贰官是副职，被称为同僚。随着正官负责制的逐渐确立，佐贰官也逐渐被称为僚属，沦为属官。随着佐贰官职责转向分事与分防，在业务上逐渐脱离府县的指导，改归各专门道及守巡道领导，再到考核归抚按负责，佐贰官则完全脱离府县控制，成为负责各种事务及分区的正官，这些转化从地方志及官箴书中可以找到一定的轨迹。

一、作为同僚与正官的关系

在明代早期各地方志中，佐贰官多称为“僚”，尊称为二府、三府、四府，二州、三州，二衙、三衙。在官箴书中则称为同寅、僚寀，正官与他们相处，要处之以道，强调的是一个“和”字。

府州县官员设置，朝廷是有典制规定的，以府而言，“今之郡守，古之诸侯也。铨曹抡才上闻，俞（谕）旨以授。自郡守而下，亦皆大廷命吏。崇卑不齐，禄秩咸在，得不随其官而思尽其职业哉”①。“国家分画百里而为县，除进士或科贡为知县，县大则置丞、置簿，或贡或吏员为之，典史则专用吏员，

① 弘治．温州府志：第2卷：官制［M］//天一阁明代地方志选刊续编33．上海：上海书店，1982：57．

司养民者备矣”[①]。知府、知县是皇帝钦命的职官，其下各官也都是朝廷所任命的官，虽然等级有别，出身有差异，但正官无权黜免，特别是佐贰官，在权责规定上与正官并没有差异，特别是没有明确分管之事的佐贰官，府州县之事都要参与，是正佐相互监督的机制，是制度规定，在法律上也肯定他们的地位。《大明律·名例律·同僚犯公罪》规定：“凡同僚犯公罪者，并以吏典为首。首领官减吏典一等，佐贰官减首领官一等。”[②]《大明令·吏令》规定：“凡公事失错自觉举者，免罪。同僚应连坐者，一人举觉，余人皆免罪。”[③] 在具体公事处理上，只要能够检举揭发，就可以免责，这对正官来说，无疑是巨大的压力，因为有连坐的规定，若是正官能够得到佐贰官同意，其检举揭发的条件也就丧失了，各种行文都要佐贰官署押，也就使他们承担连带责任，因此在政务议论时，作为同僚是可以表达自己的意见的，正官也不能够阻止他们揭发检举，因此在政务处置上能够同舟共济。这种情况在明初是较为普遍的，如《大诰》中列举安庆府怀宁县县丞陈希文，因为指挥图占民地，其“执法不允”，在府官“以言诱之”的情况下，依然严格执法，并且揭发检举，被朱元璋得知，特升为青州知府。在徽州府容留积年老吏的情况下，祁门县知县何敏中与县丞李善、主簿李文鼎，共同揭发检举知府，被朱元璋得知，将他们分别升为知府、同知、知县。常州府宜兴县主簿王复春，揭发常州府不公之事三件，朱元璋不但派进士赍符劳酒，还特升其为本府同知。建宁府建阳县知县郭伯泰、县丞陆镒，在旗军路过本县索船扰民的情况下，将这些旗军扣留，也被朱元璋劳以尊酒，分别升为同知、通判。池州府知府王希彦、推官林惟贤，承差舍人入府驰正道的情况下，将之“擒拿问招”；嘉兴府崇德县知县毕辉、县丞齐博，在旗军驰正道、入公厅的情况下，当即“差人管解”，均被劳以尊酒。常州府金坛县县丞李思进，在“诸司造罪害民”的情况下，得罪诸司，被解京问罪，因金坛父老联名诣阙来诉，被官复原职[④]。从这里可以看到身为佐贰官者不畏上官，也可以看到佐贰官与正官

---

① 嘉靖．鄢城县志：第2卷：官纪［M］//天一阁明代地方志选刊续编59．上海：上海书店，1982：544.

② 大明律［M］．怀效锋，点校．北京：法律出版社，1999：16.

③ 同②.

④ 张德信，毛佩琦．洪武御制全书：大诰续编·有司超群第九［M］．合肥：黄山书社，1995：800－801.

共同办理事务，确实有和衷共济的一面。

明前期，佐贰官奏事是比较普遍的，对于地方事务能够提出自己的见解。如洪武七年（1374 年）太原府繁峙县主簿虞文采，上言："山西行省并按察司官吏事多不法。"朱元璋认为："文采职居下僚，能不避权势，举言其非，可嘉也。"[①] 对于佐贰官能够揭发上官是持鼓励态度的，更要求他们履行佐理之职。如洪武九年（1376 年），山西汾州平遥县主簿成乐考满时，本州的考语为"能恢办商税"。朱元璋则认为："主簿之职在佐理县政，抚安百姓，岂以办课为能。"[②] 朱元璋看重的是佐理之职，而不是专办某项事务，故此对佐贰官上奏之事，也能够认真对待。如山东潍州判官陈鼎，提出贴军应该与民同役，朱元璋"从之"[③]。重庆府忠州垫江县丞潘彝，对该地盐法问题提出发商，朱元璋"从其言，命户部行之"[④]。梧州府同知郝修，提出两广增设巡检司的问题，朱元璋"从之"[⑤]。赣州府瑞金县丞古亨，提出减免该县徭役问题，朱元璋"是其言，诏从之"[⑥]。这种情况一直到正统年间，还是如此。如宣德四年（1429 年）浙江山阴县主簿李孟吉，上奏本县漕粮改运府仓收贮，宣德帝"命行在户部从之"[⑦]。正统三年（1438 年），因繁昌县主簿黄键上言，"更定州县岁贡生员例"[⑧]。正统十三年（1448 年），湖广湘乡县主簿冷昊，上奏"本县累岁凶荒"，请求折纳布帛，正统帝"从之"[⑨]。在正统以后，除了建言之外，则罕见府县佐贰官直接奏事之事。

在佐贰官与正官是同僚的情况下，府县正官不得不在表面上恭恭敬敬。在正佐相互辅助监督机制下，正官也不得不尊重佐贰官的意见。如洪武时期的南康县丞吴履，在知县周以中召民转输物资到府的时候，违令下乡召民转输，该民逃走，周知县命卒笞之，该民还是不肯转输，竟然逃入山中，还骂周知县："官当在县，何以至此为。"周知县本来已经很生气，再加上吏卒挑

① 明太祖实录：第 87 卷．洪武七年春正月壬午条.
② 明太祖实录：第 106 卷．洪武九年六月庚戌条.
③ 明太祖实录：第 89 卷．洪武七年五月壬午条.
④ 明太祖实录：第 105 卷．洪武九年夏四月丁酉条.
⑤ 明太祖实录：第 126 卷．洪武十二年八月乙酉条.
⑥ 明太祖实录：第 197 卷．洪武二十二年八月丙申朔条.
⑦ 明太祖实录：第 55 卷．宣德四年六月壬午条.
⑧ 明太祖实录：第 48 卷．正统三年十一月丙戌条.
⑨ 明太祖实录：第 172 卷．正统十三年十一月壬子条.

唆，便捕获六七人追问逃民下落，拿入县监狱。吴县丞得知以后，认为这些县民无罪，便来到县监狱，要狱卒把这些人释放。狱卒推脱，吴县丞则“槌碎狱门遣之”，对那些人讲：“若无罪，还告父兄，无恐。”然后才告诉周知县，这种独断专行，当然让周知县大怒：“民无道，众辱我，君乃释之，何轻我至是耶!”吴县丞说：“犯使君者一匹夫尔！其乡人何罪？且法乃天子法，岂使君解怒具乎!”这种义正词严，终于使周知县“意惭乃已”①。由此可见，在正佐监督负责制下，佐贰官确实能够发挥监督的效用，这种情况一直持续到景泰时期，故《明史·循吏传序》在吴履之后，一口气罗列景泰以前佐贰官20余个姓名，这与“吏治澄清者百余年”②，有一定的关系。

明前期的佐贰官与正官是同僚，能够分庭抗礼，原因是多方面的，究其主要原因，无非是来自制度与人为方面。

在制度层面，除了构建正佐相互辅助监督之外，在正佐官选用上还不是泾渭分明，尊卑各异。明初确定的“三途并用”，“学校以教育之，科目以登进之，荐举以旁招之，铨选以布列之，天下人才尽于是矣”。朱元璋更是不拘一格，如前为亲军王兴宗，被破格任命为金华知县，当时李善长、李文忠皆以为不可，朱元璋认为：“兴宗从我久，勤廉能断，儒生法吏莫先也。”③ 十几年之间，升为河南布政使。这种其自下僚不次擢用者，也不胜枚举，出身还不是选拔官员的必备条件，在这种情况下，正佐相互辅助监督制度也就没有明显的等差，彼此监督也缺少顾忌。

在人为方面，则是身为佐贰官者在制度的保护之下，也缺少各种顾虑，能够大胆履职，与正官和衷共济，敢于任事。如洪武时，汀州府通判李铨，上任以后，“以狱囚淹系者众，按其无罪者悉出之，旬日狱为之空”④。广东香山县丞彭豫，“出乎士也，其所以修于身施于人者，皆有以发明斯道，士果无益于世哉!”在任上“施训以善道，久而民益化服”，面对屯兵暴横，敢于绳之以法；县有大猾，也敢于“寘诸法”，教民掩捕海寇，祈雨兴学，凡知县所

---

① 焦竑．国朝献征录：第96卷：山东潍州知州吴德基履传［M］．台北：台湾学生书局，1984：4214.

② 张廷玉，等．明史：第281卷：循吏传序［M］．北京：中华书局，1974：7185.

③ 张廷玉，等．明史：第140卷：王兴宗传［M］．北京：中华书局，1974：4005.

④ 焦竑．国朝献征录：第100卷：汀州府通判李公铨墓志铭［M］．台北：台湾学生书局，1984：4479.

管之事，无不参与，能够“在官六年”[①]。广东阳春主簿徐均，到任之后，敢于指斥书吏，缉捕盗贼，地方大佬“致馈皆黄金大珠也，（徐）均不一视，即麾出，械系大老，身送之府中”[②]。这种敢作敢为的佐贰官在那个时期，是很多的，正官对待他们，也只能够以兄弟相待，可以看出，明初佐贰官与正官分庭抗礼是比较普遍的，而正佐相互辅助监督机制也得以发挥功效。

二、作为僚属与正官的关系

明弘治二年（1489 年），滦州知州潘龄上言：“在外诸司官员，正佐首领虽曰同官共事，而宅心行事，或有不同。正官公廉则疾佐贰之贪鄙，佐贰有守则恶正官之偏私，稍加规正，辄起衅端，闻之上官，不辩曲直，概以同僚不和，并行黜罢。以此廉正者灰心隐默，妄为者肆无忌惮，或倚其粗猛公肆欺凌，或恃其年老不顾廉耻，虽同堂列坐，不异路人，是以政令乖违，民受其害，欲乞稍有更张，以别善恶。”这里揭示正佐相互辅助监督制的弊端，正官与佐贰官、首领官之间，几乎难以共事了，彼此之间互不相让，不是双方撕破脸，就是彼此轻视，特别是明王朝已经立国 100 多年，选拔官吏已经制度化了，正官的出身，明显比佐贰官要优越，这种优越感，很容易让他们轻视出身不如他们的佐贰官。常言道：“光脚的不怕穿鞋的。”以佐贰官而言，因为出身及身为副职，升迁的希望不大，政治前途渺茫，在社会经济已经发展的情况下，佐贰官只能退而求其次，能够得到一些经济利益也就成为主要愿望。但正官凭借优势，把握各种资源，不愿意分羹给佐贰官，彼此之间的矛盾也会因此而生。按照正佐相互辅助监督制，佐贰官原本可以办理许多政务，如今正官把持，他们当然要进行争取，相互争执，大不了鱼死网破，因为“同僚不和”，彼此都丢官卸职，特别是升迁无望，又快到致仕年龄的佐贰官，也就更无所顾忌了。很显然，正佐之间的矛盾已经到了难以调和的地步，并且成为“时弊”。潘知州的上言得到朝廷的重视，结果都察院核议，最终制定了《在外正佐官互相纠举例》，正佐官的地位从此改变。该例规定：“佐贰

① 焦竑．国朝献征录：第100卷：香山县丞彭公豫墓表［M］．台北：台湾学生书局，1984：4488－4489.

② 焦竑．国朝献征录：第100卷：阳春主簿徐公均墓志铭［M］．台北：台湾学生书局，1984：4489.

首领官有贪暴殃民，倚强恃老，欺压正官者，许正官具奏黜退。正官有赃滥不法，政令乖方者，许佐贰官申禀举行。各止问正犯应得罪名。若彼此皆贪，因私忿致争者，方以同僚不和问断，庶循良者得行其志，而粗暴者知有所警。”① 条例有利于正官，因为正官拥有了“具奏黜退”的权力，佐贰官仅有“申禀”的权力。正官具奏乃是朝廷的正式文书，一纸入公门，九牛拔不出，佐贰官被处置是必然的。佐贰官申禀，不是正式公文，属于向上级反映情况，上级也没有必须处置义务，况且能够为上级的，大多数都是进士出身的，而正官也多是进士出身，惺惺相惜原本难免，再加上制度规定下级官员犯罪，上级要承担一定的连带责任，千方百计照顾正官，更关系到自己的利益。在这种情况下，佐贰官则完全处在被动的地位。

有了条例规定，佐贰官与正官从原来的同僚关系，变成了僚属关系，也失去了与正官抗争之本，就连知县也能够具奏府的佐贰官。如正德时嘉定知县王应鹏，得知吴郡通判、县丞索长税金之后，“白之当道，发其赃巨万，去之”②。故此后的《官箴书》讲佐贰官之责时，也发生很大的变化。“佐贰官职居次而辅政者也，皆当钦敬长官，友爱幕宾。凡事务听长官判断，不可僭越，有伤礼体，俱各有职分当为之事。如同知、县丞，整点桥梁道路急递铺舍者，算钱粮提调造作。如通判、主簿，则巡防捕盗，跟捉逃军、逃囚，巡禁私盐、私茶，各勤乃职，不可苟且，斯为称乃职矣”③。这里要求佐贰官必须要钦敬长官，听长官裁断，若是提出反对意见，就是僭越，不符合礼节与体制。在失去佐治权以后，佐贰官转向分管某种事务，也就同属官别无二致了。

明代中晚期的《官箴书》多讲正官如何与僚属相处之事。“僚寀、首领官乃吾之手足四体也，唇齿相依，辅车相倚，世之当仕者，往往自恃其科第，鄙寮属为异途，自骄自亢，甚非忠厚长者之道也。不知和气致祥，乖气致异，故必正己以率之，循礼以遇之，有公事必相议论，有词状必当分理。盖君子责己当重以周，待人当轻以约，器识宏者，其地位亦宏，倘轻浮忌刻，终身

---

① 明孝宗实录：第 89 卷．弘治二年正月乙酉条．

② 焦竑．国朝献征录：第 55 卷：都察院右副都御史定斋王公应鹏家传［M］．台北：台湾学生书局，1984：2339.

③ 汪天锡．官箴书集成：官箴集要：第 1 卷：卷上职守・佐贰［M］．合肥：黄山书社，1995：268－269.

可卜矣。缙绅君子，不可不审也”[①]。这里要求正官对僚寀要厚道，议论公事、分理事务，都是正官的恩赐，则可见佐贰官成为僚属以后的处境，正官善待他们，仅仅是一种“君子”所为。“君子处己处人，动须自立，况同僚每多异途，尤为难处。傲则怨而谋蘖之，和则易而狎侮之，欲其同心协济难矣。然必正己以率之，循理以处之，悯其劳，恤其家，俭制其下人。其过小则规讽以言，其恶彰则勿任以事，亦必从容和缓，勿激而成隙”[②]。认为正官与僚属难以相处，既不能够傲之，又不能够和之。正官除了自己身正之外，适当地给僚属一定好处，总以不撕破脸皮为要。

在明晚期《官箴书》中，已经不把佐贰官当成同僚同寅看待，地方正官的同寅乃是指邻封州县正官，讲到他们之间相处的一些要点[③]。对于佐贰官的相处之道，也全是以正官为主，强调正官对佐贰官的控制，一是讲驾驭技巧，二是讲管控方法，三是讲相见礼节，四是讲交往之道，五是讲抚恤以

---

① 不著撰人．官箴书集成：第2卷：初仕要览·厚僚寀［M］．合肥：黄山书社，1995：33.

② 吴遵．官箴书集成：第2卷：初仕录·处僚属［M］．合肥：黄山书社，1995：43.

③ 余自强．治谱：同寅六款：“一、与各州县相处，礼貌言语有不及处，有识者或能相亮，若有心抑人扬己，伤人害物，一为识者所怨，人且视我为鸩毒。试观前辈缙绅，其存心重厚，隐恶扬善，引进后学，子孙必昌。不然，虽材名奕奕，位极一时，后日必有报应，高明可不念诸。一、同寮有智巧之士，欲媒孽人短，或在稠人广众，杯酒笑谈间，指其事以为戏，似真非真，似假非假，皆极尽人情，却极有关系。忽略听过，若出无心，其实荆棘干戈，俱寓于此。或其人当时不觉，久久思之，尚有余恨。士君子亦何故为人恨也，即无心之言亦不可有。一、同寮中过失相规，使其能受，岂惟有益于官，亦且有益于民，但再髻相与号称莫逆者，一闻药石之言，尚若难受，况萍水相逢者乎？若我辈以厚道自处，指事而规谏之，彼且疑我之物色已也。或成嫌隙人，或其事一闻之当事者，彼且以为我辈泄之也□无。益有损，不可不详慎也。若情不容已，但借此事以反复开悟之，则善也。一、同寮中有褊心者，或一事有讨便宜处，便深自□密，惟恐人知，此大不妙。功名自有定数，若以智为得之，世岂少智巧士哉！不若以诚心直道行之便，人人知我心事如青天白日，便是受用。若用智自私，一为识者所窥，便一文不值矣。然仕途多是如此，我辈但求自尽。一、处同寮，彼此相敬，自愈久愈深。尝见对客如处子，见者自然收敛。若疏狂自放，每每以言语相调，此示人可侮之色也，且启衅胎祸。《语》云：礼者人之篱篱，篱撤而盗贼乘之。至言也。一、州县相与，切忌分党，一或有党，便有两心，便生猜忌，其患有不可胜言者，诚剖籓篱，何党可分。何人非我。此未可与浅见寡闻者道也。”官箴书集成：第2卷［M］．合肥：黄山书社，1995，2：174.

收人心①。所强调的都是单方面控制，佐贰官完全没有明初那样可以与正官分庭抗礼的可能了，几乎与属官等同了。

佐贰官的地位下降，连本为下属的州县正官，对待府州佐贰官的态度也发生了变化。“府二府，负气者往往忍之，不肯执下司礼，不知过于分看，既非君子之道，且彼亦宁无署篆操官评时，上司当道焉，知其无他，处相知，寄之耳目乎？即以俗情论之，亦不宜也”②。这里要州县正官注意，府州佐贰官虽然没有什么权力了，但他们有可能会“署篆”，即署理正官，那个时候他们就是正官了。再说，他们在上司左右，虽然不能够为州县正官讲什么好话，疏通关节，却可以使他们当自己的耳目，上司若有什么事情，可以通风报信。

三、作为属官与正官的关系

从《官箴书》上看，在明末时，佐贰官虽然已经沦为属官，但还有同僚之名，所以清前期《官箴书》中有关佐贰官的内容，还是抄录明代著述，将佐贰官作为僚属看待，如《未信篇》《福惠全书》等③，一是强调佐贰官出身

① “一、我辈既欲驾驭佐贰，尽革滥觞，须大家以砥节自砺。凡佐贰馈遗，不但币帛，即一菜不可受。若因其意之诚，求之恳也，量收数种，岂惟此后不遂所欲，退后有言。责人以清而居己于清浊之间，似亦不恕，况若辈官卑俸薄，出此甚难。不惟授受，即酒席亦不可轻起，每遇佳节，宁自办一尊，邀饮可也。一、佐贰常有擅受民词、差人下乡者，或衙门积弊相沿已久，或士夫所托，无可如何，亦未可尽责之佐贰也。若不关防，则差人骚扰，民受其害。合先知会，此后各衙，每月差人上堂请印信票，用尽缴堂。又请若空白头牌票下乡，无印信者，俱系各役诓骗，即扭送到官查究。一、佐贰南面治人，俱有体面，迎送起坐，言语之间，亦不可过于倨傲。君子无大小敢慢，况寮属乎！然亦要有体，不致卑而可逾。一、佐贰既守正堂之法，毫发不苟，我辈便当极力维持，平时极口赞扬，使得更进一步。彼知我辈前日之严，所以成今日之美也。不惟可以寡怨，亦可以坚佐贰为善之心。一、佐贰或有意外，如死葬等事，当尽心处置，不可付之不知。盖我辈平时之严，为公也；今日之厚，恤私也。若比之秦越，非所以令众庶见也。我辈存心积行，收拾人心，俱在于此。慎之。”余自强．官箴书集成：第2卷：治谱：待佐贰五款[M]．合肥：黄山书社，1995：175－176.

② 余自强．官箴书集成：第2卷：治谱：待二府三府[M]．合肥：黄山书社，1995：172.

③ 潘月山．未信篇·几务·处僚属：“同僚每多异途，傲则怨，亵则狎，欲其同心协济，难矣。必正己以率之，循理以处之，悯其劳，恤其家，检制其下人。其有小过，则规讽以言，或有恶彰，则勿任以事，亦必从容和缓，勿激而成隙。”官箴书集成[M]．合肥：黄山书社，1995，3：146. 黄六鸿．福惠全书：卷4：莅仕部·交接寅僚：“僚佐朝夕共事，凡印官举动，无不周知，欲其恪供乃职，必须持己以正，己既正，而僚属无不凛承矣。然秩卑禄微，诸惟仰赖堂尊，宜恤彼勤劳，悯其贫乏，有功则举之以示劝，有急则周之以示恩。才不称事，多方指示，而毋为苛责；守或偶渝，和颜开导，而俟其改图。若稍不留意，径情以行，则怨隙从此生矣。”康熙三十八年（1699年）种书堂刊本。

异途，二是说佐贰官秩卑禄微，则可见在已经完全施行主官负责制的情况下，地方官正官对佐贰官的蔑视，将他们视为属官。

在雍正帝钦颁《州县事宜》所列到任、交盘、关防、宣讲圣谕律条、放告、催科、借粜仓谷、弭盗、验伤、听断、堂事、防胥吏、慎延幕宾、待绅士、免行户、谨差下乡、劝农桑、严禁狱、讲读律条、操守20目，根本就没有佐贰官之事，州县所办各县事务，如宣讲圣谕律条，要州县官“每遇朔望两期，务须率同教官、佐贰、杂职各员，亲至公所，齐集兵民，敬将圣谕广训，逐条讲解”①。佐贰官成为被率同之人，俨然成为下属。借粜仓谷，若是“同日开粜，则一官势难分身，不得不委诸佐贰教职。彼等不惟不能查禁囤贩，而且通同粜卖，奸弊丛生”②。所以要求州县官一定要亲身监粜，不到万不得已，是不能够让佐贰教职替代的。在听断案件时，州县官“毋委佐贰，以滋弊端”③。在赈济灾荒时，要求州县官“亲督佐贰、教官、杂职，沿家验其情状丁口，当面给发”④。由此可见，此时已经将佐贰官作为下属来看待，而正官对待佐贰官则有如防贼一般。

到了清中叶，地方正官已经完全不把佐贰官当作僚属看待，俨然成为属员。在《官箴书》中，则把佐贰官纳入“接下”的范畴，如徐栋辑《牧令书》征引陈宏谋、叶镇、王植、汪辉祖、何士祁、王凤生、何耿绳、李殿图、陆向荣9人14条语录，将佐贰官都视为下属，讲究的是驾驭之道，上者可以友道处之，下者可以防道处之，其接下的重点已经不是佐贰官，毕竟各府县大多数不设佐贰官，重点则放在与武职及同城正官的交往之上，彼此之间都是一种防范心理，所以“官厅相会，动称大哥二弟，稍异阶级遂已，人尊我卑，甚至外托金兰，内怀鬼域，推石下井者，即呼兄唤弟之人也”⑤。对于佐

---

① 田文镜，李卫．官箴书集成：第3卷：州县事宜·宣讲圣谕律条［M］．合肥：黄山书社，1995：666.

② 田文镜，李卫．官箴书集成：第3卷：州县事宜·借粜仓谷［M］．合肥：黄山书社，1995：669.

③ 田文镜，李卫．官箴书集成：第3卷：州县事宜·听断［M］．合肥：黄山书社，1995：673.

④ 田文镜，李卫．官箴书集成：第3卷：州县事宜·圣谕条列州县事宜［M］．合肥：黄山书社，1995：688.

⑤ 徐栋．官箴书集成：第6卷：牧令书·接下（引王植，寅谊）［M］．合肥：黄山书社，1995：102.

贰官这样的下属，既不能够如驾驭胥吏那样严厉对待，也不能够视为心腹，按照朋友之道交往，还要处处防范，不能够让他们伤害自己。好在这个时候府县并不是普遍设置佐贰官，即便是设置，也是分防分事，与府县正官关系不大。

在明代的时候，府县正官对佐贰官有考评权，年终要填写考语，若是府县正官以考语中之，是会影响佐贰官的政治前程的，他们对府县正官还会有所顾忌，唯家兄是从，也是佐贰官一般心态。到明代中叶以后，分防分事佐贰官的直接上司是各种专职道、分守道、分巡道、兵备道，府县正官也就失去对这些分防分事佐贰官的考评权，而最终考语决定权又落在抚按官之手，他们与府县正官的关碍不大了，因此佐贰官虽然沦落为属官，却在某种程度上摆脱府县正官的羁绊，他们的政治关系重点也不是府县正官了。

沦为属官的佐贰官，在府县正官的严格管控之下，更成为闲散人员。雍正时期的田文镜认为，外省同知、通判，“名系州县上司，实属佐贰闲曹”，他们“虽行牌提比，无非虚应故事。行提之厅差，又不过索县捕之酒饭差钱”[①]。乾隆时期的袁枚“以为国家设佐贰丞尉，本属闲曹，一切杂徭宜委办治，使州县得尽心民事，如此而田野不辟，狱讼不理者，宜亟亟劾去，以让贤路”[②]。以为革去这些佐贰官，就可以专责州县官了。也有人主张不用裁革，让这些佐贰官承担职任，也会有成效。如顺治时户科给事中王命岳提出：“申饬州县，以后解银解粮，或亲解，或轮委佐贰代解，有仍差役解者，以不谨论。”[③] 让佐贰官承担一些事务，也可以追究他们的责任。乾隆时御史汤世昌提出，修理堤防，因为“郡县佐贰，多水利列衔，又本省效用人员，可供驱策”，让道府官督促、检查，“优则议叙，劣则议惩”[④]。嘉庆时浙江巡抚程含章针对“州县事尤冗杂，所管洋面，少者百余里，多者数百里，一人之耳目精神，势难处处周到”，提出“派委佐贰杂职，分段经管，给与月费，协同

---

① 贺长龄，等．清经世文编：第75卷：兵政［M］//田文镜．请停分缉协缉疏．北京：中华书局，1992：1844.

② 贺长龄，等．清经世文编：第20卷：户政，吏政［M］//袁枚．覆两江制府策公问兴革事宜书．北京：中华书局，1992：488.

③ 贺长龄，等．清经世文编：第27卷：户政［M］//王命岳．请立法清查钱粮疏．北京：中华书局，1992：673.

④ 贺长龄，等．清经世文编：第106卷：工政［M］//御史汤世昌．请开沟洫疏．北京：中华书局，1992：2585.

地方官弁，小心防范”[①]。这样便使佐贰官有了专责，也便于上司考核。

乾隆时江西巡抚陈宏谋则提出：“惟各县均有县丞一官，本属闲曹，并无专管职掌，原应佐理县务，此等圩堤堰圳，乃民生要务，正宜委令办理。”[②]这样便可以使闲职有事可做，也有利于民生，道府则承担督促检查之责。那些分驻的佐贰官，成为各厅的正官，不能够再视为佐贰官了，在促进地方社会发展方面，也发挥重要作用。如乾隆时，陕西巡抚毕沅讲到陕西关中地区流民甚多，那些“无籍穷黎，扶老携幼，前来开垦者甚众”。因为“添设府厅佐贰等官，以资控制”，经过“妥为安插，分令就地开荒，男妇不下十余万人，俱得安然乐业，遂成土著”[③]。可以说既解决了流民问题，又稳定了地方，还增加了赋税收入，在这种情况下，“厅”制被朝廷列入行政区划，也是必然的。

---

① 贺长龄，等．清经世文编：第85卷：兵政［M］//程含章．上百制军筹办海匪书．北京：中华书局，1992：2121.

② 贺长龄，等．清经世文编：第38卷：户政［M］//陈宏谋．请水利责成佐贰疏．北京：中华书局，1992：945.

③ 贺长龄，等．清经世文编：第36卷：户政［M］//毕沅．陕省农田水利牧畜疏．北京：中华书局，1992：888.

第三章　明清府县佐贰官权力运行

明清两代，佐贰官的行政权大致经过三个阶段的演化。起初，在佐理制度下，佐贰官主要职能是辅助主官，并且有相互监督的制约规定。此时，佐贰官的官缺多于主官，虽然身为副职，因制度设置上的相互制约，却也不难履职。而在主官负责制形成以后，佐贰官只好任主官差遣驱使，很多成为闲职而被大量裁撤，至清代佐贰官的缺额已经不足主官的三分之一，虽然名为副职，实际承担副职之事的却寥寥无几。当佐贰官很少履行副职的职权时，一种分防分守的制度出现，作为副职的佐贰官以另一种形式承担起主官的责任，也导致地方行政发生了变化，厅制与区制便成为值得关注的问题。

第一节　佐贰官佐理职权

按照明代行移署押体式规定，府州县官所有应行的公文，佐贰官都必须署名签押，这是佐贰官最重要的佐治权力，所以“以县丞名，盖谓一县事，宜与知县和衷协济”[①]；“州同、州判、县丞、主簿，分守令之政，共州县之民者也。官虽有正副，而权不轻。位虽有尊卑，而事不异”[②]。按照朱元璋设计的政务运作模式，府州县诸事，要正官与佐贰官商议，是“凡所施行诸事，议论已成”[③]，才能够付诸施行，这是明显的正佐相互监督负责制。

---

① 陈义钟．海瑞集：上编：县丞参评［M］．北京：中华书局，1962：147.

② 吕坤．实政录：第1卷：州县佐贰之职［M］//续修四库全书本第753册．上海：上海古籍出版社，1995：220.

③ 张德信，毛佩琦．洪武御制全书：大诰·官亲起稿第一［M］．合肥：黄山书社，1995：750.

一、赞治之权

佐贰官履行佐治之权，主要表现在文书署押之上，按照明代文书格式，无论是上行、平行、下行文书，佐贰官都要进行署押，也可以称之为“副署”，即府州县官先进行签押，佐贰官在府州县官签字之下，并排签押①。这种署押权的本意是让佐贰官能够对参与的政务提出自己的见解，也就是所谓的“赞理”“赞治”。这种制度在明前期还是能够执行的，如弘治间海门县丞杨成，“善赞理”②；宣德中婺源县主簿李昇“赞理公勤”③；景泰间宿州同知王达才也被认为“勤于赞理”④。无论是同知、县丞还是主簿，都是赞理者。这种赞理在性质上是相同的。

朱元璋希望佐贰官能够利用自己的赞理职权，其关注程度，也是绝无仅有的。如浙江象山县丞陆引上任时，朱元璋竟然赐给他符命有曰：“往，尽乃心，勤乃事。他日来觐，朕将合焉，以考尔职。其敬之哉。”这样的天语叮咛，当然使陆县丞“惊喜过望”，所以到官以后“锄强植弱，吏畏民怀。常俸外，一毫不取。视事二年，计口植蔬，家人盖不知肉味也。以勤民事积劳卒”⑤。为了报答皇恩，陆县丞累死在任上。

既然是赞治，府州县官之事即是佐贰官之事，在明代早期并没有特别明确佐贰官分管之事，因为朱元璋希望府县之事，要由正佐官议论而行，故此佐贰官参与府县事务很多，从他们的政绩上，若不是看其职衔，很难说他们就是佐贰官。如洪武时期的德安府同知罗性，上任伊始为捕获贼寇，而以“汝皆良民”释放从寇者数百人，稳定当地的社会秩序。在任“为政以宽恕为本，惟赃吏无所假”。在惩治盗官麦的应城县吏刘仁时，他逃到按察司佥事诬告罗性以他事，在罗性应该被捕审讯时，因为湖广参政及按察副使

---

① 张卤．皇明制书：第7卷［M］//续修四库全书本第788册．上海：上海古籍出版社，1995：333.

② 嘉靖．海门县志：第7卷：县职提名［M］//天一阁藏明代方志选刊．上海：上海书店，1982：4.

③ 弘治．徽州府志：第4卷：名宦［M］//天一阁藏明代方志选刊．上海：上海书店，1982：81.

④ 嘉靖．宿州志：第3卷：历任［M］//天一阁藏明代方志选刊．上海：上海书店，1982：3.

⑤ 万历．福州府志：第7卷：人文志・循良［M］//日本藏中国罕见地方志丛刊．北京：书目文献出版社，1990.

知道德安罗同知贤能，才没有追究罗性的责任，应城县吏刘仁则被治罪。当然，能够得到贤能之名不容易，但盛名之下，还必须谨小慎微，在罗性秩满诣京师，按例应该升迁之时，“坐擅用枣木染军衣，为（御史大夫）陈宁所劾谪戍西安”[①]。再如，东平府通判黄哲，在朝廷下令修黄河堤堰，兴大工程时，乃建议：“此乃胡元为覆辙，可以戒，不可以为法，事遂寝。”[②] 吉州府通判端木复，在“吉俗尚哗讦，素号难治”的情况下，召父老子弟戒之，最终使“民皆惴惴，无敢执牒妄诉者”[③]。河南磁州同知詹俊，在“兵革初定，民复旧业，（詹）俊劳来安辑之，劝督耕桑，兴学选师，明饬教令，举贤荐能，抉剔弊蠹，盖力居多焉”[④]。其所作所为，与知州别无二致。袁州通判随赟，“政简而事治，流民归业，田野垦辟，郡人德之，立碑以纪善政”[⑤]。兰阳县县丞蒋宫在任，“广为召募，一年复业五千户余。弭菑捍患，掩骼理胔，通商贩，理冤滞，安反侧，开学校，崇德义”[⑥]。怀庆府河内县丞廖钦，“一以忠信导民，未几化其俗”[⑦]。广宗县县丞聂铉，问民之疾苦，得知因旱蝗、食乏、役繁，当即“奏之于朝，上遣使视灾伤，悉蠲其税，民大悦”[⑧]。渭南县丞李叔正，“县岁输粮二万，而田无定额，乃令里社丈量，立法密而用刑严，奸慝詟服，毕献其诚，于是豪右失计，公私交便”[⑨]。溧阳县丞夏廸“勤抚字，吏民

---

① 焦竑．国朝献征录：第89卷：德安府同知罗先生性传［M］．台北：台湾学生书局，1984：3872.

② 焦竑．国朝献征录：第20卷：翰林院待制黄公哲传［M］．台北：台湾学生书局，1984：836.

③ 焦竑．国朝献征录：第44卷：刑部尚书端木公复初传［M］．台北：台湾学生书局，1984：1812.

④ 焦竑．国朝献征录：第93卷：汝宁府通判詹俊传［M］．台北：台湾学生书局，1984：4043.

⑤ 焦竑．国朝献征录：第99卷：广东按察使随赟传［M］．台北：台湾学生书局，1984：4407.

⑥ 焦竑．国朝献征录：第21卷：翰林院修撰蒋公宫传［M］．台北：台湾学生书局，1984：840.

⑦ 焦竑．国朝献征录：第22卷：翰林检讨廖公钦墓铭［M］．台北：台湾学生书局，1984：902.

⑧ 焦竑．国朝献征录：第22卷：翰林院典籍聂器之传［M］．台北：台湾学生书局，1984：929.

⑨ 焦竑．国朝献征录：第33卷：礼部尚书李公叔正传［M］．台北：台湾学生书局，1984：1359.

信服"[①]。江西浮梁县丞陈登，"视民如子，务宽恤之，而明决以革奸弊"[②]。武进县丞刘亨，"修学政，课农桑，恤孤寡，表节义，毁淫祠，县旁作善教坊、再思亭，风厉民庶，讼省野辟，流亡来归"[③]。新化县丞周舟，"在官以廉勤称之，门无私谒，吏卒不敢欺，验民贫富及丁税多寡，第为上、中、下籍之，遇有赋役，随轻重使之，故民不扰而事易集，至于狱讼、文牍之务，皆躬理之，吏胥不得为奸，罢诸役作，民晏然安业，由是流民之归者益众"[④]。江都县丞欧阳铭，在兵荒之余，"即移文旁近，凡江都民转徙者，皆还本土，劳来安定，出于至诚。其贫不能耕者，劝富人假种粮贷牛具使力耕，公家徭赋处之各尽其道，必使事集而民不扰。于是流移四归，邑稍完复"。因此"一县戴之如父母"[⑤]。浦城县丞吕昭，"以俸资市谷，给无产者，俾艺其地而不责其偿，县以富庶"[⑥]。虹县主簿孙贲，在"经兵燹，室十九空，劳来安辑"[⑦]。阳春主簿徐均，在"县豪得雄据为奸利，县官至受颐指，少忤触之辄死"的情况下，敢于将豪雄治罪，"械系大老，身送之府中"[⑧]。查阅地方志《名宦传》，作为佐贰官入传者，多是洪武时期的人，所列政绩，往往与正官相同，则可见在赞治的情况下，正官与佐贰官并没有明显的权责界限，正官之事，即佐贰官之事。

这种赞治的制度，在成化以前，基本上还得以维持，但分职任事逐渐明显。如永乐时常州府同知赵泰，"廉以持己，惠以及民，勤以莅事，凡利民之务，必为之"[⑨]。汀州府通判李铨，"以狱囚淹系者众，按其无罪者悉出之，旬

---

① 焦竑. 国朝献征录：第64卷：南京都察院左副都御史夏廸传［M］. 台北：台湾学生书局，1984：2798.

② 焦竑. 国朝献征录：第81卷：中书舍人陈登传［M］. 台北：台湾学生书局，1984：3440.

③ 焦竑. 国朝献征录：第83卷：武进县丞刘亨传［M］. 台北：台湾学生书局，1984：3536.

④ 明太祖实录：第212卷. 洪武二十四年九月己酉条.

⑤ 焦竑. 国朝献征录：第96卷：临淄知县欧阳君铭传［M］. 台北：台湾学生书局，1984：4222.

⑥ 焦竑. 国朝献征录：第97卷：知州吕昭传［M］. 台北：台湾学生书局，1984：4287.

⑦ 焦竑. 国朝献征录：第22卷：典籍孙贲传［M］. 台北：台湾学生书局，1984：928.

⑧ 焦竑. 国朝献征录：第100卷：阳春主簿徐公均墓志铭［M］. 台北：台湾学生书局，1984：4489.

⑨ 焦竑. 国朝献征录：第51卷：工部都水司郎中赵君泰墓表［M］. 台北：台湾学生书局，1984：2168.

日狱为之空”，布政使让其“督八州冶铸钱匠”[①]。香山县丞彭豫，“一务宽施，训以善道，久而民益化服”[②]。长洲县丞刘乾兼理农事，“每出劝农，周行塍垄，呼老畯问所病苦，慈孺之色，溢于颜面，所至民骓，迎曰父母来矣”[③]。邯郸县丞俞得济，“民不困而事集，尤以宽厚得民心”[④]。正统时韶州府同知滕员，“任值岁歉，公私无积贮，守以下无籍手地。公至倾囊得白金若干两，告籴邻郡，命里耆籍民之窘甚者，朝夕给之，全活数千人”[⑤]。金华府通判刘实，“郡赋以旱，岁逋不能完，民或鬻子女以足数。奏宽贷之，又赎还其子女”[⑥]。成化时南安府同知施奎，依然按照“国朝建官，有正有副，正者总其纲，副者辅其政，如殷繁政务，则佐贰分理之，正官总督之，庶纲妃不紊。同知之职，同其守也，事皆得以专行，其位不为不重也”。所以上任伊始，“莅政公勤，甫下车不浃旬，首询耆老，访民缓急，次第而行，宽猛适宜，刑威不用，专尚德化，不逾年，人吏洽和，士风丕变，三邑军民仰之如泰山，敬之如父母”[⑦]。

值得注意的是，自永乐以后，巡抚、巡按逐渐把持政务，按照《宪纲》规定，他们有权委署佐贰官，本来朝廷把风宪官当成耳目，赋予他们监察权力，查察百官，“乃奉命者复不自查，而委之各官，各官复为地方官笼络，而相遁相欺，以文避法”[⑧]。在抚按官负有监察之责的情况下，佐贰官也成为被黜免的对象。以成化帝即位黜退官员为例：陕西巡抚项忠，“奏黜老疾庸懦

① 焦竑．国朝献征录：第100卷：汀州府通判李公铨墓志铭［M］．台北：台湾学生书局，1984：4479.

② 焦竑．国朝献征录：第100卷：香山县丞彭公豫墓表［M］．台北：台湾学生书局，1984：4488.

③ 焦竑．国朝献征录：第83卷：长洲县丞刘乾传［M］．台北：台湾学生书局，1984：3537.

④ 焦竑．国朝献征录：第47卷：刑部俞主事墓志铭［M］．台北：台湾学生书局，1984：1980.

⑤ 焦竑．国朝献征录：第35卷：礼部郎中滕君员墓志［M］．台北：台湾学生书局，1984：1445.

⑥ 焦竑．国朝献征录：第22卷：庶吉士刘公实传［M］．台北：台湾学生书局，1984：924.

⑦ 焦竑．国朝献征录：第87卷：南安府同知施奎墓志铭［M］．台北：台湾学生书局，1984：3753.

⑧ 陈子龙，等．明经世文编：第412卷［M］//锺羽正，条议阅视事宜以图实效疏．影印本．北京：中华书局，1962：4472.

官，延安府知府王瑾等八十一员”①；漕运总督王竑，“黜老疾庸懦不谨官，监运司同知刘曦等七十八员”②；甘肃巡抚吴琛，“奏黜老疾庸懦官，陕西行都司经历刘洪等十三员”③；湖广巡抚王俭，“奏黜老疾罢软贪暴官，荆州府知府张嵩等八十二员”④；浙江巡按袁恺，“奏罢老疾庸懦官，嘉兴府同知刘玉等一百五十五员”⑤；苏松巡抚刘孜，“奏黜老疾庸懦不谨官，安庆府知府周翔等四十二员”⑥；山东河南巡按贾铨，“奏黜两布政司老疾庸懦贪暴官，山东五十六员，河南十二员”⑦；湖广巡抚王俭，“奏黜老疾庸懦不谨官，黄州府知府陈旺等百十有三员”⑧；江西巡按陆平，“奏黜老疾庸懦不谨官，南昌府知府张昪等百有九员”⑨；北直隶巡按冯徽，“奏黜老疾庸懦不谨官，顺德府通判徐麟等五十八员”⑩；湖广巡抚王俭，“奏黜贪暴老疾庸懦官，襄阳府同知林杲等一百二十八员”⑪；陕西巡抚项忠，“奏黜老疾庸懦贪暴官，平凉府同知王圭等四十三员”⑫；山西巡按艾福，“黜老疾庸懦不谨官，太原府通判冯顺等八十员”⑬；四川巡抚陈泰，“奏黜叙州夔州重庆三府老疾庸懦不谨官，知府杨德敷等六十八员”⑭。涉及 10 余个布政司，共计 877 员官，除了少数正官之外，大多数是佐贰杂官，其中也不乏被冤枉者。如南安府同知施奎，“持身无玷，而郡人见称抚字有方”，最终还是以老疾致仕，“告老之后，优游林下，几十余年”⑮，则可见其并不老。其实自正统时，佐贰官就被视为闲职了，如金华府通判刘实，“坐郡署治公务，有闲辄探架间经史阅视，事至乃掩卷，已则复然，郡僚

① 明宪宗实录：第 4 卷．天顺八年夏四月壬子条．
② 明宪宗实录：第 5 卷．天顺八年五月辛未条．
③ 明宪宗实录：第 7 卷．天顺八年秋七月丙辰条．
④ 明宪宗实录：第 7 卷．天顺八年秋七月乙丑条．
⑤ 明宪宗实录：第 7 卷．天顺八年秋七月甲戌条．
⑥ 明宪宗实录：第 7 卷．天顺八年秋七月戊寅条．
⑦ 明宪宗实录：第 7 卷．天顺八年秋七月庚辰条．
⑧ 明宪宗实录：第 8 卷．天顺八年八月乙酉条．
⑨ 明宪宗实录：第 8 卷．天顺八年八月戊戌条．
⑩ 明宪宗实录：第 8 卷．天顺八年八月庚子条．
⑪ 明宪宗实录：第 10 卷．天顺八年冬十月丁亥条．
⑫ 明宪宗实录：第 10 卷．天顺八年冬十月己酉条．
⑬ 明宪宗实录：第 11 卷．天顺八年十一月丙辰条．
⑭ 明宪宗实录：第 11 卷．天顺八年十一月丁巳条．
⑮ 焦竑．国朝献征录：第 87 卷：南安府同知施奎墓志铭［M］．台北：台湾学生书局，1984：3754．

或窃笑之，不为改”[①]。每日读书不辍，固然是美德，但坐在郡署读书，则见其闲。

佐贰官在府县衙门逐渐成为闲职，在抚按成为制度以后，被委署者多，而自从劝农官设置之后，分别承担各种事务的佐贰官也越来越多，其赞治的职权萎缩，在明代地方志中讲到佐贰官设置，编者也时常将佐贰官视为闲职，固然也有不少说到他们赞治之权者，但多在该官名下注明所管之事，特别是在嘉靖年间大规模裁撤佐贰官以后，地方志则很少讲佐贰官的赞治权，应该说在此时期，佐贰官已经失去赞治之权。

二、任事之权

按照明代制度规定，府县佐贰官与正官职责没有什么区别，但府县事务繁多，在正官难以分身的情况下，委派佐贰官专门办理某种事务，也就成为经常性的事情。如明代“凡遇水旱灾伤，则蠲免租税，或遣官赈济。蝗蝻生发，则委官打捕”[②]。这种踏勘灾伤、赈济灾民、捕蝗治水等事，多委派佐贰官办理，也就独任一事，固然他们当中不乏认真履职者，但也没能逃脱权力导致腐败的怪圈。以《大诰三编·进士监生不悛第二》所开列的364员名单来看，大多数是因为水灾而受赃，其中佐贰官有120多名，占总人数的1/3以上[③]。

只因是委派的事务，也就有专责，但一些胆大妄为者，也敢不顾一切。《大诰三编·臣民倚法为奸第一》，开列4名佐贰官犯罪的事由，其中开州同知郭惟一，“不畏国法，惟务设计赃贪害民”；德安县丞陈友聪，“通同里长唐祐等，欺隐茶株，不行踏勘，接受本人罗、绢、布共十匹，钞八十贯”；更为胆大妄为的是，敢于将调查此事的府推官、府同知殴打绑缚，“自执铁叉拒敌”；莱阳县丞徐坦，“为勾军事，府帖一十一次下县催勾，徐坦与兵房书吏刘英等收赃一百贯，不行挨勾”；溧水县主簿范允，“不以隐匿抄扎家财为重，却行受要汤希悦等钞四百贯，红绫二匹，泯灭其事”[④]。这几个人都因为罪大恶极，不是被凌迟示众，就是被枭令示众，被律外用刑了。《大诰续编·克减

① 焦竑．国朝献征录：第22卷：庶吉士刘公实传［M］．台北：台湾学生书局，1984：924.
② 申时行，等．明会典：第17卷：户部·灾伤［M］．北京：商务印书馆，1936：456.
③ 张德信，毛佩琦．洪武御制全书［M］．合肥：黄山书社，1995：868－892.
④ 同③864－896.

赈济第六十》讲到原武县丞柴琳将赈民钱入己二百贯，开封府同知耿士能五百贯，钧州判官一千五百贯，襄城主簿杜云升一千五百贯，他们“坐视民患，略无惭色”①。再如，宣德年间，江西新淦县丞厉中，“土豪同恶害民，凡催科必非法棰楚，加数十倍取之，所获金银锦绮，不可数计，民不胜毒虐”②。镇江金坛县主簿郝端，就因为书吏怠慢自己，便“因事捶五百，下之狱”。在书吏的父亲及叔叔到狱探视的时候，他“诬为劫狱，皆重捶之，三人皆死狱中”。知道书吏还有个哥哥，“恐发其事，又诬其罪，执而重捶之，亦死狱中”③。江宁县主簿侯璠，因为选充里长赴官违期，就把里长怀孕的妻子抓起来“鞭之坏胎，母子俱死”④。韩城县丞刘通，“不以爱民为心，一怒而杀二人”⑤。这些佐贰官虽然都被绳之以法，甚至加重处罚，但也可以看到他们面对百姓，依然是官，以官的威风而临民，并没有以自己身为副职，官职低微而有所收敛。

佐贰官受委外出办事，便摆脱正官的束缚，就要显示自己。如洪武二十九年（1396 年），湘阴县丞刘英，“湘阴县丞刘英以生革为鞭，长三尺，中夹铜钱，挞人至皮肉皆裂”。出行的时候，威风凛凛，“以巡检弗出迎，怒而挞其妻几死”⑥。这种情况有明一代都没有改变。《醒世姻缘传》讲秀江县主管钱粮的臧主簿，受知县委派来给本县贡生送匾，得了“两匹潞绸、两匹山茧绸、一副杯盘、两床绒簟、十两折席”。酒席中不断吹嘘自己，说什么知县重用他，知县“每日准十张状，倒足足地批八张给我。咱读书的人，心里明白，问的那事，就似见的一般，大小人都称我是‘臧青天’。咱把那情节叫管稿的做了招，我自提起笔来写上参语，看得其人怎么长，该依拟问徒；其人怎么短，该依拟问杖；多多的都是有力。咱不希罕他一点东西，尽情都呈到堂上去”⑦。一句“都呈到堂上去”，则说明主簿并没有司法权，帮助办理一些事务，便把自己说得如正官一样。当然了，受委的佐贰官中，也不乏认真履职

---

① 张德信，毛佩琦．洪武御制全书［M］．合肥：黄山书社，1995：838.

② 明宣宗实录：第 77 卷．宣德六年三月丙寅条.

③ 明宣宗实录：第 80 卷．宣德六年六月戊午条.

④ 明宣宗实录：第 19 卷．宣德元年秋七月癸巳条.

⑤ 明宣宗实录：第 82 卷．宣德六年八月庚申条.

⑥ 明宣宗实录：第 245 卷．洪武二十九年三月丙午条.

⑦ 西周生．醒世姻缘传：狄贡士换钱遇旧臧主簿瞎话欺人（50 回）［M］．黄肃秋，校注．上海：上海古籍出版社，1981.

者。如正统时金华府通判刘实，“行诸邑督赋，至浦江，其丞王韶君，乡友也，具盘馔罂葅诣馆馈君，君谢弗纳”[①]。专理马政的应天府通判林春，“以清节自厉，攻驹考牧，恪尽乃心，公平不苛，民受其惠，无敢干以私者。每行县较阅，止食公廪，一毫不取于民，莳蔬公廨隙地至则摘以自给，其廉如此”[②]。也无怪乎《明史》讲：“一时守令畏法，洁己爱民，以当上指，吏治焕然丕变矣。下逮仁、宣，抚循休息，民人安乐，吏治澄清者百余年。”[③]

明代府县佐贰官除了有明确专管事务者之外，在府县衙门办事者，除本府县事务之外，还受委参加朝廷的典礼与主持地方的典礼。如“正统间，令天下诸司进贺表笺，非职官不得遣。万寿圣节，三司堂上官自进。冬至等节，许差本司首领官，及所属府州卫所佐贰官进”。弘治十七年（1504 年）奏准：“今后天下都布按三司庆贺表笺，除万寿圣节照例差委堂上官赍进外，其余冬至等节，如果堂上官差占，照例于本司首领官及所属府县卫所佐贰官员内差委，不许滥差杂职官员赍进。”[④] 各王国的典礼，“在外各卫所府州县衙门，预期摘拨佐贰官，或首领官一员，至日随班行礼”[⑤]。在地方的典礼中，除必须要正官参加的之外，都可以让佐贰官主持，因为典制规定：“天下府州县，合祭风云、雷雨、山川、社稷、城隍、孔子，及无祀鬼神等，有司务要每岁依期致祭。”[⑥]

朱元璋曾经颁布《到任须知》，列举地方官应办理的事务有 31 款[⑦]，涉及地方官各种事务，除了正官必须亲自办理的之外，委派佐贰官代办，也是一

---

① 焦竑．国朝献征录：第22卷：庶吉士刘公实传［M］．台北：台湾学生书局，1984：924.

② 焦竑．国朝献征录：第 75 卷：应天府通判林公春墓志铭［M］．台北：台湾学生书局，1984：3227.

③ 张廷玉，等．明史：第281卷：循吏传序［M］．北京：中华书局，1974：7185.

④ 申时行，等．明会典：第 75 卷：礼部・进表笺仪［M］．北京：商务印书馆，1936：1752－1753.

⑤ 申时行，等．明会典：第56卷：礼部・王国礼［M］．北京：商务印书馆，1936：1402.

⑥ 申时行，等．明会典：第94卷：礼部・有司祀典［M］．北京：商务印书馆，1936：2129.

⑦ 1. 祭祀，2. 救济，3. 录囚，4. 土地钱粮，5. 朝廷政策推行，6. 察吏，7. 治吏，8. 各种公务，9. 督促所属衙门，10. 清查衙署库藏，11. 清查境内所属库藏，12. 核实官养牲畜，13. 核查粮储货物，14. 核查工商税收，15. 清查水产税收，16. 清查金银矿产，17. 清查各种矿窑，18. 稽考盐场，19. 清理衙门公物，20. 清理境内公物，21. 监督学校，22. 考察境内耆宿善恶，23. 清查孝行，24. 查考本籍在任及致仕官员，25. 查访人才，26. 惩处恶霸讼棍，27. 清理游民术士，28. 核对诸色衙役数目，29. 开报本籍犯罪黜免官员名单，30. 开报境内违法犯罪名单，31. 开报境内警迹人名单。

种政务运作的常态。问题是各种事务之中所获得的利益大小不同，正官足可以用自己的权力，把持利益大的事务，不到万不得已，也是不会把这些事务交给佐贰官办理的，反而会把一些风险大、利益小的事务分出去。如《醒世姻缘传》讲到县丞时说：“这磕头叫人老爷，是不消说的；遇着个长厚的堂官，还许你喘口气儿，要遇着个歪憋刻薄的东西，把往衙里去的角门封锁的严严实实的，三指大的帖儿，到不得你跟前，你买根菜，都要从他跟前验过，闲的你口臭牙黄，一个低钱不见。端午，中秋，重阳，冬至，年节，元宵，孩儿生日，娘满月，按着数儿收你的礼。你要送的礼不齐整，好么，只给你个苦差，解胖袄，解京边，解颜料，叫你冒险赔钱。再要不好，再坏你的考语，轻则戒饬，升王官，再好还是赶逐离任。再要没天理，拿问追赃。”[①] 这种情况应该属实。如成化年间东昌府通判何景韶，在给弟弟写信的时候讲道：“东昌颇无事，日可以读书课子，甚乐也。但苦薪价太贵耳。”[②] 无事可做，也就缺少各种常例收入，当然觉得柴薪太贵了。嘉靖时江西奉新县丞李恭懿，“不喜操切务，以德拊循其民。奉新人狡悍，见先生仁廉，诸所供应夫马故慢命，以累先生，先生捐俸为之，不足则倒橐中物，以此先生官愈贫也”。派去干苦差，不但赔钱，而且风险大，这位李县丞，最后还是被“罢政”，也只好回到家乡，“扫榻读书，内外子弟，横经问难，洋洋乎巴水之上”，也算是潇洒之人，但“宦囊仅十余金”[③]，也只能够自甘贫苦。在正官严格管控下，“佐贰咸闭户安坐，无所事事”[④]。由此可见，佐贰官在正官的严格控制之下，不但才能难以展布，而且能够获得的利益很少。

在正官眼里，他们是位卑禄微之人，渴望得到尊重与利益，更何况在出身上与正官的差异也很大，成为监察官员关注对象，也在所难免以黜罚他们来视为尽职。以宣德帝刚刚即位而言，福建巡按彭谦，就奏“建宁知府、同

---

① 西周生．醒世姻缘传：费三千援纳中书　降一级调出外用（83 回）［M］．黄肃秋，校注．上海：上海古籍出版社，1981：1188－1189.

② 焦竑．国朝献征录：第 96 卷：亡兄通判何景韶行状［M］．台北：台湾学生书局，1984：4213.

③ 焦竑．国朝献征录：第 86 卷：江西奉新县丞李恭懿先生传［M］．台北：台湾学生书局，1984：3770.

④ 王轩，等．山西通志：第 100 卷：名宦・杜浚［M］．武汉：华文书局股份有限公司，1969：1968.

知，皆鄙懦无为，推官以下，或肆贪虐，或酣饮废事”①。湖广巡按赖巽，奏称“岳州府知府、同知、通判、经历、检校，安乡、平江二县官，皆非其才，或使酒贪虐，或怠废政事”②。长此以往，被称为闲职的佐贰官，就成为监察官员任意轻重的对象，“其所劾者可不问而知，其必通判、县丞小官也”③。失去赞治之权，受委承办一些事务，有功则归正官，有过则正官可以卸责，佐贰官难为，也成为社会的普遍认识。

三、监督之权

明代在府县衙门设置正官、佐贰官、首领官，既出于政务协商的考虑，也有相互监督的寓意，因此在明前期，府县佐贰官都有单独上奏的权力，皇帝也经常予以批示，下达旨意。如朱元璋时，重庆府忠州垫江县丞潘彝，上言该地应招商行盐，朱元璋“从其言，命户部行之”④。江西赣州府瑞金县丞古亨，上言该县新经战乱，乞除徭役，“上是其言，诏从之”⑤。广东南海县丞杨庸，上奏本县荒歉，请蠲免钱粮，“上悯其民贫，命悉蠲之”⑥。河南光州固始县丞黄世禄，奏请以预备仓粮贷民，“诏许之”⑦。兖州府滋阳县丞刘奉，上言该县水灾，“诏户部遣官核实，免其赋税”⑧。当然，若是佐贰官上奏之事与朝廷方针相违背，朱元璋也不客气。如临淄县丞王基，“乞发山海之藏以通宝路及禁在职言事者”，朱元璋斥责云：“汝云发山海之藏，以通宝路，须人力乎？自发乎？况发之未必得而劳人莫甚焉”；“汝又云不宜在职言事，必须面陈”；这些都是“汝罔朝廷也”⑨，因此将之黜免。这种佐贰官可以上奏的情况，在景泰年间还依稀可见，如陕西合水县丞潘敬，言本县旧有土城，欲加

---

① 明宣宗实录：第 3 卷．洪熙元年秋七月庚午条.

② 明宣宗实录：第 3 卷．洪熙元年秋七月戊寅条.

③ 陈子龙，等．明经世文编：第 261 卷．引唐顺之答李中溪论举劾书［M］．影印本．北京：中华书局，1962：2761.

④ 明太祖实录：第 105 卷．洪武九年夏四月丁酉条.

⑤ 明太祖实录：第 197 卷．洪武二十二年八月丙申朔条.

⑥ 明太祖实录：第 198 卷．洪武二十二年十二月丁酉条.

⑦ 明太祖实录：第 217 卷．洪武二十五年三月戊戌条.

⑧ 明太祖实录：第 233 卷．洪武二十七年六月丁丑条.

⑨ 明太祖实录：第 122 卷．洪武十年五月是月条.

修筑，景泰帝“从之”[①]。顺天府宛平县县丞向先，上奏“宛平、大兴二县，军民匠户有奸诈之徒，滥结近侍官豪校尉”的弊端，景泰帝将其奏下刑部核议，“行锦衣卫禁约”[②]。自天顺以后，佐贰官除了建言之外，已经完全没有上奏的权力，因为“自天顺间，有投匿名奏本言朝廷事者，于是始有关防”，这需要正官加盖印章，也难免要查看内容，“一有讦奏左右内臣及勋戚大臣者，本未进而机已泄，被奏者往往经营幸免，原奏者多以虚言受祸”[③]。在这种情况下，佐贰官上奏就有风险，而所奏之事在正官负责的情况下，就是正官之责了。清代规定：“督抚提镇等官，遇地方公事，皆用题本。本身私事，皆用奏本，违者参处。”[④] 这些题奏仅仅限于督抚提镇，连知府都没有题奏的权力，佐贰官就更无权题奏了。

在正佐相互辅助监督机制下，彼此有相互监督的权力。如宣德时，浙江处州府丽水县知县陈九鼎，不但控告本府知府，也告“县主簿李孟麟，取受粮长财物”，宣德帝得知以后，“令按察司执而罪之”[⑤]。建昌知府陈鼎，因为广昌县丞徐政，“令里长供饮食诸物”，就以其“贪饕害民”而“械送至京”[⑥]。正官纠举佐贰官是其职责范围之内的事情，而佐贰官纠举正官，虽然没有明文规定，但统治者对此还是采取支持的态度。如宣德帝即位施行大赦，其中有知府治府吏罪，府吏控告知府受贿的案件，按照赦款，彼此均应该予以赦免，正德帝则认为，还是不能够赦免，知府有罪无罪，应该问讯明白，所告属实，知府“不可复用”；若是不实，应该治府吏“挟私妄告之罪”[⑦]。宣德三年（1428 年），磁州判官张僎等及耆民四十人，在谈府县之事时，“其间有告讦人罪，及奏牍不书名、不称臣并错误者”。宣德帝认为：“其假建言为名告讦者，付法司治。不谨及错误者，皆不足较较之。”[⑧] 对于实名告讦要核实所告之事是否属实，若是匿名则要治罪，这种原则对于佐贰官而言，对

① 废帝郕戾王附录：第 8 卷．景泰元年三月丙午条.

② 废帝郕戾王附录：第 15 卷．景泰元年冬十月庚寅条.

③ 陆容．菽园杂记：第 9 卷［M］．佚之，点校．北京：中华书局，1985：116.

④ 清会典事例：第 1042 卷：通政使司・题本［M］．光绪二十五年原刻影印本．台北：新文丰出版公司.

⑤ 明宣宗实录：第 74 卷．宣德五年闰十二月丁巳条.

⑥ 明宣宗实录：第 80 卷．宣德六年六月癸丑条.

⑦ 明宣宗实录：第 10 卷．洪熙元年冬十月甲戌条.

⑧ 明宣宗实录：第 41 卷．宣德三年夏四月壬申条.

正官及上司明显有错误，是可以据理力争的。

《明史》云："仁、宣之际，惩吏道贪墨，登进公廉刚正之士。"[①] 这一是强化监察的制度，二是正佐相互监督机制也能够畅行无阻。如宣德四年(1429 年)，因为"国家军政久而多弊，遣廷臣四出清理，且赐玺书"。被派往苏、常诸府的监察御史李立，檄委常州府同知张宗琏与他共同办理清军事务，李御史"锐意得军为功，不念民枉。凡军户绝者，必取同姓名，或异姓之亲，及承继产业之人，加酷刑，使承役"。张同知据理力争，遭到李御史的詈骂。张同知"积忿恨不平，发背疽以卒"[②]。李御史来到苏州清军，苏州府同知张徽，与常州府张同知截然相反，"顺承之"，不但采取常州所行办法，"里长、老人稍为辩明，辄加酷罚"。苏州府知府况钟将其事上奏，"民受冤抑，相与诉之于朝"[③]。宣德帝得知以后，派兵部侍郎核实，果然属实，宣德帝不得不感叹："清军本欲究知虚实，岂意小人刻薄至此。"[④] 也不是所有的佐贰官都畏惧监察官员的权势，敢于申辩及揭发者，也有其人。如淮安巡按顾达，考察通判何正不称职，就遭到何通判的辱骂，这是顾巡按自身有短处，"酣酒废事，玷辱风宪"。宣德帝认为："风宪官为人所辱，而甘受之，不任可知，其改用之。"[⑤] 浙江仁和县丞王纶，"奏巡抚侍郎赵伦，非法杖死粮长，人不能堪"[⑥]。经过核实，是"有死于敲朴者"，宣德帝则认为赵伦"无害民之情，然刑亦过"[⑦]，仅仅将之降调。

同僚之间相互检举揭发，最初是有法律保护的。如明英宗即位颁布敕谕有云："自今监察御史，有赃滥及失职者，令都御史及各道御史纠举黜退。按察司官有赃滥，及不称职者，令按察使及其同僚纠举黜退。"[⑧] 湖广按察佥事黄宗载，就是"与同僚坐不举察，谪役杨青驿"[⑨]。这样的规定，则难免"同

---

① 张廷玉．明史：第 158 卷：黄宗载等传赞［M］．北京：中华书局，1974：4326.
② 明宣宗实录：第 59 卷．宣德四年冬十月戊寅条.
③ 明宣宗实录：第 89 卷．宣德七年夏四月壬辰条.
④ 明宣宗实录：第 89 卷．宣德七年夏四月庚子条.
⑤ 明宣宗实录：第 52 卷．宣德四年三月辛亥条.
⑥ 明宣宗实录：第 98 卷．宣德八年春正月癸亥条.
⑦ 明宣宗实录：第 99 卷．宣德八年二月乙巳条.
⑧ 明宣宗实录：第 5 卷．宣德十年五月癸酉条.
⑨ 明宣宗实录：第 118 卷．正统九年秋七月丁丑条.

僚互生嫌疑”[①]。特别是“今者各处考察官员，不论久近，不察实情，上官止凭各属长官及同僚开报者，或宿有仇嫌，甚者有以依稀阘茸之名为言，殊无妨政病治之实，即行罢黜，以致更代不时，去取不公，人心生怨，愈加烦乱”[②]。所以在处理同僚之间互相讦告的问题时，概以“同僚不和”处理，在这种情况下，佐贰官与正官实际上是处于等同的地位。在弘治二年（1489年），滦州知州潘龄提出正佐之间矛盾激化，不利于政务运作，都察院认为是深切时弊，出台了《在外正佐官互相纠举例》。此例的出台，则否定了明英宗时的敕谕，正官完全占据主动的地位。

在抚按制度确立以后，佐贰官成为抚按官监察的主要对象，但允许佐贰官按照法律规定申诉。《大明律·名例·职官有犯》条规定：“若所属官被本管上司非理凌虐，亦听开具实迹，实封径直奏陈。”[③] 正统三年（1438 年），巡按左瑺，布政司右参政俞士悦，按察司佥事施信，共同考察浙江嘉兴县县丞赵恭，“设施无方，黜罢为民”，赵县丞“诣阙诉称（俞）士悦偏听舆隶李保所谗，故陷之事”[④]。结果左瑺、施信被罚俸三月，俞士悦被问罪，后来被起复，升刑部尚书、加太子太保。沈德符感叹道：“夫以方面大僚，纠一邑佐，已诬反坐矣，其时何颜对吏民？他日何颜掌邦禁？且至八年之久，岂一眚不足玷生平耶？”认为那个时候“卑官昭雪者不乏人”，到了万历年间则不同了，“今丞簿即受诬，固无敢自鸣冤抑。又鸣，且无死所矣”[⑤]。佐贰官与正官互纠都处于劣势，与上司抗争，就是找死，法律没有变，社会政治风气变了，君主专制与官僚政治腐败已经难以遏制，正如王亚南先生所讲：“在这种情势下，官僚或官吏，就不是对国家或人民负责，而只是对国王负责。国王的言语，变为他们的法律，国王的好恶，决定了他们的命运（官运和生命）结局，他们只要把对国王的关系弄好了，或者就下级官吏而论，只要把对上级官吏的关系弄好了，他们就可以为所欲为地不顾国家人民的利益，而一味

---

① 明宣宗实录：第 54 卷．正统四年夏四月甲申条．

② 陈子龙，等．明经世文编：第 45 卷［M］//林聪．修德弭灾二十事疏．影印本．北京：中华书局，1962：344．

③ 大明律［M］．怀效锋，点校．北京：法律出版社，1999：4．

④ 明英宗实录：第 43 卷．正统三年六月己卯条．

⑤ 沈德符．万历野获编：第 12 卷：卑官被察仍留［M］．北京：中华书局，1959：309－310．

图所以自利了。”[①] 为了自己的官运和生命，不是忍辱偷生，就是要经营，“上司贪的与钱，不贪的便寻分上”[②]。金钱与政治关系，成为官场必备的条件。

在正官负责制下，佐贰官基本上失去监督的职能，但佐贰官也不完全是任人宰割的羔羊，不能堂堂正正地监督，就采取阴谋手段。如嘉靖末年，崇德县丞汪炎，“性迂癖，与同僚不协，被其构于上台，因得罪”。上司指派嘉兴知府徐必进审理，因为徐知府“素憎其倨，立意罗织之”。汪县丞儿子是汪雅堂，是个生员，替父领罪，反而被徐知府凌辱。没有想到汪雅堂考中进士，被任命为嘉兴府推官，徐知府只好殷勤接待，汪雅堂则“伪与周旋，久之自谓忘故隙，且欢好矣”。表面上卿卿我我，实际上汪雅堂一直在收集证据，“潜瞰其簠簋，默籍日月，纤毫不爽，及用事之司狱与衙役，俱备侦详记”，然后将这些证据送交巡按，上疏弹劾。徐知府已经升福建海道副使，还是被抓回来“提问追赃”，在证据面前，当然无以自辩，“久之赃完始发遣”[③]。在抚按官可以委署佐贰官的情况下，佐贰官利用这种关系，还是可以制约正官，故此明代《官箴书》要求正官一定善待佐贰官，首先要自己身正。明人李乐认为：“如太守廉能，则同知以下必化之；知县廉能，则丞以下必化之，此常理也；必不可化自有国法。”但也不得不说：“余所睹记者，归安县一丞，尽廉洁，第峭直，不能阿承长官意，大计以下考黜。嗟乎！冤枉如丞者，其人多矣。”[④] 清代废除巡按制度，地方事务全归督抚掌握，地方府县，无论是正官，还是佐贰官，都要唯督抚马首是瞻，“呼天不如呼我宪台”[⑤]，乃是府州县官们的共同感受，他们都注意与督抚的关系，故此清代《官箴书》无不讲“事上”，佐贰官能否监督正官，也要以督抚好恶为转移。

---

① 王亚南．中国官僚政治研究［M］．北京：中国社会科学出版社，1981：8.

② 东鲁古狂生．醉醒石：失燕翼作法于贪，堕箕裘不肖惟后（7回）［M］．上海：上海古籍出版社，1985：94.

③ 沈德符．万历野获编补遗：第2卷：汪徐相仇［M］．北京：中华书局，1959：907.

④ 李乐．闻杂记：第10卷：九十三［M］．上海：上海古籍出版社，1986：891.

⑤ 李成林．令梅治状：第2卷：申报蝗灾详文［M］．清木刻本.

第二节　佐贰官委署职权

明代风宪官都有委署佐贰的权力，在抚按制度确立后，无论是巡抚、巡按，还是兵备道、分守道、分巡道，都拥有此项权力，使逐渐沦为闲职的佐贰官有事可做。清代废除巡按与兵备道，地方政务唯督抚是问，委署佐贰官的权力也就转移到督抚，虽然制度规定督抚必须奏请，但很少不被批准，特别是在官员分省候补的情况下，临时委署这些候补官员，成为督抚调剂官员的手段，作为候补的佐贰官也有机会。

一、抚按委署

明代《宪纲》规定有纠核百司、朝会礼仪、祭祀礼仪、点差御史、官吏取受、嘱托公事、禁再纠核、互相纠核、出巡期限、出巡随从、分巡回避、巡视仓库、追问刑名、亲问公事、理断词讼、沮坏风宪、装诬风宪、拟断公事、约会问事、巡按试制、照刷文卷、审理罪囚、直言所见、举明孝义、巡按卷宗、申诉冤枉、官吏诉罪、回避仇嫌、禁约迎送、讲读律令、选用风宪、选用吏典、比律事理、公用物件34条规定，专门规范巡按与按察司分巡的。《抚按通例》前后修订有22条①，主要是明确抚按的职责，意在约束抚按滥用权力，他们都有委署佐贰的权力，在职责上也有重复，以至于在万历年间，官员都不知道二者的区别，张居正曾经对此进行解释②。明人小说讲得更具

---

① 申时行，等．明会典：第211卷：都察院・抚按通例［M］．北京：中华书局，1989：1056.

② 窃谓抚按职掌不同，政体亦异。振举纲纪，察举奸弊，摘发幽隐，绳纠贪残，如疾风迅雷，一过而不留者，巡按之职也。措处钱粮，调停赋役，整饬武备，抚安军民，如高山大河，奠润一方而无壅者，巡抚之职也。近来抚按诸君，不思各举其职，每致混杂，下司观望，不知所守，以故实惠不流。至于直指使者，往往舍其本职，而侵越巡抚之事，违道以干誉，徇情以养交，此大谬也。因忆嘉靖间有周如斗者，巡按苏松，信豪宦之言，博流俗之誉，将应征钱粮概请停免，士民悦之，为建生祠，奏留再历，遂超陟苏松巡抚，及为巡抚则钱粮征发，百责攸萃，不复能行其宽贷之政，将以前免俘逋赋，复行征派，于是士民怨之，毁其生祠，刊布谤书，向之称颂德美者，转而为怨怼忿恨矣。何则？驩虞之术易穷，众庶之欲难厌也。况此中人情叵测，众庶难调，惟一以大公至正行之，庶得无咎无誉耳。辱俯询，敢以职掌为告，幸裁择焉。陈子龙，等．明经世文编：第328卷［M］//张居正．答苏松巡按曾公士楚言抚按职掌不同．影印本．北京：中华书局，1962：3519.

体，“从来巡按，不比巡抚。巡抚原为抚安百姓，巡按却为纠察奸。巡抚恩多于威，巡按全用威严了。巡按衙门关防，比别衙门不同，因此不携家眷，不带仆御，大小衙役，都封锁在内，水屑不漏。也不游山，也不赴席。偶然公出，衙坊静悄悄，鸡犬不放在门外。就如天子巡幸一般”①。也就是说，巡按重在巡视考察，巡抚重在监督考察，“巡抚都御史是省一级的权力中心，巡按监察御史则是中央权力在地方贯彻的保障，是中央在地方的执法者”②。在实际运作过程中，往往是抚按不分，事例方面也是抚按合称为《抚按通例》，实际上还是有一定区别的。

巡按委署佐贰官，主要是负责监察地方，以他们为耳目，容易形成耳目太偏③，造成恐怖统治，特别是自万历后期，出现了“窝访”。所谓“窝访”，就是抚按官在各处安插自己的眼线，称为卖访窝家，所涉及的群体极广，连妓女、乞丐都成为其窝访点。在这种情况下，“今天下文巧之吏，剥民奉上，而吏良悃愊无华，虽拂上官之意弗顾也。上官悦趋承，恶介特，耳目寄之吏胥，毁誉采之窝访，不肖县官，阴结窝访，阳事上官，而吏事毕矣”④。实际上就是一种特务组织，在明末“上寄耳目于锦衣卫，称为心膂大臣，托采外事以闻”⑤。“上寄耳目于东厂，吏部每遇大选，为之惴惴。后每选，许以二万金，听其自觅谋缺者，遂安堵无虞”⑥。抚按官采用“窝访”，“乃造访之人，即应访之人也。乃应访之人，窜入造访之中。睚眦之仇可报也，富厚之利可贪也。有司不察而报之，抚按不察而行之，莱佣受罪，豪猾长奸，莫此

---

① 撰人不详．新编觉世梧桐影：一怪眼前知恶孽，两铁面力砥狂澜（3 回）[M]//明清善本小说丛刊：第 18 辑．影印本．台北：台湾天一出版社，1985.

② 方志远．明代国家权力结构及运行机制 [M]．北京：科学出版社，2008：301.

③ 夫抚按会同举劾，其耳目必有所寄，非不委司府州县，互相觉察，而其实皆起于所亲信之一官也。一官既开贤否，余官辗转雷同，而流言且达于京师矣！至于访拿凶恶，则宪臣委耳目于推官，推官委耳目于胥隶，各处水陆要冲，多有卖访窝家，又胥隶之耳目也。朝通赂以买入，暮通风以卖出，大奸漏网，良善被诬，酿祸匪细。臣旧岁过淮阳，则闻理刑厅积年黠隶，威焰熏灼，县佐官至以侍教生之刺投谒者，其椓人可知矣！此辈如城狐社鼠，不可攻发。又如吴中之打行，齐燕之响马贼，江淮楚越之豪侠巨盗，有司以激变为虞，多遗于耳目之外，其何贵于宪访也？故曰耳目太偏。陈子龙，等．明经世文编：第 399 卷 [M]//管志道，直陈紧切重大机务疏．影印本．北京：中华书局，1962：4328.

④ 明神宗实录：第 133 卷．万历十一年二月辛丑条.

⑤ 李清．三垣笔记·崇祯一 [M]．顾思，点校．北京：中华书局，1982：4.

⑥ 李清．三垣笔记·附识中 [M]．顾思，点校．北京：中华书局，1982：201.

为甚"[①]。乃是祁彪佳[②]所陈民间十四大苦之一，这十四大苦，都是明王朝灭亡的主要原因。在"窝访"之中，被抚按官委署的佐贰官发挥重要作用，因为抚按官的"窝访点"，是在佐贰官协助下构建的，佐贰官也可以假抚按之权以行己私，通过抚按官来打击报复，如嘉靖末年汪雅堂报复嘉兴知府徐必进，就是通过巡按得以实现的。若是佐贰官不能够与巡按搞好关系，即便是政绩卓异，也可能是被弹劾的对象。如嘉靖初年松江府同知汪佃，在任时职司清军，"戎清而民不扰"，还督管水利设施，就是因为照顾妻子的病，"有部使（巡按）者衔公（汪佃），因劾公擅离职"。当时已经将汪佃改任南京宗人府经历，汪佃也只好说："吾归及与老妻诀足矣。"[③] 缴还经历告身等待处置，虽然最后事情"得白"，但影响到仕途，一个翰林院庶吉士，最终官至南京太常寺少卿，也算是命运不济者。

明代《抚按职掌十一事》有一曰巡抚都御史系抚安地方之官；二曰巡按纠察一方之利弊；三曰旧规各府州县等衙门问有死罪招由；四曰据问刑条例，凡问充军，系巡抚处有行者巡抚定卫；五曰抚按官遇有地方大事，及批定守巡等道并进表等项。公差官员旧规，俱是会行；六曰奏报灾伤。系巡抚之事，巡按御史止是核实；七曰近来各处公私匮乏，巡抚官一遇岁灾，束手无策；八曰考选军政，系抚按职掌；九曰公差都御史、御史职务，各奉有专敕；十曰提学御史，进退人才，奉有专敕；十一曰凡遇军功不许巡按报捷。明确规定："巡抚都御史，系抚安地方之官，如徭役之编审，里甲之出办，粮料之征派，官钱之出入，驿传之处给，仓廪之兴发，与夫大户、粮长、民壮、快手之佥点，城池、堡隘、兵马、军饷之督调，凡关地方之事，俱听巡抚措置。"[④]这是巡抚注重于政务，因此委署佐贰官多以各项政务为主。

明代巡抚至宣德时基本上成为制度，但一直到明亡，都没有纳入正式职官序列，加有都御史、侍郎、卿衔，总理地方军政事务，俨然成为地方三司

---

① 中华书局上海编辑所．祁彪佳集：第1卷：陈民间十四大苦疏（崇祯六年正月）[M]．北京：中华书局，1960，1：16.

② 祁彪佳（1602—1645年），字虎子，天启二年（1622年）进士，官至都察院右佥都御史，清兵攻占杭州，自沉于梅墅水池中，著有《远山堂曲品》《远山堂剧品》等。

③ 焦竑．国朝献征录：第70卷：南京太常寺少卿汪公佃行状[M]．台北：台湾学生书局，1984：3062.

④ 明世宗实录：第145卷．嘉靖十一年十二月甲戌朔条.

以上的长官，檄文令所属承办各种事务，也成为常态，但制度规定不能够随意差遣正官，佐贰官则成为巡抚可以调动的职官。如正统时，镇江府同知陈谔，被巡抚周忱“檄之修陂塘圩岸，相方设宜，有成绩”[①]。成化时，常州府推官孙需，因为得到巡抚牟俸的重视，“凡狱之难决者，率以属公，及经公听断，无不屈服”[②]。弘治时，山东青州府同知王鹏，被山东巡抚王霁差委，“俾催府属岁负花布数十万匹。时布价翔踊，公（王鹏）遣人买之德州诸郡，负省银若干，而独先五府以完”。在为济南府同知时，又被巡抚檄委“预买战马”，得到巡抚与巡按荐举，“连得旌异”[③]。正德时顺德府通判于训，虽然为四方之冲的三府，因“事殷且剧，抚按二台，檄委旁午”，于通判也只好“上承下御，遍历属邑，庶事咸治。后督饷于京，属吏有以赆来者，先生（于通判）毅然不受，置之于法。内黄有杀人疑狱二十载不决，先生往谳之，遂释。畿甸流贼之变，先生从官军讨之。将校贪功欲杀被虏者，先生诤之曰：‘民幸而不死贼，而乃死于军，民何罪哉?’将校乃不敢杀，葢活被虏者几万人云”[④]。由此可见，在抚按差委的情况下，佐贰官往往要两方面承应，号为闲职，也不得不往来奔走。

二、道府委署

明代布政司设左右布政使、按察使、都指挥使，号为“三司”。在布政使下有参政、参议，按察使下有副使、佥事，均无定员，号称副职，却不与正官同署办公，要分守、分巡地方，因此明代府州县衙署建筑，都设有布政分司、按察分司，特别是按察分司建筑的“华美中度”，那是以后巡按巡历所属

---

① 焦竑．国朝献征录：第 83 卷：镇江府同知陈谔传［M］．台北：台湾学生书局，1984：3513.

② 焦竑．国朝献征录：第 25 卷：资政大夫南京吏部尚书赠太子太保谥清简孙公需传［M］．台北：台湾学生书局，1984：1142.

③ 焦竑．国朝献征录：第 89 卷：衡州府知府王公鹏传［M］．台北：台湾学生书局，1984：3850.

④ 焦竑．国朝献征录：第 82 卷：直隶顺德府通判于先生训墓志铭［M］．台北：台湾学生书局，1984：3473.

所住的地方[①]。在正统时期，逐渐形成制度，参政、参议分守，副使、佥事分巡，而且有了固定的驻地，往往与府同城，建有专门的衙署。

明代的道颇为复杂，布政司“参政、参议分守各道，及派管粮储、屯田、清军、驿传、水利、抚民等事，并分司协管京畿”。按察司“副使、佥事，分道巡察，其兵备、提学、抚民、巡海、清军、驿传、水利、屯田、招练、监军，各专事置，并分员巡备京畿”[②]。以分巡道而言，洪武十四年（1381 年），“复置各道提刑按察司”[③]，当时分为 53 按察分司，至洪武二十九年（1396 年）勒定为 41 道，最后定制为 70 分巡道。其分巡道始于洪武时期，分守道起于永乐年间，兵备道“仿自洪熙间，以武臣疏于文墨，遣参政副使沈固、刘绍等往各总兵处整理文书，商榷机密，未尝身领军务也。至弘治中，本兵马文升虑武职不修，议增副佥一员敕之。自是兵备之员盈天下”[④]。自天顺八年至崇祯元年（1464—1628 年），计有整饬兵备副使、整饬兵备佥事，共 219 处[⑤]。这些道即便是具有行政官员的性质，但在名义上还是“风宪官”，拥有委署佐贰官的权力。按照明代制度，若是各府州下属州县官员出缺，知府及直隶州知州可以委署官员代理，申报抚按，即可以执行，故此权力较大。

道府委署，给佐贰官以管事或署理正官的机会。佐贰官在府州县署理正官的，以府同知、推官、州同、县丞的机会最多，特别是同知与推官，大多数是进士出身，以此之故，署理正官基本上成为常态，也容易获得升迁。如弘治时，金华府同知邝璠，“尝署篆，郡庭阒然，中人家以厚嫁破产，故女多

---

① 浙江各府，布政按察分司在府城者，大率规制如一。在各县者，按察分司多宏敞整丽，布政分司多狭隘朴陋。初疑按察能纠察，官吏贪污者，惧致罪而然。后至各府县，遍览志书，见按察分司皆建自洪武年间，布政分司至正统七年以后始有之，乃得究知其所以然。盖国初纠察诸司，谳审庶狱，在内从各道监察御史，在外从按察司官处分。其时御史建员未广，有事则奉命而出，事竣即还。巡按亦未有专官。故按察之官，职重而权重。今分巡官各有印章，此可见矣。其后分遣御史巡按外藩，按察之体势，由是始轻。且御史所至，更无察院，每止宿按察分司而已。分司既创于经画官府之初，则广狭丰俭，得以如意为之，故其规制多宽广。又以御史所寓，礼宜致隆，故有司以时修饰，而华美中度。布政司职理民事，非奉部符不出。至宣德、正统以来，添官稍多，始议置分司。且其地率多即官府弃地为之，故规制不能如意。又分守官按临，不过信宿而去，故有司忽之，而修葺怠焉。此盖理势使然，非有意而优劣之。陆容．菽园杂记：第 10 卷［M］．佚之，点校．北京：中华书局，1985：126.

② 张廷玉，等．明史：第 75 卷：职官志四［M］．北京：中华书局，1974：1840 +1842.

③ 明太祖实录：第 156 卷．洪武十四年三月丁亥条.

④ 同②1844.

⑤ 郭培贵．《明史·职官志四》兵备道补正［J］．文史，2004（3）.

不育，公严谕之。属县兰溪，民居栉比，素弗戒于火，乃拓其衢，率五门潴水一瓮，自是不复延烧，邑人因命曰邝公街”①。荆州府推官陆鳌，“摄府事一年，几无留牍”②。江西饶州府推官徐应祥，在“饶故剧郡，会守及属邑令多乏，并摄于公。众方以少年少公，及公视事迎刃而解，即老吏吐舌惊服，谓弗如也”。正德时，惠州府推官王瓒，“摄府事，积羡累千金，悉委不取”③。嘉靖初，建宁府推官李儒，“属郡缺守，公摄守事，凡一切利害当罢行者，无不悉力为之，未尝以摄守故自苟，而郡中望公亦如真守，是以公虽佐郡而居守之日为多”④。万历时，永平府推官宋勋，“尝视遵化邑篆，拊循有方，流亡复业，邑人思之”⑤。这些人后来都升了官，仕途也不错。

能够得到道府的委署，也不是一件容易的事，同知、推官因为多出身进士，被委署则人难有异议。其余的佐贰官则不同了，能够被委署，则属于特例。如正德时，湖州府通判汤世贤，在知府入京朝觐时，被兵备道委署判府事，当时“僚寀济济，若冯箕谷，以名进士节推于此，当路置之，惟右卿（汤世贤）是托，嗣是益用展布，惟明惟威，决壅剔蠹，不逾月而庶政悉举”。这是有兵备道的支持，但没有抚按官为后台，则难免被派委苦差，最终被抚按官差委督储，在外遇害，时年44岁，这是“其遭谗去位之变”。撰写墓表者认为：“国家考课黜陟，俱有程序，巡守考郡县而白于藩臬，藩臬总其凡而升于部使，部使者又临历躬亲核实，然后达之铨曹，铨曹交据互求，黜陟乃行。”⑥ 在这样的考课黜陟程序下，府县官的命运往往操之分巡道、分守道、布政使、按察使、抚按官之手，府县佐贰官上还有正官，欲求展布升迁，确实不易。

---

① 焦竑．国朝献征录：第87卷：瑞州府知府赠左参政邝公璠墓表［M］．台北：台湾学生书局，1984：3732.

② 焦竑．国朝献征录：第84卷：浙江布政使司右参政陆公鳌墓志铭［M］．台北：台湾学生书局，1984：3566.

③ 焦竑．国朝献征录：第64卷：南京右都御史王公瓒传［M］．台北：台湾学生书局，1984：2787.

④ 焦竑．国朝献征录：第49卷：刑部郎中李君儒墓志铭［M］．台北：台湾学生书局，1984：2072.

⑤ 焦竑．国朝献征录：第25卷：资政大夫吏部尚书赠太子太保谥庄敏栗庵宋公勋墓志铭［M］．台北：台湾学生书局，1984：1071.

⑥ 焦竑．国朝献征录：第85卷：承直郎湖州府通判汤君世贤墓表［M］．台北：台湾学生书局，1984：3631.

清代初因明制，至乾隆十八年（1753 年），勒定道员为正四品官，除了专职道之外，道则成为行政区划，道员“掌一省之政事。钱谷之出纳，朝廷有德泽禁令，承流宣布，以达于有司。阖省僚属，以时颁其禄俸，满秩廉其称职、不称职，报督抚以达于吏部。十年会户版，均税役，登民数、田数，以达于户部。凡诸政务，与督抚会议经画而行之”①。道员成为地方官之后，导致知府的权力萎缩。因为道员多指挥武职，地方出缺及有事，委署佐贰官之事还是由知府拟定，直接申报督抚，而不经过道员转达。“至知府职司，如所属州县钱粮奏销，灾荒蠲缓，私谳审转，州县仓库交代、盘查、出结、代赔之款，皆知府考成。州县出缺，由知府委员代理，均不由巡道转详”②。在有佐贰官的情况下，知府在所属州县出现缺额的情况下，可以优先委署，直接上报督抚。康熙六年（1667 年），贵州道御史高坪提出：“州县离任，势必委官暂署，此定例也。乃有督抚委用者，亦有司道请委者，臣愚以为委署之事，宜专责成知府，而行保举连坐之法。”经过下部议，“嗣后有应委署者，务令知府于所属慎择贤能之吏，详呈督抚，督抚严行察核，果堪称职，方准委用”③。知府虽然没有直接委署所属的权力，但有选择推荐权。

清代的道府在所管地区内，各种事务都可以委员办理，因为不是普遍设置佐贰官，道员、知府也只能够从首领官、教官、杂职内选派了，有佐贰官之地，佐贰官往往优先。如广西同知贾朴，“摄思恩、平越知府”④。清代任命官员，分省候补，故此委署多是候补官员，能否得到委署，首府首县的作用较大。“从前各省皆重首府、首县，此二席必才猷开敏、资望皆高者为之，一省之利弊人才无不了了，督抚、司道皆倚任之，言听计从，故众指为要地。其中擅威福、通贿赂者诚有其人，而公正诚实者为多。无论新选及分发到省州、县，皆先谒之，察其才具，以告于上，或留省学习，或入发审司谳，皆以首府、县之言为断。尚有不识仪注及不谙公事者，亦惟首府、县是问，此

---

① 官修．清通典：第 34 卷：职官十二・司道［M］．杭州：浙江古籍出版社，2000：2208.

② 吴庆坻．张之洞电驳更张官制［M］//张文其．蕉廊脞录．刘德麟，点校．北京：中华书局，1990：55.

③ 清圣祖实录：第 24 卷．康熙六年十月己丑条.

④ 陈康祺．郎潜纪闻初笔：第 10 卷：部民保留地方官［M］．晋石，点校．北京：中华书局，1984：215.

则一省之纪纲"[①]。道光年间在浙江候补的知县段光清，到省城杭州，"将及半月，首府朱即委余武林门外总巡"[②]。这种委员的办法，在清代则成为督抚的特权。

三、督抚委署

清代总督，"掌釐治军民，综制文武，察举官吏，修饬封疆"；巡抚"掌宣布德意，抚安齐民，修明政刑，兴革利弊，考覈群吏，会总督以诏废置"[③]。乾隆时定制有直隶、两江、闽浙、两湖、四川、陕甘、两广、云贵，共计8个总督。直隶（总督兼）、山东、山西、河南、江苏、安徽、江西、福建、浙江、湖北、湖南、陕西、甘肃、广东、广西、云南、贵州，除直隶由总督兼任巡抚，共计16个巡抚，以后增设台湾、新疆巡抚。

清代督抚权责极重，在乾隆帝看来，"督抚身任封疆之寄，凡一切事宜俱应据实办理"[④]。"诸督抚身为大臣，当实心体国"[⑤]。他们"身膺民社之职"[⑥]，"锄奸除恶，是其专责"[⑦]，"察吏是其首务"[⑧]，"为国家明罚敕法"[⑨]，"缉盗安民是其专责"[⑩]，"稽察属员是其专责"[⑪]，"察吏是其专责"[⑫]。因此要求"于民生第一要务"[⑬]，"固当爱养斯民，亦宜兼筹国计"[⑭]，"务期使之巨细兼举，风流令行，乃无忝厥职"[⑮]，所以"朕倚以恤民瘼而清吏治"[⑯]。督抚直接对皇

① 欧阳兆熊，金安清. 水窗春呓：卷下首府首县［M］. 谢兴尧，点校. 北京：中华书局，1984：79.

② 段光清. 镜湖自撰年谱［M］. 北京：中华书局，1960：9.

③ 赵尔巽，等. 清史稿：第116卷：职官志三［M］. 标点本. 北京：中华书局，1977：3336.

④ 清高宗实录：第4卷. 雍正十三年冬十月辛未条.

⑤ 清高宗实录：第5卷. 雍正十三年十月乙酉条.

⑥ 清高宗实录：第69卷. 乾隆三年五月甲戌条.

⑦ 清高宗实录：第259卷. 乾隆十一年二月壬子条.

⑧ 清高宗实录：第267卷. 乾隆十一年五月辛酉条.

⑨ 清高宗实录：第351卷. 乾隆十四年十月甲午条.

⑩ 清高宗实录：第1113卷. 乾隆四十五年八月壬戌条.

⑪ 清高宗实录：第1122卷. 乾隆四十六年春正月丁亥条.

⑫ 清高宗实录：第1159卷. 乾隆四十七年六月壬午条.

⑬ 清高宗实录：第304卷. 乾隆十二年十二月戊辰条.

⑭ 清高宗实录：第335卷. 乾隆十四年二月己亥条.

⑮ 清高宗实录：第320卷. 乾隆十三年闰七月癸亥条.

⑯ 清高宗实录：第424卷. 乾隆十七年冬十月己亥条.

帝负责，被称为封疆大吏，与吏治民生关碍甚大，但偌大的辖区，不可能亲自经历，他们除了雇用幕友帮助办理事务之外，遇有事情，委署属员办理，也是常态。在乾隆帝看来，“督抚身任封疆，于各属紧要事件，自当亲身经历，不可徒委之一二属员”①。但这种派委属员，已经成为地方政务运作的常态，而以朝廷责令督抚所办的事务来看，并不是如《职官志》所说察举文武官吏那样简单，举凡国家的政务都要他们落实，地方所有事务也必须经过他们核准，甚至要求他们必须亲自办理，也就不得不派委属员了。

以督抚属员而论，阖省藩臬道府州县官，以及佐贰官、杂官、教官，还有武职副（将）参（将）游（击）都（司）守（备）各官，都称之为属员，此外还有众多候补的候补官，作为督抚，都可以派委。在正官负责制的情况下府州县正官，虽然也可以派委，但还要派委人署理，在这种情况下，佐贰官及候补官往往成为被派委的属员，有些还纳入《省例》之中。如湖南省，郴、桂矿厂，“于通省同知、通判内，每州遴选一员，驻扎厂所，监办厂务”②。各属征收钱粮，“如印官不能分身前往，即派佐杂等官。轮流各仓监收”③。以漕运而言：“有漕委、督抚委、河委，自瓜洲以抵淀津，不下数百员。各上司明知此等差委无济公事，然不得不借帮丁之脂膏，以酬属员之奔竞，且为保举私人之地。”④ 在地方上，所有应行之事，应兴之役，“督抚止题调属员，便为整顿地方矣，不问其兴利除弊也”⑤。委署属官办理各种事务是地方政务运作常态，即便是朝廷规定正式官额，地方督抚也可以委署，如嘉庆初年，福建知县有 62 缺，其中有 39 缺是督抚委署，是“知县缺出，间于府经（历）县丞中遴选委署，亦因不得其人，为一时权宜之计”，但督抚调署各员，“有任意调委，及将并无卓异保荐之佐杂委署州县者”⑥。府县

① 清高宗实录：第 562 卷．乾隆二十三年五月丁酉条．

② 官修．湖南省例成案：第 15 卷：户律·户役［M］．杨一凡，刘笃才．中国古代地方法律文献：丙编第一册．北京：世界图书出版公司，2006：487．

③ 同③497．

④ 贺长龄，等．清经世文编：第 46 卷：户政［M］//包世臣．剔漕弊．北京：中华书局，1992：1097．

⑤ 贺长龄，等．清经世文编：第 26 卷：户政［M］//御史柴潮生．理财三策疏（乾隆十年）．北京：中华书局，1992：639－640．

⑥ 贺长龄，等．清经世文编：第 16 卷：吏政［M］//汪志伊．敬陈吏治三事疏．北京：中华书局，1992：392－394．

官的任用权操之督抚之手，各类属员及候补官员，也只能够唯督抚马首是瞻了。

早在康熙初年，监察御史李之芳就提出督抚委官署印的弊害，“惟杂途之钻营委署其害最甚”，因为“各省委官署印，概不论出身履历”，所以督抚任意委署，“相习为常”。这些督抚“委署正印，则是不敢上闻于朝廷，乃敢擅行于本属”。在这种情况下，“其中微员以营干而得越俎，上官以地方而徇情面，皆不可知”。在李之芳看来，这些微员被委署之后，“不过为一时润囊肥家之计，于地方之利害甘苦，固无与也”。不能够让督抚任意委署，应该由朝廷任命，“少一日委署，百姓得安一日之生耳”[①]。虽然提出建议，但朝廷并没有收回督抚这种委署权，而且授予他们保举权，在道咸以后，大小官员“以保举为捷径”，一发不可收拾，以至于“吏治之蠹，莫如保举一途。其罔上营私者，一曰河工。国家岁糜数十万帑金以慎重河防，封疆大吏乃以此为调剂属员之举。幸而无事，丞、倅保州、县矣，同、通保府、道矣。一曰军功。工厂之鼓噪，饥民之啸聚，辄浮夸其词曰大张挞伐。耳未闻鼙鼓，足未履沙场，而谬称杀敌致果、身经百战者，比比然也。一曰劝捐。顺天赈捐一案，保至千三百余人，山东工赈，保至五百余人，他省岁计亦不下千人”[②]。这种委署与保举，成为督抚调剂属员的手段，督抚则成为地方的中心。

督抚在委署属员过程中，可以任意调剂，不管是否正官、佐贰官、杂官，主要看着顺眼，就可以委署，如“高某以久充刑部书吏，循资选皖省某府通判”，在谒见巡抚的时候，被看中了，便“派充发审局委员各县申冤案”[③]。清代“各省有发审局承审案件，为京控之发回原省以交局者，或上控之提审交局者，而莫不以候补道为总办，候补府为提调，候补同通州县为承审员。承审员有定额，承审数年，辄得署缺以去。若辈类皆夤缘进身，绝无法律知识，自号老吏，惟以锻炼迎合为事，不则亦颟顸伴食，一任吏胥之舞文弄法

---

① 贺长龄，等．清经世文编：第 17 卷：吏政［M］//李之芳．请禁杂流委署疏．北京：中华书局，1992：433－434.

② 赵尔巽，等．清史稿：第 110 卷：选举志五［M］．标点本．北京：中华书局，1977：3215.

③ 徐珂．清稗类钞・狱讼类・霍邱杀婿案［M］．北京：中华书局，1984：1158.

而已。要之，一案到局，无有即审即结者，穷年累月，人民且求死而不得也”[①]。那位高通判能够平反冤狱，号称神明，算是巡抚能够识人，而绝大多数督抚，并不是慧眼识人，是要看人下菜碟，不是关系，就是金钱。如刘秉璋为浙江巡抚，两广总督曾国荃为同乡请求署县缺，刘秉璋“不得已，委署衢州府属边远小县，岁入仅壹贰千金”。两江总督左宗棠发电报，要刘秉璋把通省第一优缺山阴县委署曾国荃的同乡，刘秉璋认为：“此为通省第一优缺，例须调剂贤能者。赵令（曾国荃同乡）资格太浅，万难应命。”结果左宗棠“不悦”[②]，则可见政治关系的重要性。清代府县官都分省候补，在省城候缺，如“光、宣间，各省官僚自道员以至未入流，多者可数千人，需次者日多，槁饿以死者所在皆有，其有势力善运动者，则兼数差”[③]。一省之内，道府州县各缺合计也就在百员左右，数十人候一缺，很难得到，以至于有“候补无期”之说[④]。要想得到实缺不容易，派委差事则是督抚权限范围之事，其有势力，就是各种政治关系，其运动则必须是金钱开路，早在雍正时，“候补道员王廷扬捐银八万两，长芦盐商王太来捐银十万两，俱以一等议叙”[⑤]。候补官员通过捐钱可以获得实缺，而以后贿赂督抚谋差，则成为候补官员必须要做的事情。如清末出洋考察五大臣之一，就曾经以卖差遭到讥讽[⑥]，则可见督抚在委署属员时，往往以调剂之名大肆索贿。这些被委署的属员，“不在下民，专在上司”，多一委员，就多一衙门，而“地方多一衙门，适多一地方之累。

---

① 徐珂．清稗类钞·狱讼类·发审局判讼事［M］．北京：中华书局，1984：977.

② 刘声木．苌楚斋五笔：第6卷：左宗棠等逸事［M］．北京：中华书局，1998：1008.

③ 徐珂．清稗类钞·爵执类·各省候补情形［M］．北京：中华书局，1984：1360.

④ 某年元旦，开封文武百官诣抚署岁，中丞延见，谓曰：“此邦旧有一对联，出句为‘开封府开印大吉，封印大吉’。今为对之曰‘黄泌厅黄水安澜，泌水安澜’。诸公以为何如?”咸谓巧合，而又吉祥，非大福泽人不能道也。一候补县令隅坐，似有所诵，中丞曰：“足下殆亦有佳对乎?”对曰：“卑职适亦得一对，不敢言耳!”固问之，乃曰：“候补县候缺无期，补缺无期。”徐珂．清稗类钞·诙谐类·候补无期［M］．北京：中华书局，1984：1806.

⑤ 萧奭．永宪录：第2卷：雍正元年［M］．朱南铣，点校．北京：中华书局，1959：130.

⑥ 端方督两江时，有刻薄者曾撰一联诬之。其上联云：“卖差卖缺卖厘金，端人不若是也。”“以一事例之，有某者以知府得综理财政局差，许感之甚，会端移节北洋，许特馈白金二万以报之，美其名曰赆敬。然许卒以中饱败。”下联云：“买书买画买古董，方伎何其多乎。”外间盛传端在江南，曾侵吞赈款银至二百余万两之多，经言官揭参，固查无实据也。徐珂．清稗类钞·讥讽类·端人不若是也［M］．北京：中华书局，1984：1360.

官府多一更调，并多一仓库之累”[①]。地方督抚委署与保举属员，也导致地方政治更加败坏。

第三节　佐贰官分防分事职权

按照制度规定，明代的佐贰官应该有分管的事务，举凡粮储、马政、军匠、薪炭、河渠、堤涂、清军、巡捕、管粮、治农、水利、屯田、牧马、粮马等，在正官负责制逐渐形成的过程中，佐贰官赞治的职能难以发挥，在分管事务方面却不断加强。随着社会的发展变化，出于经济发展与社会稳定的考虑，佐贰官分事与分防成为发展趋势。分事则有专管的事务，分防则有专管的辖区。清代承袭这种制度，在完全施行正官负责制的情况下，佐贰官因为承担分事分防之事，也就成为实际上的正官，但还有佐贰官之名，其身份与地位还是与正官有很大的差别。

一、在内管事佐贰官

按照明代府县官署建筑制度，府县衙门之内除了有正官居住的后堂之外，佐贰官与首领官，都有各自的居住区与办公用房。如淮安府廨舍：知府宅在正堂后，清军同知宅在知府宅东，管河同知宅、通判宅在知府宅西，管河通判宅在吏房东，推官宅在同知宅东，经历照磨知事宅俱在大门内东，检校宅在正堂西，吏舍九十间在正堂东，无卧阁在正堂西。府治：知府有正堂五间，经历司三间在正堂东，照磨所三间在正堂西，理刑厅三间在仪门外西，茶亭三间在理刑厅南，架阁库三间在茶亭南黄册贮其内，阜积库十六间在仪门外东神祠在其内，六房并各科司共四十间列正堂两旁，司狱司在仪门内西，旌善亭在大门外东，府前官亭在旌善亭东，申明亭在大门外西，府前总铺在申明亭西[②]。从淮安府衙署来看，作为住宅的“廨舍”，无论是正官，还是佐贰、

---

① 贺长龄，等．清经世文编：吏政［M］//曾镛，答汪方伯书．北京：中华书局，1992：398.

② 万历．淮安府志：第3卷：建置志［M］//天一阁明代地方志选刊续编8. 上海：上海书店，1982：329－339.

首领官都住在内；作为办公的堂厅，却不是人人都有，作为府佐贰官，除了推官有理刑厅之外，同知、通判都没有专门的厅。从相同时期的兖州府治来看："大堂五楹，两掖设经历、照磨二厅，由穿堂入后堂，扁曰：五美堂。堂两旁各设库，东洪备，西架阁。堂之后郡伯廨，由东马道门入经历廨北，清军同知廨由西马道门入照磨廨北，至分署坊，督粮通判廨，管马通判廨，理刑推官廨，左右史科后吏舍数十楹，周围缭以墙垣。管黄河同知署在单县，管运河同知署在济宁州，管泉河通判署在平安镇。"① 在府衙内也有佐贰官的廨舍，但特别申明管事的佐贰官已经在外另建衙署。

清代在实行正官负责制以后，府衙的主体建筑没有发生多少变化，但佐贰官的廨舍与办事厅却发生很大变化。如乾隆时福建汀州府，经过顺治十二年（1655 年）重建以后，中为正堂，为穿堂，稍偏为知府廨；清军厅，在府堂左；粮捕厅，在府堂右，乾隆时则裁改为经历司署；理刑厅，在堂仪门外左，乾隆时裁改为仓；府衙内仅有清军厅了②。福州府在康熙五十八年（1719 年）重建之后，其理事同知厅，在府治内西偏；粮捕通判厅，在府治内西偏；其海防同知厅，原在府治内东偏，雍正十二年（1734 年）移驻南台霞浦街。清代新建的府署，正官与佐贰官已经不再同署。如康熙四年（1665 年），锦州府署建在鼓楼大街路北，粮捕厅署建在城南街路东胡同内③。台湾府治在东安坊，海防厅署在西定坊④。从衙署建置的变化，可以看出清代早期佐贰官与正官同在一个衙署之内，此后逐渐移驻他处，即便是没有移驻者，也开始有独立的衙署，佐贰官分事与分防也就显而易见。

县衙也一样，如淮安府山阳县公宇："正堂三间，戒石亭一座，仪门三间，大门三间，典史亭一间在正堂东，耳房一间在正堂西，六房共十二间。架阁库三间，监房共十三间在仪门外西，神祠三间在仪门外东。廨舍：知县宅在正堂后，县丞宅在知县宅东，主簿宅二在知县宅西，典史宅在正堂东，

---

① 万历．兖州府志：第 22 卷：公署［M］//天一阁明代地方志选刊续编 54．上海：上海书店，1982：480.

② 乾隆．汀州府志：第 15 卷：公署［M］．影印本．台北：台北成文出版社，1967.

③ 刘源溥，等．锦州府志：第 3 卷：建置志·公署［M］．台北：台湾广文书局，1968.

④ 周元文，等．重修台湾府志：第 2 卷：规制志·公署［M］．台北：台湾大通书局，1984：32.

吏舍共三十余间。”[①] 佐贰官与正官都在一个衙署内，但也有些佐贰官开始移驻在外。如兖州府汶上县，“正厅前有训石亭，后厅中有准字池，左右列吏房。厅左掖为思圣堂，东为县丞廨，西为典史厅，北为知县廨。主簿署在南旺”[②]。其分事的主簿已经另有衙署了。清代县佐贰官则大部分与正官分衙办事，如汀州府长汀县，县丞廨，在县廨东；主簿厅，在县廨西，乾隆时废为吏舍。宁化县县丞廨，在县廨左，雍正十二年（1734 年）移驻泉上里；主簿廨，在县廨右，乾隆时为吏舍。清流县县丞廨，在县廨东，久废；主簿廨，久废。归化县县丞廨，万历七年（1579 年）裁，改广济仓；主簿廨，废，改为仓。连城县县丞廨，乾隆时改为仓；主簿廨，在堂西，乾隆时废；巡捕廨，原清军厅，乾隆时废。上杭县县丞廨，雍正十二年（1734 年）移驻峰市，创建衙署；主簿廨，乾隆时废。武平县没有佐贰官。永定县巡捕主簿廨，乾隆时废[③]。从县的衙署建置，则可以看到县佐贰官至少在乾隆初年，就不与知县同在一个衙署，县丞外驻也成为制度，分事与分驻也显而易见。

明代分事佐贰官有在署分事与在外分事之分，其在署分事，则以正官差委为主。以嘉靖时期《吏部考功司题稿》抚按官的弹劾来看，其在署府同知有“指巡历而巧索郡邑，承批问而倍取纸价”[④]。这是奉府正官之命巡查所属州县，承正官之命办理一些民间词讼。“比顽童林大本，而忍妻妾之逐”；“管清军则妄罚纸赎，人各两半；督黄册则科取水手，县每贰名”。所谓“比顽童”，是主持本府童生考试，分管清军及督查户口，前者应该是分事，后者则是差委，所谓的“水手”，乃是协助清查黄册户籍之人，协助官府，就有利可图，故此科取他们银两。“钱粮纸赎包侵惟吏，军徒人犯罔禁于监”。这是分管征收钱粮及监狱事务，钱粮事务繁重，故“文移旁午，其积如山”，但也能够获得利益，所以“贿赂公行，其门如市”[⑤]。“管工通知商贾，受金钱几累数百”[⑥]。这是分管工程之事，要招卖物料，所以能够与商贾勾结。“管所土官

① 万历．淮安府志：第 3 卷：建置志［M］//天一阁明代地方志选刊续编 8．上海：上海书店，1982：339.

② 万历．兖州府志：第 22 卷：公署［M］//天一阁明代地方志选刊续编 54．上海：上海书店，1982：553.

③ 乾隆．汀州府志：第 15 卷：公署［M］．影印本．台北：台北成文出版社，1967.

④ 不著撰人．吏部考功司题稿［M］．台北：台湾伟文图书公司，1977：1110.

⑤ 同④1125.

⑥ 同④1293.

之木，多涉虚文"[①]。这是奉委办理皇木事宜，要进入深山老林，故此与土官要打交道。由此可见，在府的同知奉知府差委，办理府内的各项事务，因为可以获得利益，也难免被抚按官关注，些许小事，就被上弹章，这与他们个人能力有一定的关系。如万历初年嘉兴府同知黄清，乃是吏员出身，"貌寝而眇一目，然才智四出，应变无穷，能持人短长。郡长邑令，稍不加礼，即暴其阴事相讦，人畏之如蛇蝎"。府县正官遇上这样的佐贰官，是不敢得罪的，抚按官也不敢轻易将他们弹劾。这位黄同知，"一日谒台使者于舟中，误践板堕水中，因中寒死。盖上官憎其忮，妒其能，令能挤之也"[②]。巡按御史不能将其弹劾，在谒见时将其弄入水中，也是阴险之人，是黑无常遇上白无常，彼此半斤八两。在地方志《名宦》中，同知被列入名宦的不多，列入者多是进士、举人及后来升官者。如宁国府，成化时府同知刘诚，"砥砺风教，以廉恭慈惠称。尝修郡志。秩满，升湖广参议"。弘治时府同知石巍，进士出身，"才识卓荦，雅尚气节，政治公平，人怀之"。府同知姜绾，是以御史贬官到任，"杜请谒，抑豪强，听断明允"。府同知叶元贵，举人出身，"以廉惠无伤称"[③]。嘉靖年间福州府同知胡瑞，"短于才，而持身廉，疾恶过严，常不见其喜容，世目之为'胡闷'"。万历年间福州府同知钟大咸，"宽厚慈祥，每决讼，辄令近案，细语其由，反复晓警，故所全贷为多"[④]。由此可见，与正官在同一衙署办事，受正官差委管事，多是利益较少的事情。

在府佐贰官中，号称"三府"的通判，地位最为尴尬。以出身而言，府同知及推官，进士出身的比较多，而通判异途出身者多，往往"不齿于同寅"[⑤]。在制度设计上，通判逐渐承担专管事务的责任，成为在外管事官员，其在内分管事务，所获得的利益少，且容易被弹劾。如"争放局价，卒起不和之渐"[⑥]。仅仅为了些许的利益，就与同僚争执，被弹劾也在情理之中。被民间编写歌谣，如"有钱书手，无眼判官"；"潘阳父子，内外打点"[⑦]；则是

---

① 不著撰人．吏部考功司题稿［M］．台北：台湾伟文图书公司，1977：1564.

② 沈德符．万历野获编：第11卷：异途任用［M］．北京：中华书局，1959：259.

③ 洪亮吉，等．宁国府志：第5卷：名宦［M］．合肥：黄山书社，2007.

④ 万历．福州府志：第6卷：官政志·名宦［M］．影印本．北京：书目文献出版社，1990.

⑤ 同①1119.

⑥ 同①1126.

⑦ 同①1129.

官威不足以服众，给抚按官以弹劾的口实。“佐政而物议腾沸”，“刷卷而畏难迟延”①，是在府内得不到尊重，差委刷卷则无利可图。为了些许小利，往往不顾廉耻，如永州府通判孙一理，原本应该丁忧，但他隐匿不报，借本府正官承委总运之机，先到司库那里给领盘缠，然后“派取所属长夫并门隶，贴银到手，随即报制回籍”②。为了这些盘缠及贴银，敢于违反朝廷丁忧之制，也可见在府内管事的通判，既乏利益，又缺实权的境地。通判能够进入地方志《名宦》者不多，而作为名宦，不是以廉洁，便是以出身著称。如嘉靖时，宁国府通判汪佃，是以大礼议被贬的，“廉正寡合，崇好儒雅，士林归之”。通判李默，也是以大礼议被贬的，“博学负气，廉峭不阿。往郡邑左迁至者，率优游待报，默独勤职事，议减民田劝米，慎征派，省文移，类多惠政。尝试士拔其隽者，引置左右”③。他被差委劝农、课士，因为是进士出身。万历年间福州府通判沈有严，“两署县篆，廉明不苛，吏民畏服”④。这是他署理知县的政绩，却没有其本身职责。

府佐贰官中推官排位最后，但他在府中有专有的办公厅房，出身也多是进士，职掌也比较明确，更兼朝廷有知（县）推（官）行取科道官制度，一旦被行取为科道官，不但手握监察大权，而且升迁很快，特别是抚按官委署佐贰官，推官乃是优先人选，故此推官在府内地位甚高。“若夫推官，掌一郡之刑名，寄巡方之耳目，权能生杀人，势可威逼人”⑤。在各《府志》中，推官被列入《名宦》者也居多。如宁国府，宣德时推官尹崇高，“论谳精敏，吏民畏服。修葺学校，有功士类”。王枢“有廉明称”。弘治时推官燕忠，进士出身，“谳狱多平反。郡旱，承檄发官廪，赈恤有方，民无流逋。性狷介，凝重寡言笑，人望而畏之”。嘉靖时推官雷礼，进士出身，“性廉俭，论谳明允”。推官毛恺，进士出身，“峻洁严明，击断豪黠，郡吏凛凛。敦崇正学，与所部人士相讲肄，折节备至”。推官李惟观，进士出身，“一志协恭，缓刑尚德，弦诵声比户焉”。隆庆时推官王藻，进士出身，“廉明无失刑”。万历时

---

① 不著撰人．吏部考功司题稿［M］．台北：台湾伟文图书公司，1977：1567.

② 同①1563.

③ 洪亮吉，等．宁国府志：第5卷：名宦［M］．合肥：黄山书社，2007.

④ 万历．福州府志：第6卷：官政志・名宦［M］．影印本．北京：书目文献出版社，1990.

⑤ 陆世仪．复社纪略：第3卷．续修四库全书第438册［M］．上海：上海古籍出版社，1999：523－526.

推官张嘉言，进士出身，“风裁甚著，建天柱阁，置田课士”。推官黄尊素，进士出身，“性严明，执法不阿豪贵。公余则引生徒讲课，士类兴起”。天启时推官邓启隆，进士出身，“清苦自厉”。崇祯时推官漆嘉祉，进士出身，“裔指不染，强御不畏。多方恤饥民，全活甚众”[①]。天顺年间福州府推官江祖，“廉谨而明，郡无冤狱”。嘉靖时推官叶经，“矜容止，励节操，遇事屹然有立，郡人敬之”。推官王尚学，“雅有志操”。推官桂荣，“遇士大夫及衿佩之流皆有礼”[②]。正因为推官出身高贵，且容易为抚按官委署，升迁也较快，被抚按官弹劾的也少，即便是被弹劾，也多是边远地区的。如铜仁府推官顾文郁，被弹劾为“词讼擅受于私署，科罚滥及于贩商”。思南府推官王文，被弹劾为“委採木则卖放夫役，经岁无功；署出纳则克减价银，私偿脱罪”[③]。黎平府推官郑琸，被弹劾为“会署印而令不行于六房之吏胥，诚为素餐；擅借量而事见欺于异省之官军，尤犯清议”[④]。从弹劾词中可见，在制度上规定有明确权责的推官，被差委办事也是经常的事情。

州的佐贰官地位最尴尬，若是直隶州，如同府一样，被正官差委及抚按官委署，也是常态。散州的佐贰官则不同了，“偶缺正官，则借重府佐，而州佐虽多，何为耶”[⑤]。这种上有府、下有县的州佐贰官，以出身而论，除了被贬者之外，很少有正途出身，而且循资熬历，能够得到此官，已经是到衰年了，故弹劾词内，多以此为称。如沁州同知武镇“衰颓废事，污滥无耻”；吉州同知李珍，“软而且昏，受制群小；老而嗜利，尤多物议”；忻州同知盖清，“阘茸无为，昏耄已甚”；解州同知王汲，“行年老迈”[⑥]；高唐州判官阎守仁，“素行不谨”[⑦]。

县的佐贰官与散州基本相似，几乎没有正途出身，多是循资熬历的吏员，能够得到此职，不是年老，便是以卑微贪财而目之。如弹章所言县丞，“年已近衰，耳复重听”；“重听无为，贪得有迹”；“庸才有疾，不能治事”；“贪庸

---

① 洪亮吉，等．宁国府志：第5卷：名宦［M］．合肥：黄山书社，2007.

② 万历．福州府志：第6卷：官政志·名宦［M］．影印本．北京：书目文献出版社，1990.

③ 不著撰人．吏部考功司题稿［M］．台北：台湾伟文图书公司，1977：1614.

④ 同③319.

⑤ 隆庆．海州志：第4卷：历代官制［M］//天一阁明代地方志选刊12．上海：上海书店，1982：295.

⑥ 同③310.

⑦ 同③168.

有疾”。主簿“迈衰颓，职业尽废”；“昏耄无为”[①]。作为县丞、主簿，能够进入地方志《名宦》者，也有一些，其政绩往往还是在署理正官时出现的。如正统时宣城县县丞陈雅，“尝摄邑事。遇亢旱，虔祷荷校日中，自责曰：‘皇天不下雨，陈雅不开枷。’已，果大澍”。在明初，县丞、主簿还有政绩可述，如洪武时泾县县丞胡惟几，“创建县治，招抚流离。造公宇，修学校，治有条理”。永乐时旌德县县丞黄永清，“廉谨自持，上下信之”。在正统以后，能够入《名宦》者，政绩则寥寥，主要看修身了。如正统时宁国县县丞周伦吉，“律身廉谨，悉有程度，于学校尤倦倦焉”；成化时南陵县县丞谢文祥，是被贬的官，所以“方正有节，尝驱冗吏归农，刑狱清简。诣学宫与诸生析大义，辟异端”，但也难免“以抗直去官”；泾县县丞王浚，也是被贬，“时邑事久弛，毅然更始。锄强植弱，清赋税，通钱法，学校坛，桥梁多所修建，身如冰立，吏卒凛然”；他们曾经为御史，又是进士出身，敢作敢为。弘治时宣城县县丞李福，就是因为其家人私自收了人家一个猪头，他从锅里拿出来还给人家，就成为“有廉操”；宣城县主簿李文，因为“捐俸创双溪石梁，至鬻其家骡车以充费”，被称为“洁己奉公”。正德时宣城县县丞萧山，“以廉直忤当道，罢去，不能具行李”；已经是直不容人，廉不感人。嘉靖时南陵县县丞林文琼，“刻厉清苦，不携妻孥”，最终是“弃官去”；泾县主簿杨孟春，“慈明廉介，却里役例馈，朝夕蔬食”，最终是“触时忌，拂衣去”；宁国县县丞，“约己爱人。去之日，敝衣数袭而已”；叶洪是被贬官员，进士出身，还是“大计夺职。言者屡讼，冤不复用”[②]。仅仅从几个县丞、主簿的事迹，就可以看到县佐贰官地位下降的过程，在正官负责制下，与正官合署办事的佐贰官，确实已经成为闲曹，也是考核中被黜免的对象，毕竟三年一次打击，黜免是要有比例的。如嘉靖二十年（1541 年），“吏部会都察院，考察天下诸司官。老疾布政使祝续等十人罢软，参政王纳言等八人不谨，布政司冯时雍等五十七人才力不及，布政使刘可等三十五人并贪酷，在逃等官府同知以下二千五百三十四员，诸杂职一千七百五十四员，俱如例”[③]。共计 4395 员。而府同知以下 2534 员，固然有州县正官在内，但 1200 多个州县，不可能把所

---

① 不著撰人．吏部考功司题稿［M］．台北：台湾伟文图书公司，1977：1400－1401．

② 洪亮吉，等．宁国府志：第 5 卷：名宦［M］．合肥：黄山书社，2007．

③ 明世宗实录：第 245 卷．嘉靖二十年正月戊戌条．

有的正官罢黜，首当其冲的当然是佐贰官了。嘉靖以后外官罢黜比例，总在15%左右，大多数佐贰官都难以逃过大计。

二、在外管事佐贰官

明代在不断裁撤府县佐贰官的时候，却经常增加专门管事的佐贰官。以裁撤府县佐贰官最多的嘉靖时期而言，其间添设、增设、复设的佐贰官，主要是管理河务、工程、水利等事务。如“河南考城县，添设管河主簿一员”①。“增设丰县管堤主簿一员”②。“添设景州沧州管河判官”③。“添设湖广华容县管粮主簿一员”④。“添设河南睢州、归德州管河判官，及直隶萧县主簿各一员”⑤。“专设兖州府同知一员，管理一处闸座，以均水利”⑥。“增设河间府所属故城、吴桥、东光、南皮、交河、兴济、青县、静海等县，置簿各一员，专管治河”⑦。“复设山东兖州府管河同知，单县管河主簿，各一员”⑧。“添设山西大同府同知二员，于宣府、大同二镇管理屯政”⑨。复设“临洮府通判各一员，移凉州监督，通判驻扎庄浪”⑩，是分驻的管粮官，专管西北军粮。“添设山东兖州府营田同知二员”⑪。“添设江西饶州府通判一员，专管御器厂烧造”⑫。“增设贵州程番府通判一员，驻扎省城，专管支放军粮”⑬。“添设府同知二员，列御延安，驻扎榆林，分管理边腹城堡，不预他务”⑭。“添设延绥西路管粮兼理盐法通判一员”⑮。

---

① 明世宗实录：第15卷．嘉靖元年六月丁酉条．
② 明世宗实录：第102卷．嘉靖八年六月丁亥条．
③ 明世宗实录：第125卷．嘉靖十年五月辛丑条．
④ 明世宗实录：第125卷．嘉靖十年六月乙卯条．
⑤ 明世宗实录：第172卷．嘉靖十四年二月戊申条．
⑥ 明世宗实录：第187卷．嘉靖十五年五月甲戌条．
⑦ 明世宗实录：第210卷．嘉靖十七年三月庚辰条．
⑧ 明世宗实录：第238卷．嘉靖二十六年闰九月乙酉条．
⑨ 明世宗实录：第472卷．嘉靖三十八年五月丁亥条．
⑩ 明世宗实录：第485卷．嘉靖三十九年六月壬寅条．
⑪ 明世宗实录：第517卷．嘉靖四十二年正月甲午条．
⑫ 明世宗实录：第551卷．嘉靖四十四年十月甲戌条．
⑬ 明世宗实录：第558卷．嘉靖四十五年五月己亥条．
⑭ 明世宗实录：第558卷．嘉靖四十五年五月己未条．
⑮ 明世宗实录：第564卷．嘉靖四十五年闰十月己酉条．

值得注意的是，这些新添设、增设的府县佐贰官已经有明确的驻扎地，也就有了自己的衙署，在隶属层面也不归府县正官管辖，直接听命于兵备道、粮道、河道等官，甚至直接对巡抚负责，特别是管河、水利的佐贰官，因为朝廷在黄河、运河专设郎中、主事提调管理，他们实际上归朝廷直辖。不设郎中、主事的地方，也有参政、参议、副使、佥事级别的专管官提调，特别是设置河道总督、盐运使、转运使等主管专门事务的高官以后，为了便于管理，这些管事的府县佐贰官，也就纳入他们的管辖之内，所带府县之名则称为“带衔”，实际上有了正官的含义。这些“带衔”的府县佐贰官，所管事务不再知照府县正官，考核事宜也不归府县正官填注考语，而是归各管道来填注。

这类“带衔”管事的府县佐贰官，在明代是很难区分的。从地方志上看，在谈及设官时，佐贰官下都明白注明分管“清军”“水利”“劝农”“巡捕”“管粮”“管河”等，因此看不出来哪些是隶属府县的佐贰官，哪些是隶属朝廷外派郎中、主事及各道的佐贰官。不过，自嘉靖添设、增设管事府县佐贰官以后，他们开始有了自己的衙署，就可以从有无单独衙署来进行推断。

清代大规模裁撤府县佐贰官，但这种管事的佐贰官不但予以保留，还不断增添，也明白地给他们定位，管河的称“河官”，管海防的称“海防官”，管盐的称“盐官”，管粮的称“粮官”，管工厂的称“厂官”，在铨选上也另立官缺。这些管事官虽然也带有各府县的名称，实际上已经与府县没有任何关系，也不能够将他们视为府县佐贰官。

由于清代府县佐贰官不是分事，便是分防分守，原来在府县衙门给佐贰官专设的厅廨，逐渐改为他用，甚至倾圮也不修理。只要将明清地方志稍加对比，就可以看出这些变化，但也不能够说清代府县佐贰官都是分事、分防、分守的，毕竟在少数府县还有一些与府县正官同衙署办事者，这多见于府一级，州县则比较少见了。

清代管事佐贰官同明代一样，也是逐渐增加的，根据《清会典事例》所载管事府佐贰官，可知顺治朝：江南设江宁府江防同知、马政同知、船政同知、管粮同知各一人。复设归德府管河通判一人。设扬州府西河船政同知一人，设松江府水利通判一人。共增设、复设管事佐贰官 7 人，而裁撤的远远多于增设的。

康熙时期：改江南宿桃同知为分管宿虹河务同知；改江南里河同知为江

南通省管河道；设保定、河间二府管河同知各一人；复设江南山清里河同知，并设安清通判、盱眙通判、宿桃通判各一人管河；设河南清化镇河捕通判，专管河务，为管河通判，改怀庆府管粮通判专管粮捕为粮捕通判；设杭州府海防同知一人。总的趋势是裁的多，设的少。

雍正时期：台湾府设淡水捕盗同知一人；西宁府盐捕通判专管盐池，庄浪同知经理茶务；设中甸抚番清饷同知一人；设北运河同知、通判各一人；山东设管泉通判一人；甘肃增设水利通判一人，专司渠务；江南设苏州府总捕同知、海防同知各一人，松江府董漕同知、水利通判各一人，常州府水利通判、总捕通判各一人，扬州府水利同知一人驻泰州东台场；天津设粮捕通判一人；云南有水利之处，同知、通判各加水利衔；徐州府设粮盐捕通判一人；安西同知驻瓜州，办理水利屯田；浙江修建海塘，增设同知一人驻仁和；设保定府粮捕通判一人，天津府粮捕通判一人，永定河北岸同知一人；河南卫辉府添设通判一人，经理盐粮捕务；设蓟州粮河通判一人，清河道属潴龙河管河通判一人，天津道属三角淀管河通判一人①。总的原则是裁改的多，增设的少，所设管事府佐贰官，基本上都有新的驻地。

乾隆时期：山东新设之盐捕通判，移扎兰山县；移太湖督粮通判，驻枫桥；宁古塔船厂添设理事通判一人；修筑江南毛城铺减水坝，添设徐州府通判一人；添设张家湾漕运通判一人；添设延安府捕盗同知一人；添设曹仪管河通判一人；山东运河专司河工；移直隶天津道属之子牙河通判，驻王家口；改甘肃盐茶同知，移扎海喇都；改沂州府水利河务同知，移扎大兴镇；移四川夔州府分驻云安厂之盐务同知，驻石砫司；移柘林海防同知，驻金山卫城，专管华亭、金山二县海塘；改府城之水利船政通判，驻柘林，专管奉贤县海塘；改董漕同知，驻川沙城，专管上海、南汇二县海塘，改粮捕通判为管粮通判，其水利通判专管之松江船厂；常州府改设六塘河同知，专司水利；改直隶正定府同知为盐捕营田水利同知，改江苏镇江府船政通判为粮捕通判，以镇江府水利通判专司河工；改山东兖州府泇河通判为兖州府泇河同知，改沂州府沂河同知为沂州府沂河通判；改福建南胜海防同知为南胜粮捕通判，改石码粮捕通判为石码海防通判；改江苏镇江水利通判，驻桃源，为桃源南

---

① 光绪．清会典事例：第26卷：吏部·官制［M］．光绪二十五年原刻影印本．台北：新文丰出版公司．

岸通判；改江防同知为桃源北岸同知，各令分司河务；改设丰砀北岸通判一人，专管北岸工程；改设萧砀南岸通判，专管南岸工程。乾隆年间基本制度已经形成，管事佐贰官进入调整时期，因此添设的少，改设的多，还有部分管事府佐贰官改为分驻，所管之事则成为兼理。

嘉庆时期：改山东曹州府管粮通判为粮河通判；改江苏萧砀南岸河务通判为河务同知；增设宿南河工通判一人；改河南上北河同知为祥符北岸河务同知，改卫辉府河务通判为上北卫粮河务通判；改河南怀庆府黄沁通判为黄沁同知，南阳府同知一缺改为归德府睢宁通判，均作为管河缺；河南开封府开粮通判为开封府中河河工通判；改设河东监掣同知一人；江西九江府水利同知管理江防；添设淮安府外河北岸通判一人；设归德府归河通判一人；设天津海防同知一人，驻大沽；改直隶顺德府同知为水利盐捕同知，保定府通判为兼河盐捕通判。嘉庆时期的管事府佐贰官只是个别调整，在裁撤一些管事佐贰官的情况下，改为分防、分驻，有些直接改为直隶厅，成为地方行政区划。

道光时期：裁天津府海防同知，河间府河泊通判；裁曲靖府水利同知；裁衢州府粮捕通判；裁泉河通判；裁天津府盐捕通判；改江苏扬州府总捕同知为粮捕同知，通州粮河通判为运河通判；移直隶子牙河通判，驻永定河北岸，为永定河北岸通判，裁扬州府粮河通判。道光时期的管事府佐贰官除了进行个别裁撤之外，大部分改为分守分防佐贰官。

咸丰时期：改江南淮安府桃源安清中河通判为同知，淮安府海阜北岸同知为通判；裁管理洪湖运河之中河、里河、运河、高堰、山盱、扬河、江运厅同知七人；改设江南徐州府同知一人，兼管裁撤之运河、中河二厅事务；改设淮安府同知一人，兼管裁撤之高堰、山盱二厅事务。咸丰时期运河官员裁撤，是因为太平天国基本上占领江南地区，所设河官也就无事可做，常常被征调随军办理各种事务，也就与他们的职务无关了。

同治时期：裁曹河同知所属县丞、主簿各一人，曹单通判所属曹县巡检一人；裁曹州府曹单通判一人；奉天设海防同知一人，驻营口；改江苏扬州府总捕同知为河务同知，兼管地方；复设东河泉河通判一人；改甘肃宁夏水利同知为宁灵厅抚民同知[①]。同治时期，一些管事的府县佐贰官，逐渐改为“厅”，成为行政官，而太平天国与捻军相继被镇压，开展洋务运动，出现所谓的“同治中兴”，许多带有府县佐贰官衔的人，受委参与洋务，成为官商。

光绪时期：管事的府县佐贰官基本上没有增设，而一些府县佐贰官改为理事厅、抚民厅，原来分管的事务也都统一纳归行政范畴。清末改官制，管事的佐贰官按照新部设置，开始有专属，而分防、分驻的佐贰官则改为区，是府县以下的行政单位。

三、分防佐贰官

从明代起，府县佐贰官被派往本府县城之外城、镇、堡、寨、关隘等地去驻守，管理该地的各项事务，称之为分防或分守。这种被派出的佐贰官，在派出地建立衙署，是要通过朝廷认可的，也就具有正式的身份。

明代府县佐贰官移驻出城，最早是管粮、管屯、管水利的佐贰官，为了便于管理，将这些佐贰官移驻管事附近，便于管理。如正统六年（1441 年），经大同宣府巡抚罗亨信奏请，“增置保德州判官一员，专理偏头关，监收粮料”[②]。这个州判便驻扎在偏头关，不与知州同城。成化年间，流民问题严重，户部提出河南、山东、陕西、湖广所属府“各添设同知一员，职专抚民”，遭到监察御史张黼等的反对，认为“生一事不如省一事”[③]。其实这种专门抚民的府县佐贰官，至少在建文时就已经设置，明建文四年（1402 年），建文帝“山东抚民主簿周观政为江西按察佥事”[④]。这个抚民主簿，就是专门招抚流亡的。景泰六年（1455 年），“设湖广襄阳府房县抚民县丞一员，以地旷山多，逃民所聚故也”[⑤]。成化初年，因为流民日益增多，官府安置不力，酿成流民暴乱，朝廷派兵镇压，提督军务尚书白圭等提出：“荆襄一带，山林深阻，流民往往群聚其中”，在这里“就食流民屯田军余数少，词讼纷纭，盗贼时发。

① 光绪．清会典事例：第 27 卷：吏部·官制［M］．光绪二十五年原刻影印本．台北：新文丰出版公司．

② 明英宗实录：第 86 卷．正统六年闰十一月壬申条．

③ 明宪宗实录：第 18 卷．成化元年六月甲申条．

④ 明太宗实录：第 10 卷下．洪武三十五年秋七月戊戌条．

⑤ 废帝郕戾王附录：第 73 卷．景泰六年闰六月乙卯条．

请州添设同知一员，县添县丞一员，俾专抚安人民，缉捕盗贼，防革奸弊”。[①]因此“增设湖广均州抚民同知一员，竹山等十县抚民县丞各一员”[②]。以后在陕西、四川、河南等地，也相继增设抚民捕盗府县佐贰官，这些官已经有了专门的驻扎地，建立有司堡，“凡流民所弃山外平川田地，务履亩检核，查洪武间原额税粮，分授主户，丁多及田少之家，承佃补纳。若山谷新垦田税，旧为应禁山场者，俱与开豁”[③]。这些府县抚民佐贰官虽然专职安抚流民，但也管理该地区的各种事务，因为是佐贰官，当然也缺乏正官那样的权力，故此有“即今抚民等官，俱在闲散，故阎闾小民有‘天上仙人，地下抚民’之嘲”。以后进行调整，“设立郧阳等府州县，张官置吏，招谕流民，籍其丁口，编成里社，使就约束。如鸟之在笼，兽之在柙，虽欲放逸，有不可得”[④]。由此可见，分驻的府县抚民佐贰官，只是一种过渡的形式。

自成化以后，这种府县抚民佐贰官裁撤改置增设不一，但在普遍裁撤府县佐贰官的情况下，这种驻守的府县佐贰官，还是不断增加。如嘉靖一朝，以云南大理地旷多盗，“添设云南大理府通判一员，于青龙铺置分署，职专捕盗”[⑤]。“添设汉川县县丞一员，驻刘家隔”[⑥]。“添设捕盗通判黄州府一人，驻岐亭镇；襄阳府一人，驻南漳县十三都”[⑦]。“复设真定府同知一员，迁满城县方顺桥店”[⑧]。“增设云南永昌府抚夷同知”[⑨]。“添设四川泸川嘉明镇城堡，以叙州府通判一员驻扎其地，防御盗贼”[⑩]。“添设浙江湖州府通判一员，于乌镇署扎，主缉捕盗贼，兼管治农水利”[⑪]。“复设青州府捕盗通判，驻扎益都县颜

---

① 陈子龙，等．明经世文编：第42卷［M］//白圭．处置荆襄疏．北京：中华书局，1962：328.

② 明宪宗实录：第36卷．成化二年十一月辛卯条.

③ 明宪宗实录：第61卷．成化四年十二月辛酉条.

④ 陈子龙，等．明经世文编：第81卷［M］//徐恪．议处郧阳地方疏．北京：中华书局，1962：721.

⑤ 明世宗实录：第7卷．正德十六年十月壬午条.

⑥ 明世宗实录：第126卷．嘉靖十年六月乙卯条.

⑦ 明世宗实录：第125卷．嘉靖十年五月乙巳条.

⑧ 明世宗实录：第144卷．嘉靖十一年十一月庚午条.

⑨ 明世宗实录：第147卷．嘉靖十二年二月丁酉条.

⑩ 明世宗实录：第218卷．嘉靖十七年十一月辛巳条.

⑪ 明世宗实录：第229卷．嘉靖十八年九月丙辰条.

神镇"[①]。"令汉中府原设通判二员，各兼抚民捕盗，一员驻略阳县，分管宁羌州凤县及近府诸县；一员驻石泉县，分管西乡县并金州及所属各县"[②]。"增置漳州通判一员，专驻梅岭；置福宁州同知一员，专驻桐山"[③]。"添设扬州府同知一员，专驻瓜洲，督捕江海盗贼"[④]。"增设云南姚安府通判一员，于石崖驻扎，督捕盗贼"[⑤]。"增设重庆府通判一员，驻扎龙泉，抚顺该州民夷，督理粮税"[⑥]。"移襄阳府巡捕通判，改驻樊城"[⑦]。"增设湖州府通判一员，令其专驻本城，兼辖附近兴宁、安远、会昌、武平、上杭诸县"[⑧]。"复设杭州府通判一员，驻塔塘栖，管理捕盗水利"[⑨]。"山东一带添设抚民通判一员，驻扎岫岩，防御寇盗"[⑩]。"增设山东兖州府通判一员，于张秋镇捕盗"[⑪]。"河间府添设通判一员，分署天津专理民事"[⑫]。"添设四川成都府通判一员，驻扎建昌"[⑬]。"添设荆州府抚夷通判一员，常驻施州，听兵备道差委"[⑭]。从这些添设、增设、移驻的府县佐贰官来看，他们都有明确的驻地，有些还特别指出归兵备道管辖，则看出这些府县佐贰官已经脱离本府县的管辖，成为较为独立的官。

这些分驻府县佐贰官，若是没有明确其专管事宜，在具体办事时，就会不知所为。万历时，福建汀州府捕盗抚民通判，搬出府城，新建镇馆于河头坪，当时的"通判陈文灿，畏不肯赴"。巡抚一怒之下，奏请裁撤通判，没有得到批准，而是"行各抚按从长会议，并定职守"[⑮]。由朝廷来明确职守之后，这些分驻府县佐贰官则明确为捕盗、管粮、管马、清军、抚民、抚夷、抚瑶、抚苗，特别是带有"抚"字的，逐渐出现"抚民"与"理事"的区别。

---

① 明世宗实录：第 244 卷. 嘉靖十九年十二月辛酉条.
② 明世宗实录：第 256 卷. 嘉靖二十年十二月壬子朔条.
③ 明世宗实录：第 347 卷. 嘉靖二十八年四月辛亥条.
④ 明世宗实录：第 411 卷. 嘉靖三十三年六月丁酉条.
⑤ 明世宗实录：第 420 卷. 嘉靖三十四年三月己亥条.
⑥ 明世宗实录：第 424 卷. 嘉靖三十四年七月己酉条.
⑦ 明世宗实录：第 488 卷. 嘉靖三十九年九月甲子朔条.
⑧ 同⑦.
⑨ 明世宗实录：第 491 卷. 嘉靖三十九年十二月壬子条.
⑩ 明世宗实录：第 521 卷. 嘉靖四十二年五月壬辰条.
⑪ 明世宗实录：第 527 卷. 嘉靖四十二年十一月庚辰条.
⑫ 明世宗实录：第 540 卷. 嘉靖四十三年十一月壬寅条.
⑬ 明世宗实录：第 551 卷. 嘉靖四十四年十月癸巳条.
⑭ 明世宗实录：第 560 卷. 嘉靖四十五年七月辛卯条.
⑮ 明世宗实录：第 123 卷. 万历十年四月癸酉条.

随着这些治理的成效，有些分驻区改设为府县。如四川隆昌县，原本是“重庆府通判一员督军守之”，显然成效不如专官，抚按官认为：“设通判不如设县治，令事有专统，可以责成，然后地方无患。”[①] 最终增设了隆昌县。原来的松江府青龙镇，是以通判驻扎，“华亭人以不得逃避钱粮，纷言不便”[②]，经过抚臣采士民公论，奏请重新设置青浦县。这种分驻的府县佐贰官设置，其在内地的，在清代大多数改为府州县，如天津理民通判，升为同知，雍正时改为天津直隶州，又升为府。

明代万历时，“抚民”与“理事”的府县佐贰官已经形成定制，因为他们没有明确分管权责，所管之事与府县正官没有什么区别，直接归兵备道统辖，逐渐脱离府县的控制，成为较为独立的行政区。

清代因循明制，在府州县调整过程中，内地的分驻府县佐贰官，除了管事者纳入各管事序列统辖之外，大部分改为州县。在边远及沿海地区，不但保留明代所设，还不断增加，成为独立的行政区，其正官虽然还是以佐贰为名，却不是府县正官的副职了。清乾隆年间则将各府县分驻佐贰官明确为“厅”，分为直隶厅与散厅。直隶厅直隶于省，散厅隶属于府州或直隶厅，分别设同知、通判等官为长官。厅的衙署如州县，设有诸科房，分办吏户礼兵刑工诸事，各置典吏以协理处理杂务。这类厅也有两种，即“抚民”和“理事”。抚民厅职权如州县官，理事厅则以处理杂居民族成员间交涉、诉讼等事务为主，都属于正印官。“抚民”与“理事”是可以改设的，如乾隆四十五年（1780年），伊犁“兼管民人理事同知，改为抚民同知，管理地方事务”。伊犁将军等奏请“添设理事同知一员，办理各营刑名案件”[③]。从整体上看，抚民厅多，理事厅少，如山西巡抚巴延奏言：“理事同知，额缺甚少，不同抚民同知。”[④]

清代的厅不仅仅是在明代分驻府县佐贰官基础上设置的，也有将原来的府县直接改为厅的。以直隶厅而言：乾隆时，甘肃安西等五卫，“俱定为直隶厅”；云南“永北、蒙化、景东三府为直隶厅”。嘉庆时，四川“改太平县为

① 明世宗实录：第566卷．嘉靖四十五年十二月壬辰条．

② 明神宗实录：第3卷．隆庆六年七月壬寅条．

③ 清高宗实录：第1100卷．乾隆四十五年二月辛亥条．

④ 清高宗实录：第988卷．乾隆四十年八月戊寅条．

太平直隶厅”；“改贵州普安直隶州知州为普安直隶厅同知”；广东裁连山县，“定为连山直隶厅绥瑶军民同知，移扎连山县城”。道光时，“改云南镇沅直隶州知州为镇沅直隶厅同知。驻恩乐县适中之地”；“改浙江定海县知县为定海直隶厅同知，归宁绍台道管辖”[①]。以上都是将府州县改为直隶厅者，当然也有厅改府州县者。这些厅的正官是以佐贰官为名，但他们已经不是佐贰官了。

值得注意的是，作为州县级的佐贰官，在清代也有分防分守，但在朝廷典制上，却没有与府同知、府通判一样，将之纳入正官系列，因此在具体承办事务过程中，则没有同知、通判那样顺手，往往是办正官的事，办好了无功可得，办坏了则要追究其佐贰官不能够擅自受理的责任。

清代的县丞、主簿经过陆续裁撤改并，基本上都成为分防佐贰官了，在官方公文中，有时候竟然以县丞、主簿分防地直接称之。如“杨村主簿”“朱仙镇县丞”等，则可见官方对县丞、主簿的认识。

清代各州县是按缺分而定的，冲、繁、疲、难四字为最要之缺。按照制度规定，兼有十项以上者为繁缺，由督抚于现任属员内拣选调补；二项以下及无字者为简缺，要有吏部铨选，故此在地方州县繁简缺额上是有一定比例的。随着社会经济的发展，有的州县已经事繁了，督抚往往提请升为繁缺。吏部也会查该省情况，将原来的繁缺改为简缺，以保证吏部有足够的铨选员额。

在县佐贰官分防地点选择上，便是按照“四字”选定，驻守在乡村、市镇、边关、渡口等地。如福建古田县水口驿，“系水陆会集之处，驿丞不能兼理民事”[②]，将古田县县丞驻其地，则可以理民事。甘肃张掖一县地及千里，其知县、县丞，同处一城，稽查难遍，因此“将张掖县县丞，移驻县属之东乐堡，稽查正东东南一带地方”[③]。这是因为地域太广，移驻县丞，以便管理。陕西“富平县属之美原镇，俱人烟稠密，离县穹远。周至县属之祖庵镇，路通汉中，商民凑集，且逼近南山，易藏奸匪”[④]，将县丞移驻，则出于经济发

---

① 光绪. 清会典事例：第26卷：吏部·官制[M]. 光绪二十五年原刻影印本. 台北：新文丰出版公司.

② 清高宗实录：第183卷. 乾隆八年正月庚辰条.

③ 清高宗实录：第223卷. 乾隆九年八月甲子条.

④ 清高宗实录：第253卷. 乾隆十年十一月戊子条.

展与社会治安方面的考虑。湖北汉阳，“政务殷繁”，“将大冶县县丞，移驻汉阳”①，是基于政务方面的考虑。湖北“恩施县之北乡木贡村地方，山深箐密，最易藏奸”，将县丞移驻该村，主要是为了“弹压”②。湖南“巴陵县东北杨林街，居万山之中，人民散处”；“芷江县榆树湾，为黔楚水陆通衢，苗民错处，每易藏奸”③，将县丞移驻，是为了巡缉稽察。广东东莞县“辖石龙、茶山各处，地广难以兼顾”④，将县丞移驻则便于管理。广东“海丰县汕尾地方，濒海产盐，道通诸番，最为紧要口岸”⑤，将县丞移驻则有管理海外贸易的寓意。山西长治县西火镇，距县城九十里，“近年烟户日繁，五方杂处”，将县丞移驻则是便于“弹压”⑥。陕西灞桥地方，“为晋、豫、川、甘通衢，因往来差务繁多”，将咸宁县县丞移驻，是为了“管理董率”⑦。安徽凤阳县地广事繁，县丞却无专管事件，将之“移驻溪河集，巡缉弹压”⑧；福建晋江县并无专管之事，“将该县丞移驻同知现驻之石狮街，就近管理”⑨，是不能够让县丞无事可做。山东“沂、青二府，地方辽阔，山僻村庄，易藏奸匪”，而东里店“民居稠密，为适中扼要之地”，将“沂水县县丞移驻该处稽查”⑩，是为了控驭地方。福建建阳县“武彝星村，为各省贩茶马头”，将“崇安县贴堂县丞，移驻星村，并建衙署”，则是经济发展使然。安徽“宁国府属泾县之九都十都，与太平县之盛村曹村等处接壤，各离县城窎远，丛山密箐，最易藏奸”，将“泾县县丞移于查村驻扎”，使两县交界“三不管”地区有了官员管辖。江西“广信府属弋阳县西乡距县百余里”，“金溪县许湾一镇，离县六十里，民居稠密”，而两县县丞“实属闲曹”⑪，移驻该地管理。山东阳谷县阿城镇，“烟户稠密，船只络绎，为五方杂处之区”，莱阳县姜山集，“商旅孔

① 清高宗实录：第412卷．乾隆十七年夏四月庚子条.
② 清高宗实录：第438卷．乾隆十八年五月丙寅条.
③ 清高宗实录：第446卷．乾隆十八年九月甲子条.
④ 清高宗实录：第458卷．乾隆十九年三月庚申条.
⑤ 清高宗实录：第509卷．乾隆二十一年三月乙未条.
⑥ 清高宗实录：第719卷．乾隆二十九年九月丙子条.
⑦ 清高宗实录：第724卷．乾隆二十九年十二月辛卯条.
⑧ 清高宗实录：第746卷．乾隆三十年冬十月丁巳条.
⑨ 清高宗实录：第773卷．乾隆三十一年十一月甲午条.
⑩ 清高宗实录：第748卷．乾隆三十年十一月壬申朔条.
⑪ 清高宗实录：第788卷．乾隆三十二年秋七月丙子条.

道"，将两县县丞移驻，也是为了"弹压"[①]。常州府杨港镇，地处宜兴、荆溪二县交界，"地广人杂，最易藏奸"，将宜兴县县丞移驻，则便于巡缉。江苏嘉定县南翔镇，"商贾云集，烟户重多"[②]，将闲曹县丞移驻，也是便于巡缉。安徽贵池县碧潭村，"距城二百五十余里，山深箐密，最易藏奸"，将县丞移驻，是"以资弹压"[③]。陕西泾阳县冶峪镇，"户稠商众，镇西北冶峪河，有渠十道，引水灌田，居民常相争挖"，将县丞移驻，则便于"就近弹压"[④]。由此可见，不断地将县佐贰官移驻，既让沦为闲曹的佐贰官有事可做，又加强对地方的管控，特别是在交通要道，商贾云集之地驻守。如"南昌府属宁州之铜鼓营，与吉安府属安福、永新两县交界之莲花桥，各离州县穹远，皆属要地。是以向将瑞州府同知移驻铜鼓营，吉安府同知移驻莲花桥，以资弹压"。因为"两处俱系山深地僻，溪流一线，舟楫难通，每遇青黄不接之时，谷价易于腾贵"，在那里建仓，既可以免居民"跋涉之苦"，又可以免"转运之艰"[⑤]，促进该地经济的发展，特别是江南地区，市镇迅速发展，也应该有一定的关系。至于偏远的"三不管"地区，设官管理，也在一定程度上维护当地的社会稳定。在这种不断移驻的情况下，与正官同城的佐贰官越来越少。

移驻的府县佐贰官的权限是有区别的，从颁发他们的凭信则可以看出。按照明清制度，官员凭信分印信、关防、条记三种。印信是正式职官的凭信，是正方形的，按照官员等级，除了在材质上以玉、金、银、铜来区分外，其大小及形制也有区别。关防为临时差遣职官的凭信，为长方形，以派遣职官的等级不同，分为银、铜两种，再以大小区别。官印所用的是红色印泥，关防所用的是紫色印泥，故俗称紫花大印。明代的巡抚、巡按、总督、镇守、兵备等道，都颁给关防，并没有纳入正规职官序列，清因之，督抚道及总兵官也都颁给关防，分守、分驻、分事的府州县佐贰官，按照规定也颁给关防。钤记，也称为条记，颁发给州县佐贰官、杂官、教官及武职佐领、营官等，有品级者为正方形，未入流为长方形，材质都是铜，大小有别。印信、关防、

---

① 清高宗实录：第793卷．乾隆三十二年八月丙戌条．

② 清高宗实录：第834卷．乾隆三十四年五月丙戌条．

③ 清高宗实录：第929卷．乾隆三十八年三月丁未条．

④ 清高宗实录：第1045卷．乾隆四十二年十一月辛卯条．

⑤ 谢旻，等．雍正江西通志：第118卷：艺文·恭请铜鼓营莲花桥积贮折奏［M］//景印文渊阁四库全书第515册．台北：台湾商务印书馆，1983：60．

条记均要由礼部铸给，杂官不享受俸禄，如僧、道、阴阳、医学，由各该正官颁发给钤记，材质为木。

州县佐贰官分防分驻，按照雍正七年（1729年）议准事例："佐贰官内有分驻、弹压，管理水利、粮务等项，及直隶州州同、州判应给钤记者，均由各该督抚查明具题铸给。"[①] 是他们本身就是佐贰官，钤记是凭信，但在督抚具题上请的时候，分防分驻的州县佐贰官也有颁给关防者。如分驻泾阳县冶峪镇县丞，"换给泾阳冶峪镇县丞兼管水利字样关防"[②]。驻梅溪镇安吉州州判，"铸给关防"[③]。"铸给广州府新宁县县丞关防"[④]。"铸给江苏华亭县分驻管塘县丞关防，宝山县管塘盐巡主簿钤记"[⑤]。颁给关防与钤记，二者的区别在于管理体制与待遇的不同。如安徽"铸给泾太分防查村县丞钤记，如遇俸满甄别，仍归泾县举劾，廉俸仍旧"[⑥]。也就是说，分防分驻州县佐贰官颁给钤记，还归该地正官管辖，经济待遇不变。若有颁给关防，则统辖于上司，该地正官就不能管辖，养廉银可以提高到比正官略少。

分防分驻的府县佐贰官都有自己的衙署，有的是利用原有驻防巡检、卫所、屯堡改造的，也有重新修建的。建筑衙署的经费，原则上是官府拨款，"应建衙署，确估动项建造"[⑦]。也有士绅等捐助，如驻溪河集凤阳县县丞的衙署，"该集士民，愿捐地建署，应拆旧署建造"[⑧]。在分驻分防的情况下，府县佐贰官有了单独的衙署，根据授权的不同，所拥有的权限也不同。一般说来，颁给关防的府县佐贰官是能够受理诉讼的，朝廷规定的佐贰官不许受民词，也不包括他们。颁给钤记则不同了，依然要按照规定，不许受民词。

---

① 光绪．清会典事例：第321卷：礼部·铸印［M］．光绪二十五年原刻影印本．台北：新文丰出版公司．

② 清高宗实录：第1045卷．乾隆四十二年十一月辛卯条．

③ 清高宗实录：第302卷．乾隆十二年十一月壬辰条．

④ 清高宗实录：第457卷．乾隆十九年二月庚戌条．

⑤ 清高宗实录：第558卷．乾隆十九年三月丁巳条．

⑥ 清高宗实录：第1334卷．乾隆五十四年秋七月壬辰条．

⑦ 清高宗实录：第253卷．乾隆十年十一月戊子条．

⑧ 清高宗实录：第746卷．乾隆三十年冬十月丁巳条．

第四章　明清府县佐贰官制度评析

制度“虽然可以进行变化和演进，但是那种发展的可能性范围被制度形成期所限制”[①]，并没有关注制度的发展变化与实施过程。因此评价一个历史制度，就应该关注制度设计、制度实施、实施效果。制度设计要考察该制度的历史承继，以及形成的制度体系；制度实施乃是制度的适用，制度的核心，只有通过实施的具体形式，来分析实施过程的复杂政治关系，才能够看出社会对该制度的认可程度；实施效果则要关注该制度对“当时”的影响，更要关注该制度对后世的影响，从发展的角度得出一些有益的启示。明清府县佐贰官制度实施500余年，以制度设计、制度实施、实施效果三个层面进行分析，则是必须要予以重视的。

第一节　明清府县佐贰官制度理念

朱元璋声称：“自即位以来，制礼乐，定法制，改衣冠，别章服，正纲常，明上下，尽复先王之旧，使民晓然，知有礼义，莫敢犯分而挠法。”[②] 对其所勒定的制度非常自信，他不希望“所在有司，坐视患民，酷害无端，政由吏为”[③]。在府县设立正官、佐贰官、首领官，构成正佐相互辅助监督的制度，但也特别强调正官的作用，“惟郡守、县令为牧民之官，凡赋敛、徭役、诉讼皆先由县，次至府。若县令贤明则赋敛平，徭役均，诉讼简，一县之事

---

① 盖伊·彼得斯. 政治科学中的制度理论：“新制度主义”[M]. 王向民，段红伟，译. 上海：上海世纪出版集团，2011：72.

② 明太祖实录：第176卷. 洪武十八年冬十月己丑朔条.

③ 张德信，毛佩琦. 洪武御制全书：大诰·谕官之任第五[M]. 合肥：黄山书社，1995：794.

既治，则府可以无忧矣”[①]。这种制度的设计与具体政务实施的理念，也就决定府县佐贰官制度的发展趋向，直接影响到具体实施。

一、正佐互相辅助监督

明代府县官是本着主官负责、佐贰辅助监督的原则而设置的，并且以立法的形式予以保障。在《大明律》中，有“封掌印信”“同僚代判署文案”“照刷文卷”“磨勘卷宗”“增减官文书”等，但也明白区分主次，还有“谋杀制使及本管长官”“佐职统属殴长官”“佐职统属骂长官”等规定，使正官处在优势地位，其逐渐转变为正官负责制度，也势在必然。

明代初期，府县正佐相互监督机制基本上能够正常发挥。如朱元璋在《大诰三编·臣民倚法为奸第一》中列有德安县丞陈友聪、莱阳县丞徐坦、溧水主簿范允等所犯奸恶，是抗拒府县催逼，以致将府差枷拷拘监，对这种不服上级监督的事，当然是不能容忍的，所以对两人凌迟示众，一人枭首任所。而在《大诰续编·有司超群第九》中对怀宁县丞陈希文、宜兴县主簿王复春的持法不允、言府不公的行为加以褒奖。《明史·循吏传》对南康县丞吴履制止知县周以中的不良行为的事绩倍加赞赏，以至于当时名士宋濂亲自为之作传[②]。可以看出，明初佐贰官与正官分庭抗礼是比较普遍的，而正佐相互监督机制也得以发挥功效。

除了相互监督之外，相互辅助也能够顺利实施。如洪武十八年（1385年），建宁府建阳县知县郭伯泰与县丞陆镒，在当时军队路过该县以为民害时，他们相互配合“同奏害民军旗”[③]。他们不避权势，得到朱元璋的赞许，遣行人赍敕谕之曰：“曩古，人臣立忠君之志者，在内则和而不同，在外则不避权势，所以上昭君德，下福黎民，载诸史册，历历可考。朕居帝位十有八年，鲜见其人，顷者，通政司言‘建阳知县郭伯泰、县丞陆镒持法爱民，不避权势’。呜呼！古人臣之道，朕今见之，诚可嘉尚，特遣行人王本赍朕，命往升尔伯泰为奉议大夫、泉州府同知，镒承直郎福州府通判，劳以醴酒。尔

---

① 明太祖实录：第 78 卷．洪武六年春正月乙巳条．

② 焦竑．国朝献征录：第 96 卷：山东潍州知州吴德基履传［M］．影印本．上海：上海书店，1987：4214－4216．

③ 嘉靖．建宁府志：第 6 卷：名宦传·陆镒［M］//天一阁明代地方志选刊 38. 上海：上海书店，1982：412．

其益坚乃志，始终惟一，为国安民。”①

明初府县佐贰官履职的情况，可以从地方志中查到很多。如洪武时期的建宁府，浦城县丞裴思明，“恤民好士，勤于政务。时邑初归，赴民多流，思明亲诣旁县招徕之，民遂复业”。崇安县丞安处善，“莅政勤敏，重修递运所并邑坛，至今人思其政”。政和县丞许穆，“有惠政，以廉洁著称”。推官陈永，“治狱平允，私谒不行，事闻，遣官旌赏”。浦城县丞张玉成，“除弊革奸，吏民畏服”。推官郭子贞，“治狱公平”。松溪县丞张惟清，“莅政勤，使民信，能声著遐近”。建阳县主簿丘松，“为政有方，吏民畏服，尝新学校，手书白鹿洞书院学规于明伦堂，以示学者”。建安县丞姚震，“明敏廉介，吏民信服”。以上加上陆镒，共计 10 名佐贰官进入《名宦传》，而整个洪武期间，建宁府进入《名宦传》者有 27 人，佐贰官能够进入者多达 37% 以上，则可见洪武时期的佐贰官还是很重要的。再从出身上看，除沐英是朱元璋义子，以军功管府事之外，其府县正官进士出身仅有 1 人，无出身记载 4 人，监生 4 人，余下则是贡士、人才、秀才出身。佐贰官中无出身记载者 4 人，余下是儒士、人才、吏员、监生、贡士出身，则可见洪武时期，正官与佐贰官在出身上差别并不大，这应该是正佐互相辅助监督制比较容易施行的重要原因之一。

永乐时期的建宁府佐贰官入名宦者有：建阳县丞何景春，“有猷有为，豪强帖服，小民赖以安生，作兴学校，增广生徒，建大成殿，移置山川坛，新城隍庙”。入《名宦传》13 人中，正官 8 人，无出身记载 4 人，进士 2 人，人才、举人各一人；佐贰官仅何景春一人，无出身记载；首领官有 3 人，教职 1 人。由此可见，佐贰官逐渐不受重视，而正官出身逐渐尊贵。

宣德时期的建宁府佐贰官入名宦者有：崇安县丞陈让，“勤于佐政，赋役得宜，学校、祠庙、坛壝、谯楼，皆所修治”。浦城县丞吕昭，“操守清廉，恤民好士，政先德化，不施鞭挞。县境肃然”。入《名宦传》者 6 人，正官 3 人，首领官 1 人，除正官 1 人出身进士之外，其余多没有记载出身。史称宣德帝“朝政所施，动咨成宪”，“亲作官箴，以励百司”②，乃是守成帝王，从建宁府名宦入传，则可见其尊国初之制，而佐贰官有“勤于佐政”的功绩，则可见正佐辅助制度尚可顺利实行。

---

① 明太祖实录：第 176 卷．洪武十八年十二月己酉条．

② 明宣宗实录：第 115 卷．宣德十年春正月丁酉条．

正统时期的建宁府佐贰官入名宦者有：松溪县丞范秉和，“性端谨政，有纪律，急于行义，学校、坛壝、桥道、铺舍、廨宇之属，完旧增新，民不知劳”。浦城县丞何俊，“廉平果断，有政声，处州盗侵县境，俊筑城堑，备军械，率民兵拒之，既而奉檄往崇安，犒迎王师，贼乘间攻县，俊亟奔回，贼乃窜去，民赖以安”。该时期文职官进入《名宦传》者10人，正官7人，佐贰官2人，教官1人，正官出身进士2人，贡监生3人，未记载出身者2人，佐贰官1人未记载出身，1人吏员出身；从佐贰官的政绩来看，已经不讲佐政之事，多是差委之事，还奉檄听调，也就是说听从抚按官调遣。

景泰时期的建宁府佐贰官无入名宦者，天顺年间有：通判莫震，进士出身，“以儒雅饬吏，廉平有为，士民安之”。共计7个名宦，除佐贰官1人，教职1人之外，都是正官，其正官出身进士3人，荫袭1人，贡士1人，佐贰官能够入传，也因为他是进士出身，又升官而去，可见在此时期，正佐之间，无论是在出身上，还是在管事上，差别逐渐增大。

成化时期的建宁府佐贰官入名宦者有：政和县主簿扈子贤，“律已廉，治事勤，尤注意学校，讲堂斋庑葺理一新，新建尊经阁三间于堂后，建号房一十七间以处生员，贫者时助灯油。参议陈渤以强盗罗景二十六名，属子贤捕，不数月皆获。署建阳县事，里役陈熉。豪侠无赖，欲以赂败子贤，计不遂，及回任，潜以银船一事纳行囊中，将诬之。子贤临行检行李得之，闻诸上司，竟抵熉罪，士论尚之”。通判陈翼，“淳雅有才，廉介不屈，未几以忧去，升顺天治中”。该时期有15人进入《名宦传》，正官有12人，知府全部是进士出身，知县不是进士，就是贡监生出身。这两名佐贰官，前者是吏员出身，所作所为仅仅是“士论尚之”而已；后者是贡生出身，入传乃是因为升官。史论明宪宗，“时际休明，朝多耆彦，帝能笃于任人，谨于天戒，蠲赋省刑，闾里日益充足，仁、宣之治于斯复见”①。在谨承旧制的情况下，步入正轨，不拘一格降人才，开始转向唯出身论，从该时期名宦入传，则能够清楚地看到出身的重要性，以出身入名宦，也成为趋势。

弘治时期的建宁府佐贰官入名宦者有：同知于珇，进士出身，“廉慎刚断，革清军纸价，黜政和贪令。时天旱，徒步拜祷，且誓于城隍曰：三日不雨，当共锁之。未几，甘霖滂沛，岁获大稔，民以为精诚所致”。该时期入

① 张廷玉，等．明史：第14卷：宪宗纪赞［M］．北京：中华书局，1974：181.

《名宦传》者 6 人，除了教职 2 人之外，都是进士出身。从该同知的事迹来看，其主要是管理清军事务，但能够黜贪令，则可见其在府中还有一定的地位。史称“弘治中兴”，在制度层面出台不少例，弘治《问刑条例》也直接影响到以后各朝。此时出台《在外正佐官互相纠举例》，正官的地位已经在制度与法律层面得以维护，建宁府《名宦传》中除了这位进士出身的同知之外，就没有别的佐贰官入传，也不是偶然。

正德时期的建宁府佐贰官没有进入《名宦传》者，名宦8 人当中，除了2 名教职，都是进士出身，而且有 2 名佥事，即分巡道，佥事离任，士民脱靴，则可见分巡道对地方政务的影响。

嘉靖时期的建宁府佐贰官入名宦者有：推官李儒，“自奉甚薄，尝郊迎，驿官以酒馔进，儒却之，左右以例告。曰：吾尝禄自足以办，此例岂令甲所有耶?”《建宁府志》是嘉靖二十年（1541 年）修成的，所入名宦 7 人，4 人是教职，正佐官都是进士出身[①]。值得注意的是，在讲述推官事迹的时候，讲到“例”没有进入令甲的问题。按照官品供应酒食，成为惯例，不但吃喝，还要给银。如万历时的福建按察司佥事李乐，在驿站住了一个月，除吃喝支取钱财之外，还得到 9 两旧规，而驿站竟然以此为由报销 400 两，不知道多少当事人中饱私囊[②]。

嘉靖以后，府县佐贰官或死事，或身遭陷害，以及升官，基本上都进不了《名宦传》，但推官一职例外。如道光《晋江县志》收录明代名宦，知府 50 人，知县 30 人，正官多达 80 人。收录同知 15 人，通判 13 人，推官 22 人，县丞 5 人，主簿 3 人，府县佐贰官合计不过 58 人，特别是县丞、主簿，不是死节，就是为上官器重，位卑特点明显。同知、推官被收录的多，则大多数是进士出身[③]。

从建宁府的府县佐贰官政绩来看，在正德时期就基本上不提及佐政之事，而嘉靖时期根本就没有佐理之事，这从其他的地方志里也可以见到，可见在此时已经确立正官负责制，但朝廷制度并没有明确讲明他们已经没有辅佐之

---

① 嘉靖．建宁府志：第 6 卷：名宦［M］//天一阁明代地方志选刊 38. 上海：上海书店，1982：400－450.

② 李乐．见闻杂记：第 2 卷：一百十三［M］. 上海：上海古籍出版社，1986：245－246.

③ 周学曾，等．晋江县志：第 35 卷：政绩志［M］. 福州：福建人民出版社，1990.

责，所以佐贰官一旦履行监督之责，朝廷也不得不处理。如乾隆四十二年（1777年），浙江归安县县丞孔鹏，因为朝廷裁减佐贰官，自己在裁减之列，心理不平衡，便呈控该知县刘均“浮收折色，纵令蠹书，于灾赈案内舞弊”。此事闹到朝廷，乾隆帝只能派刑部尚书袁守侗为钦差，“驰驿前往，秉公查审具奏”①。此案具体处理情况，史料没有交代，也来不及去查档案，但以县丞揭发正官，能够引起皇帝注意，也可见朝廷还是注意佐贰官揭发的。故此袁枚认为：“其同寅僚友，往往互相攻发，以求见悦于公（两江总督黄廷桂），而代其位，又惮公之明而难欺也。故司马（通判）谋太守（知府）之位，必假别驾（同知）以挤之；县丞谋州县之位，必假簿尉（典史）以挤之。何也？使公之不疑也。然公之不疑，而去其一用其一，则固已堕其术中而不悟。树荆棘者，徒受其刺。树桃李者，终饮其甘。举错之间，故宜慎也。”② 从袁枚所讲的事情来看，在乾隆初年，作为佐贰官，往往能够联合起来共同对付正官，因为按照制度规定，府县官无权上奏，都要禀告督抚处置。若是督抚弹劾了正官，佐贰官是有机会署理正官的，其形势就不一样了。早在明代就已经有“佐领官所在贪肆害民。正官有缺，必令署事，入门即征租税以图加收，日夜敲扑，急于星火，俗言署印如打劫，非虚语也”③。这个归安县县丞也很难说不是这个心思，因为“归安故优缺，非炙手可热者，不能攫得之”④。这样一个优缺，在乾隆时代，至少年收入20万两银，佐贰官有觊觎之心，当然也是在所难免的。

自明代嘉靖以后，正官负责制已经形成，清代更是完全确立正官无可置疑的地位，但没有在制度与法律上完全否定正佐相互辅助监督制度，府县佐贰官还是可以利用这个制度之便的，只可惜他们往往不是在履行监督的权力，而是牟取私利，除了于政事无补之外，还导致正官与佐贰官彼此钩心斗角，在正官的强势之下，佐贰官只能够“无能展报国恩，惟随分自尽，以求无愧而已”⑤。《官箴书》往往将“和同僚”作为一个目，则充分说明正官与佐贰

① 清高宗实录：第1043卷．乾隆四十二年十月辛酉条．

② 贺长龄，等．清经世文编：第20卷：吏政［M］//袁枚．上两江制府黄太保书．北京：中华书局，1992：491．

③ 赵南星．赵忠毅公文集：第14卷：朝觐事宜疏．

④ 徐珂．清稗类钞·义侠类·吴名扬保全射村人［M］．北京：中华书局，1984：2739．

⑤ 周学曾，等．晋江县志：第35卷：政绩志［M］．福州：福建人民出版社，1990．

官复杂的关系，彼此都不想被害，又不得不设防，又如何安心政务？正佐相互辅助监督制度也就名存实亡了，实际效果也与当初设计大相径庭。

二、位卑也应办官事

明清建国之初，需要大量的人才来为朝廷效力，因此不拘一格延聘天下人才，特别是朱元璋，在用人问题上，在还没有当皇帝时，就是“一善皆录，不掩其能”[①]。即位之后，一直秉承“国家用人，当各因其材，不可一律也”[②]。他曾经与学士宋濂等论用人，认为：“人才不可一概而论，贤能之士或有隐于老佛、卜筮、负贩者，顾在上者能拔用之，何如耳？若近代官人，必举世族，则有志者不得上达多矣。”[③] 故此在人才选用上，从来不唯身份论，即便是马夫军卒，都可以得到重用，其使用监生、进士，也是先从低官做起，府县佐贰官中，也不乏此类人物。从各地方志所收名宦来看，作为佐贰官本身，也很少有位卑的感觉。清入关以后，府州县官多起用明故官，但也注意选拔新的人才，力图革除明末的旧习，特别是顺治帝亲政以后，强调“朝廷用人，量材授任”[④]。康熙帝认为：“用人则随才器使，无求全责备之心，盖以人材有不齐也。”[⑤] 在三藩平定之前，朝廷固然一直掌握用人大权，但府县官多由握有重兵的将军、督抚题补，出身也还没有被人看重。

清代康熙中叶之后，社会趋于稳定，各种人才也只能够通过王朝来寻找出路，在人才蜂拥而至的情况下，区分出等级，是朝廷能够把所有人才纳入“彀中”的最佳策略，出身变得重要，在选用升迁上也逐渐拉大差距，进士出身不出20年而为方面大员，成为经常的事情；举贡监生循资熬历，能够升为参政、参议、副使、佥事，也有可能；吏员、杂途则基本上前途无望，只能够长期沉在下僚，特别是州县佐贰官，出身吏员、杂途者多，循资熬历到这个位置，大多数都60岁左右了，已经是垂暮之年。这从督抚、巡按弹劾佐贰官用词中，是经常可以看见的，诸如府同知“臃肿之资，偃蹇之性”；“阘茸

① 明太祖实录：第17卷．乙巳年（1365年）九月丙辰朔条.

② 明太祖实录：第34卷．洪武元年八月丙子条.

③ 明太祖实录：第96卷．洪武八年春正月丙寅条.

④ 清世祖实录：第91卷．顺治十二年丙子条.

⑤ 清圣祖实录：第83卷．康熙十八年八月戊子条.

无材，糊涂度日”[①]；“老耄无为，昏酣废事”[②]；“才识昏庸，年力衰迈”[③]；“宦久官怠，矫违顷成”[④]；通判“年逾明例，尚不知止”[⑤]；“一味龙钟，百凡苟且”[⑥]；“年力衰迈，已犯在得之戒”[⑦]；“年近昏耄，已衰颓包羞”[⑧]；“状貌龙钟，年龄衰迈”[⑨]；州同知“衰颓废事，污滥无耻”；“老而嗜利，尤多物议”；“阘茸无为，昏耄已甚”[⑩]；“行年老迈，佐郡昏庸”[⑪]。其县丞、主簿，以老被劾者更多。年纪不小，品秩低下，在正官负责制下，正官多是出身正途，年轻气盛，往往打心眼里看不起这些佐贰官，不差委他们差事，或者差委他们危险艰难的差事，使他们有苦难言。没有差事，就成为闲曹，也就缺少利益，位卑禄薄，也就成为府县佐贰官专用的名词，清代则直接将州县佐贰官称为“微员”。

虽然身处卑微境地，但也不是所有都会因此消沉下去，从地方志所收名宦来看，还是有不少府县佐贰官认真办事。明人云：“今天下最亲民者无如州县正官，其次无如州县佐贰。”[⑫] 州县佐贰官之所以亲民，是朱元璋规定州县官不许下乡，佐贰官受正官差委办理各种事务，当然与民最近，认真履职的佐贰官，在职权范围之内，还是可以为民众办一些事情的。如洪武四年（1371 年），渑池县丞王廉，因为该县虎害，“为文告城隍之神，词甚激切，已而虎遂绝迹”[⑬]，因此得到表彰，虽然带有神奇色彩，但其督促猎户捕虎，乃是虎绝迹的根本原因。洪武六年（1373 年），青州府高苑县丞王公懋，督率民兵缉捕强盗，被砍伤左耳，“不为动，击杀二人，余皆擒之”[⑭]。洪武七年

---

① 不著撰人．吏部考功司题稿［M］．台北：台湾伟文图书公司，1977：1125.
② 同①1193.
③ 同①1400.
④ 同①1564.
⑤ 同①1126.
⑥ 同①1130.
⑦ 同①1166.
⑧ 同①431.
⑨ 同①438.
⑩ 同①310.
⑪ 同①311.
⑫ 张瀚．松窗梦语：第 8 卷：铨部纪［M］．盛冬铃，点校．北京：中华书局，1985：150.
⑬ 明太祖实录：第 64 卷．洪武四年夏四月辛亥条.
⑭ 明太祖实录：第 86 卷．洪武六年十一月庚戌条.

(1374年)，太原府繁峙县主簿虞文采，“职居下僚，能不避权势”[①]，得到朱元璋亲自嘉奖。洪武二十四年（1391年），进士出身新化县丞周舟，“在官以廉勤称之，门无私谒，吏卒不敢欺”[②]，得到朝廷的表彰。那个时期，府县佐贰官犯罪，只要是地方耆民诣阙，讲他们廉勤爱民，朱元璋就赦免他们的罪，让他们还任。身为县丞、主簿这样的小官，也经常直接上奏。这种情况一直到正统年间，还是能够施行的。耆民诣阙请留，在正统时也是常见的，因为发现有些地方官作弊，“自后部民乞留者，率下所司核实。盖久则弊生，不得不随时变法也”[③]。在随时变法的过程中，不但府县佐贰官直接向朝廷奏事的权力被剥夺了，在《在外正佐官互相纠举例》出台以后，也失去与正官的抗衡能力。

翻阅地方志，明代正统以前的府县佐贰官进入《名宦传》者居多，此后则寥寥，朝廷的诏令谕旨、督抚巡按的文告，莫不把府县佐贰官视为闲曹。即便是在这种环境下，还是有一些府县佐贰官能够进入《名宦传》，也有一些政绩。以福建泉州府为例：

（一）府同知

泉州府府同知名宦有15人，在成化以后就有13人。从政绩来看，成化年间贡士出身的高祐，“用德义训诲梗化之民，凶岁贷民粟，山乡远者，召良善人总授而分给之”。很显然他是奉委去本府偏远地方催粮。传里记载其两个事迹，一是在山间发现“有负豪家债而愤其逼者，聚千人，期旦日杀豪，豪亦号召为敌”。高同知得知之后，“俾馆人往谕，片言而散”，化解了一场即将发生的群体事件。二是在买茶叶时，“其人密置银二锭以进”，高同知“笑却之”。由此可见，作为府佐贰官，原本比府更加亲民，虽然他们没有知府那样大的权力，但凭借官威，再加上自己的德行，是可以感染民众的。

弘治时期举人出身的罗憓，能够与该府知府李哲，“事无巨细，协谋可否，惟恐公家之需或缺，闾阎之情有所不堪”。在正佐官往往不能够相得，彼

---

① 明太祖实录：第87卷．洪武七年春正月壬午条．

② 明太祖实录：第212卷．洪武二十四年九月己酉条．

③ 赵翼．廿二史札记：第33卷：因部民乞留而留任且加擢者［M］．北京：中国书店，1987：479.

此之间矛盾重重的情况下，他们能够遇事协商，也难怪时人认为："五六十年间，耳目所闻见，仅得两人，憓与李缉（正德时同知）也"。

正德时期举人出身的麦莹，"中正公明，宽严互济。初莅政，若素习，棼者就理，弛者悉张，政声大著"，因此"当事常檄以摄邻郡"。可见此时的府同知基本上无事可做，若不是麦同知"兼署府事"，也不会有政绩，而所谓的"当事"，就是指抚按官，他们委署佐贰官，于此可见。

正德时期举人出身的李缉，"仁恕果决，以伸释枉滞与民省事为先。详练世故，人不能欺"。传中记载其事迹有三：一是办理府民上控到"大司"，即抚按官处的案件，民众信服；二是受抚按官委署，前后署理同安县知县、兴化府知府，有些政绩；三是办理清军事务而感叹"叹戎伍勾补之弊"，所以在"四方戎卫之符至，辨真伪，量远近，审夫家众寡苏瘁之数，以权其当行与否"，严格审查各卫所催逼清军的命令，得不派遣，就不派遣，"民赖以全室家者甚众"。从事迹中可以看到，府佐贰官受抚按官差委，已经成为常态，在分管事务上还有一定的权力，若心中有百姓，至少可以减轻百姓一些负担。

嘉靖时期举人出身的尹嵩，"貌古而苍，礼恭而悫，言约而讱，士民鲜见其疾言遽色"。其在任三年，曾经署理过漳州府知府，"其为政直而不阿，清而不激，勤而不怨。冰蘗自持，三载如一"。这些评价应该是考语的内容，根本就没有什么实际政绩可言，只是"上官特疏荐之"，才入《名宦传》，则可见府佐贰官重视维持与上官的关系，已经成为重点。

嘉靖时期进士出身的胡文宗，"博学工文，为政明敏，迥越时流"，这种评价，与其出身有关。"凡郡务艰遽与疑狱不决者，属之立剖"。由此可以看到，正官让佐贰官所办的事，不是难以维持的，就是难以决断的事情，佐贰官的处境已经不妙。胡同知署理过同安知县，因为"性恬淡，不竞势利，操履古朴"，以至于泉州有不要财、不要色、不要官的"三不要"之谣。果不其然，这是他最后一官，时有人称其："宠辱不惊，笃学自信，非俗吏所能伍。"作为一个进士出身的官员，能够廉洁奉己，实属不易，也难怪说他"迥越时流"了。

隆庆时期进士出身的丁一中，"有文名"，但"性耿直，不阿上官"，不过他与知府的关系还算是和谐，经常与知府一起，"相与登眺吟咏。境内名山，一中题镌几遍焉。字画遒朴有法，人多藏之"。丁同知可以称为书法家，但四处题字，则可见府佐贰官已经成为闲曹。

万历时期进士出身的陆一凤，“有文学，无俗吏气”，这是对进士出身者经常采用的评价。“尝奉檄偕诸将讨海酋林凤于惠潮，大破之，覆其巢”。可见府佐贰官“奉檄”办事成为常态，其之所以被评价为“无俗吏气”，是因为在征讨海盗林凤时，吕宋国欲入贡，若是上奏朝廷，则可以获得褒奖，陆同知劝说“典台”（朝廷剿匪总督），“羁縻而已”，没有以此邀功请赏。同为万历年间进士出身的程有守“莅官著绩，甚得民心”。进士出身的王一言，“莅郡甫及期，贤声冠八闽”。举人出身的杨一桂，“在任九载，未尝枉罪一人”。举人出身的万廷谦，为海防同知，“躬历海上，诘戎兵，庀艅艎，饬器械，谨烽堠，方略甚备。兵粮先期给发，或储胥不时，必曲贷转赈，不致于乏”。天启年间举人出身的何舜龄，“职司海防，筹兵足饷，修器械，造楼船，庶务毕举”①。由此可见，从万历开始，府同知之责已经重在分防。

府同知的级别较高，任职者多是进士、举人，以他们的出身来说，与府正官出身相同，甚至高于府正官，因此在出身上没有劣势。在抚按官委署佐贰的情况下，府同知经常会被差委，与抚按官的关系，也会使府正官不敢小觑他们，更何况有许多府同知是被朝廷贬官的，随着政局的变化，随时可能回朝任命，故他们在府里的境遇还算是好的，有一定的威信，有些政绩也是必然的。

（二）府通判

泉州府通判进入名宦者 13 人，正德以后有 12 人。洪武年间的通判，尚能够“善归长官，过则自引其咎”，以后则没有这种事迹了。正德时举人出身的郭镗，在任“于署东构小轩数楹，为公退游息之所”，则可见其事务不多。进士出身的李仁，因为得罪宦官刘瑾，“坐逋贷罚，泉民闻，争辇输焉”，是没有完成征粮任务，民众争先恐后地输粮，则可见社会普遍对宦官专权不满。

嘉靖时期举人出身的陈尧典，“用一缓二，征输敛散无后期”，乃是管粮通判，能够“所至观风问俗，山海野泽间，与士民亲若子姓”，曾经被巡按旌奖。府正官差委他修筑城隍庙，总督调其剿海盗，“获其魁，歼其党，夺其舟，皆岛外诸蛮也”。进士出身的吴岳，没有为通判的政绩，只有署理同安知县的政绩。举人出身的陈嘉谟，“职司粮税，明勾稽，慎出纳，克举其职”，

---

① 周学曾，等．晋江县志：第 35 卷：政绩志［M］．福州：福建人民出版社，1990.

是管粮通判，在任期间“一署郡事，三摄邑篆，校士者再”。也就是说，本职工作干得不多，前后四次署理府县正官，两次与提学道考校生员，算是忙碌之人。

万历时期进士出身的蔡悉，“皦然清节”。恩贡出身的何克赞，“历官四年，谦恭勤慎”，受委“断狱多主平恕，不求深文”，署理过知县，从其“尝出行，遇中膳不备，忍饥而过”的情况来看，这个时候的佐贰官已经普遍不受人尊敬了，出行在外，所属居然不给他准备午饭。贡士出身的归大宾，“严于御下，精于集事。居官秋毫无染。公羡赎锾，分给贫生”。在任期间，署理过三个县知县，被巡抚填写考语云：“督赋纤尘不染，署篆一文无私。冰蘗绝伦，才器出众”。举人出身的陆南至，知府“每事必咨焉，上官交器重之”，多次署理府县正官。荫生出身的殷光彦，“值安平新设镇，移驻于斯”，成为分驻府佐贰，所以能够“干局精敏，才谞练明，片言立折，两造输诚”。不知出身的陈宾，“居官清慎，卒于任，囊橐萧然”，则可见沦为闲曹的通判，生活开始艰难。举人出身的闻人宗望，在“直指督学輶车相踵，百凡蝟毛”的情况下，能够“周麾环应，若无事然”，在红夷巨艘入侵的情况下，能够“谨城守，缮器械”，使“红夷扬帆而去”，被称为“有剸繁定倾之才”[①]。

明代吏部铨选，进行举人大挑的时候考试，“上卷同知、知州，中卷知县，下卷通判”[②]。即便是举人出身，若是为通判，因为是下卷，往往也被人看不起，更何况贡监、杂途出身往往要占通判一半以上，不能够说这些贡监、杂途的通判不办事，泉州府在正德以后入名宦者，还是二三人，以为是官的铨选比例，显然是不公正的，在尚身份的当时，这些人即便是有上述名宦的政绩，往往也不会被收入名宦之列。如万历时进士出身的江西饶州府通判黄尚质，“精核贤否，勤于程课，教有常矩，士知向方”，也曾经“却渔父之金于暮夜”，最终还是“再罹谗毁”[③]，被罢免了官职。贡士出身的湖广衡州府通判丁旦，“佐其守，兴义仓，修社学，诸剔敝，厘奸者甚具”，因为被差委督运，劳累而死，“贫无以殓，衡人甚悲之”[④]。这类被罢免与出身低而死于任上的官，地方志编纂者是不会将他们纳入名宦的。

---

① 周学曾，等．晋江县志：第35卷：政绩志［M］．福州：福建人民出版社，1990.

② 张瀚．松窗梦语：第8卷：铨部纪［M］．盛冬铃，点校．北京：中华书局，1985：151.

③ 焦竑．国朝献征录：第87卷：承直郎江西饶州府通判龙冈黄公尚质墓志铭［M］．台北：台湾学生书局，1984：3757.

④ 焦竑．国朝献征录：第89卷：丁别驾旦传［M］．台北：台湾学生书局，1984：3879.

（三）府推官

泉州府推官进入名宦者22人，均是正统以后任官的。正统时期进士出身的董敬，“锄暴抑强，革弊剔蠹”，被行取入京为御史。成化时期贡生出身的吴镗，“虚心听断，上无废事，下无冤民”，是辞职还乡的。进士出身的柯汉，“不为智取力制，惟务以德感人”，因为士民乞留而“请诸缙绅为诗歌颂言以美之”。弘治时期举人出身的万瓒，“讼牍务释其怨，未尝以刑罚佐私怒，未尝听谀词为私喜”，因为经常被委办他郡事，被“直指（巡按）旌为异等”。正德时期举人出身的熊一中，“谳狱精明，克殚其职”，因为署理同安知县，剿除海盗，“力图扫清，带卒穷征，一月三捷，上官奖劝稠叠，绘彩交映”。推官办理本府司法事宜，乃是权责之内的事情，一案办得好，既可以得到上下交誉，更因为抚按官委署佐贰，推官往往是他们的首选，更兼他们出身至少是举贡，还有行取入京为御史的机会，故此被列入名宦居多。从此时推官的政绩来看，多是得到上官旌异，已经显示出推官独特的地位。

嘉靖时期未记出身的张心，“公明勤慎，讼牍尽清”，曾经署理知府，被行取为御史，才被“民勒碑纪之”。未记出身的谭铠，“屏绝嗜欲，平易近民”，也署理过知府，“有名士风流之致”，升官而去。进士出身的叶遇春，“屏势家干谒，即上官授之意，无阿徇也”，也是升官而去。举人出身的郭嘉贺，“当夫两造具备，操之以敬慎，察之以差辞，孚之以有众，加之以审克，爱憎不行，威富必讫，职业日修，自是声望焯起”，经常被抚按官委派办理“他郡难决之狱”，升官而去。由此可见，这个时期，推官入名宦，多是升官而去者。

隆庆时期进士出身的李焘，“两造至前，片言剖之”，多次被抚按官檄委办理大案，“所至有于公（汉廷尉于定国，雪东海孝妇冤）、张尉（汉廷尉张汤）之颂”。未记出身的罗文靖，“郡有大姓为不逞者以人命诬讼，（罗）文靖廉其枉，立剖白之”，回绝大姓馈贶。他们基本上还干本职工作，被抚按官檄委，也还是办案。

万历时期进士支大纶，被巡抚庞尚鹏檄委办理反对张居正当权的刑部侍郎洪朝选“淫色盗赃”案，力报洪朝选无罪，上书巡抚，暂时没有将洪朝选问罪。后任巡抚到任以后，将洪朝选下按察司狱，“朝选不胜辱，自缢死二三日矣，尚不出其尸”。支大纶也因此背上骂名，也只好“竟亦浮沉于下位”。

进士出身的刁孔教，“沉毅方正，为时相所挤”，就是被张居正贬官的，还能“孳孳民事不懈”。张居正垮台，其理所当然成为名宦。进士出身的刘纯仁，“当道甚器重焉”。进士出身的卜履吉，“每奉檄之旁郡，减驺从，裁廪食，兢兢惟恐扰民”，“奏牍上官，悉出手裁，舞文者摆指，干谒者屏迹”，实际上是抚按官的耳目，所以“秩满，署上考”。进士出身的顾大章，“天启中，为魏珰所坑，下狱死。人皆冤之”，所以才入《名宦传》。举人出身的伍维新，两次署理知县，一次署理知府，与知府能够成为“莫逆交”，升官去日，“郡民勒碑东门纪焉”。进士出身的丁明登，懂得医术，“刻其祖医方集，宜以广传士民，用以愈病者极多”，升官而去。进士出身的区联芳，有“不轻入一钱，不轻做一事，不轻发一言，不轻拟一罪”之誉，“士民为建祠塑像于寺西生祀焉”。进士出身的姜应龙，多次署理府县正官，“士民立祠塑像于紫云寺西生祀焉”。天启年间进士出身的简钦文，“为台使耳目，不以钩距鸷击博名，而豺狼虺蛇惴惴惕息”。进士出身的唐一澄，“谳决精敏，剖析详慎，燃犀照胆，不爽秋毫”①，将自己所办案件的谳牍四部刊刻，因此获得声名。

从万历、天启的推官名宦来看，所有的政绩多带有虚夸的性质，特别是“勒碑”“立祠”，已经是公然违反《大明律·礼律·仪制·现任官辄自立碑》的规定，因为“进入嘉、隆、万以后，官绅地主疯狂兼并土地，欺隐户口，转嫁赋役，不要说大批农民濒临破产，庶民地主也是前途渺茫，或者破产，下降为农民”②。这种树碑建祠，乃官绅相互勾结的写照，与官府相勾结，能够从官府处获得社会资源。这里明确讲出推官“为台使耳目”的问题，则可见这个时期的推官，大多数成为抚按官在地方的特务头子，也难怪此后有“窝访”之弊了。

（四）县佐贰官

泉州府县佐贰官进入名宦者仅有 8 人，都是正统以后的。他们之所以能够入名宦，或是死节，或者是立功。如正统时期晋江县主簿史孟常，“从知府熊尚初御贼，死难”。正德时期晋江县丞陈叙，在盗贼兴起的时候，“首先率士卒击楫任戈，贼平，（陈）叙功独伟”。万历时期晋江县丞邓继芳，“值海寇

---

① 周学曾，等. 晋江县志：第 35 卷：政绩志［M］. 福州：福建人民出版社，1990.

② 张显清，林金树，等. 明代政治史［M］. 南宁：广西师范大学出版社，2003：216.

冲突，训练征输，楼橹器械”，因劳累而“卒于官”。当然也有实际政绩者，如天顺时期晋江县主簿谢济，“仁以存心，公以莅事。经管税粮，禁胥役刁蹬留难，税足粮供。赞襄邑令，政兴务举，民心悦服，上官亦器重之”。若不是上官器重，恐怕也难入名宦。正德时期晋江主簿邓季绶，“岁饥，承檄阅视”，禀报上司免征钱粮，却“以失实坐罪”，赖名士为其作传，才得以入名宦。嘉靖时期晋江县丞林才杰，佐助知府修建陂塘，“民立石建祠以祀太守，并祀（林）才杰”，若不是为知府立碑，把他捎带上，也不会留下姓名。嘉靖时期晋江县丞罗汝灿，“严以律己，敬以奉上。劳心抚字，恪守宪典，士民怀之”。万历末年晋江县丞王德明，“礼贤下士，终日无倦厌。去，官民闭城门攀留之”①。都没有什么实际的政绩，但隐隐约约露出他们讨好上司，拉拢士民，临行演一演百姓依依不舍的把戏。

明人认为：“丞簿者，朝廷之八九品官也。如实历，则吏员正八品省察考中者始得丞；吏员正九品省察考中者始得簿。即援例，亦纳银八百七十两者始得丞，纳银七百七十两者始得簿。”② 不是正途出身，得官不易，而升官更难。因为出身低贱，更易为上官看不起。于是，上官之需索，使他们承受额外的经济负担；升进机会渺茫，使他们对前程失去信心；俸薄禄微，使他们对金钱格外看重；职卑人贱，使他们的心理承受很大的压力。即便如此，位卑禄薄的州县佐贰官，也不乏勤于政务者，如乾隆五十八年（1793 年），监生出身的晋江县丞张鸿洲，“勤于政治。安海地接南、同，窃劫频闻，设立栅栏，防御夜巡，击柝达旦，与百姓相亲共守。大更三任，始终无异。安海之有木栅门自鸿洲创始也，至今赖之”③。在史传与地方志中，也有不少州县佐贰官死难殉节者。虽然朝廷把他们当成“微员”，社会上把他们当成“秩卑禄微”，但他们还是官，是官就有官的权力，若是能够为百姓办事，百姓心中当然有杆秤。在明末，县民李中馥就认为太原县县丞栾斯美，“爱民醇笃，君子也”④。万历时，刑部主事王临亨去广东虑囚，到罗浮山游玩，“时方子夜，仆夫驿骚声彻卧内，质明命驾，则有百余人，各司事以待，至有执虎子以相从

---

① 周学曾，等．晋江县志：第 35 卷：政绩志［M］．福州：福建人民出版社，1990.

② 张萱．西园闻见录：第 31 卷：异途・前言［M］//赵南星疏曰．波士顿：哈佛燕京学社，1940.

③ 同①1990.

④ 李中馥．原李耳载：卷下星夜飞龙［M］．凌毅，点校．北京：中华书局，1987：154.

者。余下令减之。时县簿为余督夫役，乡民奉簿令若神明，余遣之不去也”[①]。一个县主簿，指挥百余夫役伺候朝廷派来的命官，则可见他们对百姓是有官威的。在崇信鬼神的当时，即便不是人民约束，他们往往也会自己约束。如明宣德时有一位丁县丞，“家本富厚，性复豪爽，当未入选之时，数数往来京师，好结交权势，不事生业，家颇凋零”。因为在路上与一个和尚同行，见和尚行囊有200两银，就趁其不注意，将和尚推入水中，占有了200两银，因心里有鬼，染上重病，将自己所做的亏心事告诉儿子，后来还是连本带息把钱还了，他的病也就好了，因此“三任为县佐，所至以清白称”[②]。这种人在做天在看的认识，在很大程度上，还能够约束这些整天与民众在一起的州县佐贰官的行为。

三、约束与激励

清末郑观应认为：“夫中国自秦、汉以来，以文法治天下，科条非不密也。其奉行而持守之者，非不严且明也。及其既也，适以束缚天下之君子，而便利天下之小人。”[③] 明清对于府县佐贰官的管理，可谓是严格，“以科条律例，为足以厘剔奸蠹，由是百里之命可寄，而颗粒铢两之出入，不敢专焉”[④]。从明初的《诸司职掌》，到《明会典》的编成，再到清代五朝《会典》，典章制度多如牛毛，以至于清末官员感叹：“大清律易遵，而例难尽悉；刑律易悉，而吏部处分律难尽悉。”[⑤] 仅仅《吏部处分例》就有231项3000余条，使官员有“动辄得咎”的感受，身受正官与监察官员双重约束的府县佐贰官，在这种制度之下，府县佐贰官的生存环境，越来越困难，也不得不屈服于现实。人们面对制度，基本上都有两面性：一是如何利用制度保护自己，也大致可以分两类，即严格遵守制度而避免为制度所害，寻找制度对自己有利的规定以得到保障；二是如何利用制度祸害他人，亦可以分为两类，即窥测别

---

① 王临亨．粤剑编：第4卷：志游览·游罗浮山记［M］．凌毅，点校．北京：中华书局，1987：101.

② 邵景詹．觅灯因话：丁县丞传［M］．上海：上海古籍出版社，1981：2.

③ 夏东元．郑观应集：上册论考试［M］．上海：上海人民出版社，1982：355.

④ 贺长龄．清经世文编：第10卷：治体四［M］//蔡新．经筵讲义五篇．北京：中华书局，1992：253.

⑤ 徐珂．清稗类钞：第11卷：胥役类·胡文忠论部吏［M］．北京：中华书局，1984.

人之短而以制度绳之，利用制度之便以达到陷害他人获得利益。其实这乃是两个极端，更多的是遵守制度规范，照章办事，不求有功，但求无过。

以考核制度而言，明代有三年一度的“大计”，地方官要到京朝觐，接受由吏部、都察院主持的考核；朝廷派有抚按官及各道巡视地方，进行随时考核；朝廷派钦差，进行不时考核。考核既有制度性的常行机制，又有经常性的临时措置，以至于“法网太密，人人避嫌”①。特别是府县佐贰官，面对多重上司，更需要小心谨慎，用《警世通言》内的话讲：“捧着卵子过河，人家还寻趁你呐。”② 也就难怪“抚按官出巡，不分府州县正佐官，迎跪道傍。”③ 一个刑部主事游玩，县主簿就带着百余人去伺候，则可见府县佐贰官面对能够决定自己命运的上司，往往不得已而为之，不想从中得到利益，至少可以保护自己。清代废除朝觐考核制度，但地方官三年“大计”制度得以延续，府县官的考核决定于督抚，至期地方派布政使持所属各官考核的“五花册”进京，接受吏部与都察院的考核，府县官的考核完全操之于督抚的手中，面对能够决定命运的督抚，“如取其事上，则彼有逢迎而已矣！结纳而已矣！民生之利病，何足关其痛痒哉”④。不致力于逢迎，就难以保官，乃是有严格的察例。

明代自弘治以来，察例已经形成“三等八法”体系，清代修订为“四格八法”。所谓“三等八法”，即考核评定为称职、平常、不称三等；所谓“八法”，即贪、酷、浮躁、不及、老、病、罢、不谨。所谓“四格”，即守、政、才、年，守分廉、平、贪，政分勤、平、怠，才分长、平、短，年分青、中、老。这些看上去非常清楚，在实际上却有很大的随意性。如明代文豪王世贞，因为得罪严嵩，被考核为年老，冠带闲住，时年 37 岁而已。在政治腐败时，如果不会贿赂，“失于阿附者，发须微白，即目为老疾”⑤。由此可见，在考核

---

① 陈子龙，等．明经世文编：第 352 卷［M］//万恭．条陈三关通变等疏．影印本．北京：中华书局，1962：3789.

② 冯梦龙．警世通言：第 18 卷：老门生三世报恩［M］．北京：作家出版社，1956：250.

③ 陈子龙，等．明经世文编：第 399 卷［M］//管志道．直陈紧切重大机务疏．影印本．北京：中华书局，1962：4239.

④ 贺长龄，等．清经世文编：第 16 卷：吏政［M］//周镐．上制军条陈利弊书．北京：中华书局，1992：95.

⑤ 陈子龙，等．明经世文编：第 122 卷［M］//范珠修政弭灾疏略．影印本．北京：中华书局，1960：1180.

中明显有人为的因素。畏惧权势的人，往往会屈服于权势，卑躬屈膝，变得难以理喻。但毕竟有制度在，面对不公，也不能够任人宰割，即便是身受正官、监察官多重控制的府县佐贰官，还是可以利用制度来保护自己的。如正统三年（1438 年），浙江嘉兴县县丞赵恭，就因为风宪官考察不公，便“诣阙诉称”①，最终还自己以清白。针对正官及风宪官以考语左右属官，嘉靖时期的县丞王邦直，也敢于建言“近年以来，不稽功迹，专论考语，密封投递，多假之以行报复之私。暗装隐微，恒持之以擅威福之柄。风宪不能以自知也，而惟取之于委官。委官不能以自知也，而复凭之于吏卒。毁誉多出于爱憎之口，伪妄率由于体访之疏。贿赂可以潜通，贤否竟至淆乱。所以官怀疑惧，恒肆志于贪求。士务逢迎，多不修夫职业也”②。时过境迁，正统时的县丞诣阙称冤得昭雪，嘉靖时的县丞因建言而被罢官，在同样的制度下，结果大相径庭。

按照《大明律·名例·职官有犯》条规定：“若所属官被本管上司非理凌虐，亦听开具实迹，实封径直奏陈。”③ 弘治出台条例，在朝觐考察中，如有不公，“果有冤抑者许伸理”④。但是，“一个为官僚把持操纵的社会，本来没有什么法度而言，要说有，不外是有关人民对于他们的义务的规定，或有关他们相互之间的权利的规定罢了”⑤。在统治者看来，这些府县佐贰官，之所以不服上官，乃是“倚强恃老，欺压正官”⑥，予以压制，使他们难以与正官及风宪官抗衡，制度也就形同虚设了。

清代地方官考核，一决于督抚，府县正官已经是唯督抚马首是瞻了。雍正、乾隆间的曹一士，曾经上疏云：“督抚不扰守令，守令不扰小民，而天下之民莫不安矣。”以加强对督抚的管理，若是督抚在“保题荐举时，各分填贤员能员字样，然后条疏实事于下。如能员而有败行，许督抚自行检举。若贤

---

① 明英宗实录：第 44 卷．正统三年六月己卯条．

② 陈子龙，等．明经世文编：第 253 卷［M］//王邦直．陈愚衷以恤民穷以隆圣治事．影印本．北京：中华书局，1962：2637．

③ 大明律［M］．怀效锋，点校．北京：法律出版社，1999：4．

④ 明孝宗实录：第 77 卷．弘治六年六月乙亥条［M］．国立北平图书馆藏红格本．1962：1488．

⑤ 王亚南．中国官僚政治研究［M］．北京：中国社会科学出版社，1981：118．

⑥ 明孝宗实录：第 22 卷．弘治二年正月乙酉条．

员而着劣迹，则督抚从重处分"[①]。考核重点在"贤否"，保题荐举以贤能为上，能而不贤者应该在罢黜之列。贤否的要求也使督抚陷入困境，考核贤者在清廉，考核否者在贪酷，也未免失去考核的本意。雍正时期总督鄂尔泰曾经说过："贪官之弊易除，清官之弊难除。"这是因为"贪官坏事，人皆怨恨，乐于改正。清官误事，人犹信重，碍即更张也"。他希望在考核时不能仅重视操守，应该注重才能，如果督抚驾驭得体，就能够"能动其良心，制其邪心，使彼熟知利害，渐爱身名，然后可以济事"[②]。由此可见，清代的考核，全在督抚把握，以督抚为中心，也就使府县佐贰官失去言事的机会。纪晓岚曾经提出："知州、通判，其位卑，易控诉也。其势近，易察核也。其所治狭，易周览也。其见民数，易相习也。"本来应该由皇帝亲自接见，但皇帝日理万机，很难做到，就应该宰执进行审查，"以言语观其才能，以容仪观其德器"。知州、通判都位卑，府县佐贰官则更位卑，如果"不当细事烦大臣，亦宜以台谏等官，裁其去取"[③]。纪晓岚希望慎之于始，却不能够随观其政，诸多考察之事，还必须由督抚负责。在官僚政治下，"凡州县之与府厅，府厅之与司道，司道之与督抚按，往往师弟相称，执礼维谨。借门生为献媚之阶梯，假执贽为行贿之快捷方式。甚或旷废职业，专务逢迎，馈节贺寿，百计结欢，上官乐其趋承，每至曲为徇庇，安望有强直自遂，私谒不行，所称清白吏乎"[④]。可以说考察原本是澄清吏治的重要手段，但在君主专制中央集权制度下，往往是弊大于利，与制度设计初衷相违背。

以激励机制而言，早在朱元璋时期，地方官朝觐考察区分出称职、平常、不称三等，"称职而无过者为上，赐坐而宴。有过而称职者为中，宴而不坐。有过而不称职者为下，不预宴，序立于门，宴者出，然后退"，这是朱元璋

---

① 贺长龄，等．清经世文编：第19卷：吏政［M］//曹一士．请分别贤能疏．北京：中华书局，1992：479－480.

② 贺长龄，等．清经世文编：第15卷：吏政［M］//鄂尔泰．论用人疏（雍正四年）．北京：中华书局，1992：378.

③ 贺长龄，等．清经世文编：第15卷：吏政［M］//纪昀．拟请重亲民之官疏（乾隆十九年）．北京：中华书局，1992：379.

④ 贺长龄，等．清经世文编：第20卷：吏政［M］//给事中柯耸．清厘吏治三事疏（顺治十三年）．北京：中华书局，1992：493.

“庶使有司知所激劝”[①]。以后还在三等基础上，特别选出“卓异”，不但礼部赐宴，还赏给锦衣、钞贯，破格升迁，人数不多，在官方公布的名单里，往往以高官为首，后面加“等”字，其实这是按照一定比例分配的，每次都有府县佐贰官。这从明人文集中可以见到许多，因为一旦被选为卓异，总会有许多人祝贺。如海瑞《贺贰守陈后溪荣奖序》云：“府之贰，县之丞无以异也。抚按藩臬颛制于上，贰佐既与府正员惟命是听，同之而贰佐又复制于其守，士生斯世，不幸而不得为长，欲行其志难矣。”也就是说，作为一个府佐贰官，要想得伸其志很难，而这位贰守陈同知，能够得到巡按御史褒奖，“器宇冲和，才猷练达，海上堤防惟谨，郡中惠爱尤多。历仕已经六年，操持有如一日”[②]，最终成为卓异，也确实不容易，毕竟还是有府县佐贰官，其激励作用毋庸置疑。由于府县佐贰官位卑，即便是被选为卓异，其后升迁的路也不平坦。如嘉靖年间，南阳府推官杜伟，“以卓异召入，仅得工曹，抽税荆州，不持一文归，但市一沙枋棺以奉老母，终以贫困死”[③]。一般来说，卓异都不秩升迁，这位杜推官以卓异召入京城，没有成为司官，却任命为工部主事，派往荆州工关去抽税，从品级上看，推官正七品，工部主事正六品，算是不秩晋升，却还是外放，则可见佐贰官之难，无怪乎海瑞讲生于斯世，当不成正官，乃是悲剧，难以行其志。

总之，明清对于府县佐贰官约束的多，激励的少，再加上选用上的等差越来越多，特别是清代，州县佐贰官“向例并无正途，非书吏，即捐班。书吏例禁虽熟，舞弊实为长技。捐班流品尤杂，谋利是其本心”。在督抚正官与皇帝眼里，这些州县佐贰官就是贪图利益、舞奸作弊的小人，讲究的是驾驭之道，将他们等同胥吏。顾炎武认为：“故自古及今，小官多者其世盛，大官多者其世衰。”[④] 明清不断裁撤府县佐贰官，即使是还保留一些，也是小官少，更何况这些佐贰官“非赀选即吏员”，他们“流品既杂，志趣多庸，加以间关跋涉、千里万里而来，身家妻子惟一官是食，犬马于富民、鱼肉乎贫民，视

---

① 明太祖实录：第117卷．洪武十一年三月丁丑条［M］．国立北平图书馆藏红格本．1962：1916.

② 陈义钟．海瑞集：下编：贺贰守陈后溪荣奖序［M］．北京：中华书局，1962：355－356.

③ 沈德符．万历野获编：第27卷：吴江异人［M］．北京：中华书局，1959：738.

④ 顾炎武．日知录集释：乡亭之职［M］．黄汝成，集释．栾保群，等点校．石家庄：花山文艺出版社，1990：364.

令以上尤甚，蠹民而已，何有乎治民”。在冯桂芬看来，不是小官少，而是小官太多，与治无补，他们“分治各乡，至都图则有地保、地总司民事，其流品在平民之下，论者亦知其不足为治也”[①]。出身低贱，没有权威，百姓看不起而产生抵制心理；在多头上司领导之下，更是将他们当为胥吏，随时都会察鱼索斑，找个机会就予以弹劾，也导致他们施政方针发生了变化，以至于影响整个官场与社会风气的变化。“今之风俗，其敝不可枚举，而蔽以一言则曰：好谀而嗜利。惟嗜利，故自公卿至庶民，惟利之趋，无所不至。唯好谀，故下之于上，阶级一分，则奔走趋承，有谄媚而无忠爱”[②]。在这种情况下，也使原本应该具有公正的、公平的约束与激励机制，变得不公正、不公平，乃至成为破坏官场与社会秩序的根源之一。

四、应时与裁冗

明初府县佐贰官按照制度设计，乃是各府县必备之职，而随着社会的发展，也进行适当的调整，这是府县佐贰官设置的应时性。随着正官负责制的逐渐确立，府县佐贰官逐渐沦为闲曹，从小规模的裁撤，到大规模的裁冗，府县佐贰官职能转化，使之具有佐贰官之名，而失去佐贰官之实。这种应时性既显示出君主专制中央集权国家的自我调整能力，也是上层建筑适应经济基础的重要表现。大规模的裁冗，既有经济方面的考量，也有治理方面的因素。

朱元璋时期，以“以民众事繁”，“增设苏州府同知、通判各一人，昆山等六县丞、簿、典史各一人”[③]；“增设松江府华亭、上海二县丞、簿各一人”[④]；“增设嘉兴府嘉兴县丞、簿、典史各一员”[⑤]。苏、松、嘉是朝廷赋税重点所在，增设府县佐贰官，也是适应形势。以“地狭民稀”，赋税稀少，民不及十里，相继汰减“汉中府凤县、西乡县丞、簿”[⑥]；“汉中府略阳、西乡、

---

① 冯桂芬．校邠庐抗议·复乡职议［M］．上海：上海书店出版社，2002：11－12.

② 贺长龄，等．清经世文编：第7卷：治体［M］//管同．拟言风俗书异之文集．北京：中华书局，1992：200.

③ 明太祖实录：第89卷．洪武七年五月癸巳条.

④ 明太祖实录：第103卷．洪武九年春正月辛酉条.

⑤ 明太祖实录：第110卷．洪武九年十一月乙酉条.

⑥ 明太祖实录：第101卷．洪武八年九月乙丑条.

石泉、洵阳等县丞、簿”[①]；“河南邓、裕二州同知，真定阜平县丞、簿”[②]；“夷陵、远安县丞、簿”[③]；“永州府道州江华县丞、主簿”[④]。裁减与增设，一般都由吏部具题上奏，皇帝最终核准。如洪武七年（1374 年），吏部提出：“凤阳临淮县地要事繁，宜增丞、簿、典史各一人。砀山、盱眙、天长、光山、蒙城、霍丘、罗山、颍上、定远、五河、太和、虹、亳、息、沛、豊一十六县皆粮不满千石，宜各减丞一人。”[⑤] 则可见在洪武时期府县佐贰官裁减与增设，多是以赋税而定，而随着王朝统治区域的扩大，基于社会治理，往往成为裁减与增设的理由。如永乐六年（1408 年），“添设辽东自在、安乐二州同知、判官各一员”[⑥]；永乐七年（1409 年），在云南增设镇康土州，“置流官同知、吏目各一员”[⑦]。因事而增的有，“直隶应天、太平、镇江、扬州、庐州、凤阳六府所辖五州二十九县，滁、和二州，全椒、含山二县，各增设州判官一员，县主簿一员，专理马政”[⑧]。“增置凤阳府泗州判官一员，专掌马政”[⑨]。其裁减与增设与洪武时相同，事繁而人户众多则增设佐贰官，事少偏僻则裁减佐贰官。如“复置河南汲县县丞、主簿各一员，以人复增故也”[⑩]。“置河间之任丘、阜城二县，及山东之阿县县丞、主簿各一员，盖近岁人民复盛故也”[⑪]。所裁减的乃是湖广、福建、浙江、陕西等偏远地区的州县佐贰官。

洪熙帝即位以后，“以文官员冗，命吏部汰之”，其原则是“其在内诸司，令堂上正官；在外令巡按监察御史及按察司，明公廉察。凡贤材者留，其贪刻庸鄙及老疾者，悉送吏部罢之”[⑫]。这种淘汰，府县佐贰官首当其冲，在宣德时，出现几起被裁冗员的府县佐贰官，耆民诣阙乞留的事件。如安平县丞

① 明太祖实录：第 113 卷．洪武十年秋七月癸巳条．
② 明太祖实录：第 114 卷．洪武十年八月甲戌条．
③ 明太祖实录：第 122 卷．洪武十二年春正月丙戌条．
④ 明太祖实录：第 256 卷．洪武三十一年二月乙未条．
⑤ 明太祖实录：第 92 卷．洪武七年八月庚申条．
⑥ 明太宗实录：第 80 卷．永乐六年六月乙酉条．
⑦ 明太宗实录：第 94 卷．永乐七年秋七月戊子条．
⑧ 明太宗实录：第 51 卷．永乐四年二月丁丑条．
⑨ 明太宗实录：第 98 卷．永乐七年十一月辛卯条．
⑩ 明太宗实录：第 254 卷．永乐二十年闰十二月庚午条．
⑪ 明太宗实录：第 257 卷．永乐二十一年春三月丁未条．
⑫ 明仁宗实录：第 1 卷下．永乐二十二年八月甲子条．

耿福，被以冗员淘汰了，"耆民八十余人，诉于巡按监察御史，言：缘福守法奉公，爱民如子，赋役均平，贼盗屏迹，田里获安，今去民失所望"[①]。但所裁县丞却不能够恢复，只好将之升为安平知县。山东平度州同知刘整，昌邑县主簿王璠，也是以冗员被淘汰，"民伏阙言璠等有善政，能恤民瘼，戢吏逼，请复其职"，宣德帝认为："为人上者惟顺民心"[②]，让他们复职。对于这种裁冗，当时就有人提出看法，如浙江黄岩县知县刘道成认为，本县有 18 所闸，10 余处土坝，"永乐间，本府增设通判一员，专理农务，重加修理，甚为民便。比以汰冗员去，而本县公务益繁，提督不周，兼值连岁洪水，海潮冲荡者多"[③]，最终没有裁撤。

正统以前府县佐贰官的裁减与增设，还是本着明初的方针，采取事繁而增，事简而裁，即便是裁减冗员，也多以事简为由。值得注意的是，这个时期增设，除了人民增多而事繁之外，以发展经济为主要目的，普遍设置劝农、水利的佐贰官，从宣德二年（1427 年），浙江添设 8 县县丞治农，到成化十一年（1475 年），在直隶、江西、河南、湖广、南直隶等地增设 120 余名判官、县丞、主簿[④]，可以看到这一时期农业发展成为朝廷关注重点，对社会经济发展起到一定推动作用。

社会经济发展则会导致贫富不均，经济发展的不平衡，也会产生地区上的差异。明代"国初捕盗，在外无专官"，但"弘治以来，在外添设捕盗通判、州判、主簿等官。而诸法禁亦渐详密"[⑤]。从这些添设专门捕盗的府县佐贰官分布地区来看，主要在云南、四川、湖广、广西、广东、福建等少数民族较多的地区，显然与社会经济发展不平衡有关；在河南、山东的一些府县添设，则贫富差距大的原因居多；沿海地区与山区则因为海盗与强盗。

明代流民问题十分严重，主要是因为疯狂的土地兼并、频繁的自然灾害、繁重的赋役负担等原因，使农民纷纷破产，踏上流亡的道路。特别是成化时期，两次荆襄流民起义，朝廷调动大量军队镇压，收效并不明显，被迫由剿到抚，出台一些新的政策，其中之一就是增设州县，或派佐贰官分防分驻。

---

① 明宣宗实录：第 2 卷．洪熙元年六月戊午条．

② 明宣宗实录：第 3 卷．洪熙元年秋七月辛未条．

③ 明宣宗实录：第 4 卷．洪熙元年七月甲午条．

④ 申时行，等．明会典：第 17 卷：户部・农桑［M］．北京：商务印书馆，1936：463.

⑤ 申时行，等．明会典：第 136 卷：兵部・巡捕［M］．北京：商务印书馆，1936：2781.

在社会矛盾激化的时候，盗匪问题也成为朝廷的困扰。如天顺年间两广巡抚叶盛所讲："年来闽浙贵广等处，往往贼盗生发，荼毒生灵。原其所由，其未生发之初，多因贪官暴吏，豪猾吏胥，激变而成。及既生发，或由州县官员，畏惧上司罪责，希望宁息，不即申闻，渐令滋蔓。"① 这是官逼民反，地方官吏又隐瞒实情所致。"近年以来，奸猾无籍之徒，妄将军民田土，指作空间，设谋投献管庄官校人等，因而乘机侵夺，藉势混赖，横征巧取，百般克害，利归群小，怨在朝廷，以致军民失业，盗贼生发"②。这是豪强土地兼并，失去土地的人们无以谋生。"今各处灾异频仍，人民困苦，盗贼生发，虏寇猖獗，兵戈相寻未已"③。这是自然灾害与外患所致，是天灾人祸。"每遇矿脉生发，利之所在，附近贫民，群起趋逐，召衅启争"④。这是社会经济发展所遇到的新问题，行业之间的竞争，也会产生冲突，而行业规模越大，冲突也就会越大。面临这些新旧的问题，朝廷不得不采取应对措施。在正官负责制逐渐形成，诸事都责成正官，佐贰官渐渐成为闲曹，沦为无所事事的冗官，普遍裁撤也势在必然，而面对这些新旧的问题，除了增加县治以加强治理之外，佐贰官分防分驻，便成为一种临时措施。可见无论是社会经济，还是社会秩序，都会影响到府县佐贰官的设置，其应时性特点明显。

嘉靖时期，府县官以冗员被裁撤，已经成为趋势，与赋税制度改革有一定的关系。明代白银货币化，对中国社会经济生活有重大影响。明代"来自市场萌发、自下而上的白银货币化趋势，促使朝廷的白银需求不断增大，推动了明朝官方对白银的认可"⑤。在白银货币化过程中，也引起制度变迁与整体社会的巨变，特别是"一条鞭法"普遍推行，以白银取代实物及徭役，至少在征收方面不至于投入大量的人力，而多一官必然又多一官之陋规，利益独享，也是正官普遍将佐贰官放置闲曹的重要原因，而社会的发展，也将面

① 陈子龙，等．明经世文编：第 59 卷［M］//叶盛．壅蔽贼情疏．影印本．北京：中华书局，1960：466.

② 陈子龙，等．明经世文编：第 87 卷［M］//林俊．查处皇庄田土疏．影印本．北京：中华书局，1960：785.

③ 陈子龙，等．明经世文编：第 129 卷［M］//毛纪．乞停遣使西域疏．影印本．北京：中华书局，1960：1238.

④ 陈子龙，等．明经世文编：第 342 卷［M］//吴桂芳．条陈民瘼疏．影印本．北京：中华书局，1960：3664.

⑤ 万明．明代白银货币化的总体视野：一个研究论纲［J］．学术研究，2017，5：95.

对新的问题，在裁撤冗员的时候，将他们转向分防、分事，也是适合变化了的形势。裁去部分府县佐贰官，从表面上看，可以使朝廷减少一部分开支，“其裁革员役俸薪，直隶、山西、陕西俱解充饷”①，解决部分军饷不足，实际上朝廷失去更多的财政收入。仅以地方官征赋的火耗而言，其中蕴藏重大利益，“征银不加火耗。即颂声遍地”②。在“一条鞭法”施行以后，“一切上官礼物，不曰动该州官银，则曰动该县无碍。不知州县库贮何顷为官银、无碍，即有之，能几何，而堪应一切之需也。且州县亦岂能神运鬼输哉！即不用里甲，而亦未有不出于民者，幸而上官原谅，可以奉职无过，一有不当，辄尔狼藉于弹章。不曰火耗加收，则曰罚赎太重，不知去此二者，将何所出而上官之所谓无碍者何物哉”③。火耗、罚赎成为府县的重要经济来源，正官当然不愿意分一杯羹于佐贰官。以海瑞革除县丞、主簿常例而言：“夏绢银捌拾两。夏绢银肆匹。农桑样绢贰匹。农桑绢银伍两。秋粮长银壹拾两。盐粮长银伍两。经过盐每壹百引银柒分。住卖盐每壹百引银伍分。管黄册每里银壹两。样漆拾觔。俸米每石折银壹两。柴薪每壹两收贰两。直日里长初换，下程白米比知县减三分之一，八十里皆然。出外里长供应并店钱人情绢书帕。凡经收各项钱粮，每壹百两取贰两。”④ 小项不计，仅以经过盐5万引就是350两；住卖盐7万引就是350两；经收各项钱粮本县一共80万两，属于县丞、主簿征收的，则取2%，知县当然不肯让出此巨大利益。就这样，县丞、主簿仅仅革去的常例就上千两，没有革去的也没有见于册籍，则难以窥其详。无怪乎谢肇淛讲：“国家养廉之资，已不薄矣。”⑤ 因此可以说，裁撤佐贰官，从朝廷的角度是节省经费，而从正官的角度，则是增加收入，从督抚按的角度也减少受贿的风险，毕竟穷官行贿心疼钱，若不能够给他办成事，拼个鱼死网破，也是理所当然。

清代承明代制度，不断裁撤与府县正官同署的佐贰官，雍正时期，府县

---

① 明熹宗实录：第27卷．天启五年三月丁巳条［M］．上海：上海古籍出版社，1983：2615.

② 高攀龙．高子遗书：第7卷：申严宪约责成州县疏［M］//景印文渊阁四库全书第1292册．台北：台湾商务印书馆，1983：33.

③ 沈鲤．亦玉堂稿：第4卷：典礼疏［M］//景印文渊阁四库全书第1288册．台北：台湾商务印书馆，1983：38.

④ 陈义钟．海瑞集：上编：兴革条例［M］．北京：中华书局，1962：50.

⑤ 谢肇淛．五杂组：第15卷：事部三［M］．上海：上海书店出版社，2001：310.

佐贰官大规模移驻，除了极少数与府县正官同署之外，基本上成为分防、分事的佐贰官，其统属也逐渐脱离府县的管辖，特别是乾隆时期确立“厅”制，则完全不是府县佐贰官了，成为正官序列。可以说自佐贰官分防、分事以后，对地方的治理起到很大的作用，在一定程度上维持社会稳定，促进当地社会经济、文化等方面的发展。如清雍正七年（1729 年），将琼山县县丞移驻海口所，是因为“海口所城，尤为扼要，商贾络绎，烟火稠密”[①]。以前是以武职千户所管理，显然只是维持治安，移驻文职县丞管理，在很大程度上促进了该地的发展。再如台湾淡水厅，雍正九年（1731 年）只有田园 4917 亩有零，至乾隆二十七年（1762 年），已经有 52955 亩有零，增长 10 余倍。澎湖厅在雍正六年（1728 年），报垦地种 27 石余，乾隆九年（1744 年），实在地种 380 石有零，增长 14 倍多[②]，则可见这种分防对该地社会经济发展的促进作用。

无论是统属，还是分防、分事，在督抚有委署权力的情况下，都有机会署理正官，不是“厅”官，能够谋得署理正官之事，则成为他们最大的愿望，“惟杂途之钻营委署其害最甚”[③]。这些杂途出身的人，根本没有升为正官的机会，致力于钻营。这些人“一有揣摩之心，便工迎合之计，奔竞钻营，无所不至”[④]，以至于成为清王朝难以克服的弊端，特别是道光以后，已经积重难返，以至于“积弊”成为重要的话题。如地方遇到灾荒，“地方官并不认真经理，以致积弊丛生”[⑤]。“州县借采买为私肥囊橐之计，上司以买补为调剂属员之方，蠹国病民，莫此为甚”[⑥]。“各官往往到任未久，即行回省谒见上司，甚至无故在省逗留，夤缘请托，无所不至”，以至于补缺不成，“以候补佐贰丞

---

① 郝玉麟，等．雍正广东通志：第 7 卷：编年志［M］//景印文渊阁四库全书第 562 册．台北：台湾商务印书馆，1983：70.

② 余文仪．续修台湾府志：第 4 卷：赋役［M］．影印清乾隆三十九年序刊本．台北：台北成文出版社，1984.

③ 贺长龄，等．清经世文编：第 17 卷：吏政［M］//李之芳．请禁杂流委署疏．北京：中华书局，1992：433.

④ 贺长龄，等．清经世文编：第 20 卷：吏政［M］//陈宏谋．申饬官箴檄（乾隆十年三月）．北京：中华书局，1992：532.

⑤ 清宣宗实录：第 38 卷．道光二年秋七月戊戌条.

⑥ 清宣宗实录：第 41 卷．道光二年九月戊戌条.

倅帮办幕务"①。"近来各省差委，名目甚繁。名曰冬差，未委以前，候补者百计钻营，得委后不过遣家丁走收规礼，即可销差。甚有贪婪之辈，包带货物，偷漏关税，以所带之物昂价托销"。府县佐贰官在官缺越来越少的情况下，只有钻营督抚门路，能够得到差委则是发财的机会，不能够得到差委，也求督抚向地方官推荐为幕友，能够得到一些束脩。在鸦片战争以后，这些积弊已经难以清除，原本正常的制度，已经不能够正常实行，官场腐败风气逆风而上，王朝已经无可奈何。

第二节 明清府县佐贰官制度缺陷

明清有关府县佐贰官制度规定详细而具体，不但有权力规范的总则，还有具体操作的细节，形成较为完备的制度体系。"在专制国家里，法律仅仅是君主的意志而已，即使君主是英明的，官吏们也没法遵从一个他们所不知道的意志，那么官吏当然遵从自己的意志了"②。在君主专制政体下，即便是再严格的制度，也要通过官僚予以实施。"在专制政治出现的瞬间，就必然会使政治权力把握在官僚手中，也必然会相伴而带来官僚政治。官僚政治是专制政治的副产品和补充物"③。官僚政治与君主专制相结合，很容易使制度成为君主及官僚手中的工具，而制度设计的缺陷也会暴露无遗。

一、官设僚佐制的弊端

明代继承前代的制度，海内一命以上的官员，都要由中央任命，即便是未入流的杂官，也要由吏部选派。在府县之内，既设正官，又设首领官，构建了正佐相互辅助监督制度体系，地方官则无法自己选择辅佐人员。不是自己选用，都对中央负责，地方正官也缺乏对佐贰官的基本信任，而佐贰官要想发挥作用，其基本前提是要获得主官的信任，而正官以不是自己选择的佐贰官，且因他们对自己还有监督的权力，就会产生防范心理，也很难与佐贰

① 清宣宗实录：第147卷．道光八年十一月庚申条．

② 孟德斯鸠．论法的精神：上册［M］．张雁深，译．北京：商务印书馆，1963：17．

③ 王亚南．中国官僚政治研究［M］．北京：中国社会科学出版社，1981：22－23．

官同心同德，要他们彼此信任，并不是一件容易的事情。

以府县正官而言，他既不能决定谁来当佐贰官，又不能够直接以行政命令的方式指挥佐贰官，彼此难以相信，却必须要坐下来相互协商，正官则会有被掣肘的感受，但朝廷一应事务都要责成正官负责，一旦上峰怪罪下来，正官要承担主要责任，要想推诿给佐贰官，也不是一件容易的事情，所以不愿意协商，而朝廷设官，原本是监视与掣肘正官，有时候却形成分庭抗礼的局面。正官基于责任，利用制度之便，派委佐贰官一些疑难而利益少的事情，既可以把佐贰官排除在本府县决策圈之外，又可以借此整治他们，使之能够屈从。如嘉靖二十五年（1546 年），太原县县丞张天宪，在“邑赋旧多逋”的情况下，派委他去催促，虽然“输者云集”，还是以“罣误去官”①。嘉靖间太原县县丞潘缙，“奉檄督逋赋，不欲鞭扑穷民以博上官宠，遂解组去”②。隆庆年间太原府同知殷廷举，“承檄均丈定襄地粮，悉心区画，不惮劳瘁”，也仅仅是“定襄人有遐思焉”③。万历八年（1580 年），阳曲县县丞李选，“听讼多所平反”，当时知县“以严肃胜”④，是把疑难案件交给他办理。地方志类似的记载很多，凡是不好办的事情，多派委佐贰官去办理，得罪人多而容易出错。以明清地方催科而论，民间逋欠是最难追缴的，所以每到催科，“追并逋负敲朴并施，害及妻子，祸至鸡豚”⑤。况且“催科之严，包赔之苦，力不能胜，其势必驱之流移而后已也”⑥。若是佐贰官被派委这样的事情，“但见其戴星而出，秉烛而咨者，为钱谷也。文簿钩校于其前，鞭棰纷飞于其下者，

---

① 觉罗石麟，等．雍正山西通志：第 88 卷：名宦传·张天宪［M］//景印文渊阁四库全书第 545 册．台北：台湾商务印书馆，1983：14.

② 觉罗石麟，等．雍正山西通志：第 88 卷：名宦传·潘缙［M］//景印文渊阁四库全书第 545 册．台北：台湾商务印书馆，1983：19.

③ 觉罗石麟，等．雍正山西通志：第 88 卷：名宦传·殷廷举［M］//景印文渊阁四库全书第 545 册．台北：台湾商务印书馆，1983：22.

④ 觉罗石麟，等．雍正山西通志：第 88 卷：名宦传·李选［M］//景印文渊阁四库全书第 545 册．台北：台湾商务印书馆，1983：23.

⑤ 陈子龙，等．明经世文编：第 199 卷［M］//潘潢．议处全陕屯田以足兵食事．影印本．北京：中华书局，1960：2085.

⑥ 陈子龙，等．明经世文编：第 360 卷［M］//庞尚鹏．清理宁夏屯盐疏．影印本．北京：中华书局，1960：3881.

为钱谷也”[①]。完成任务是本分，功劳归正官；完不成任务是责任，罪责归己，还要包赔，本来收入就不多，赔累就会倾家荡产，官被免，欠要追，其苦难言。在这种情况下，佐贰官不敢得罪正官，也不敢提不同的意见，怕派委苦差报复，唯正官是从，其辅佐之意失。

佐贰官不能够履行辅佐之责，正官则百务集于一身，无论是精力，还是能力，都是很难胜任的，因此需要辅佐，而朝廷所设佐贰官又不能够承担辅佐之责，正官为了完成朝廷的任务，也是为了保住自己的官职，不得不雇请私人充当自己的幕僚。

明代府县正官盛行延请幕友，大约在万历中期。有人认为这个时期的幕友，主要是清客、食客，与政治关系不大。即使佐治，也多集中于主持书札、文牍一类的事务，而不是清代那样分成刑名、钱谷[②]。也有人认为这个时期的幕友已经介入了刑名、钱谷事务[③]。其实在明末的《官箴书》中，已经能够看出府县正官延请幕友，帮助办理政务的情况。如诫谕初为州县官者，选“善刑名法家一人，朝夕讲论”[④]。遇有疑难案件，“唤叫通晓刑名人，常川讲论，庶得难处之事，不致求人”[⑤]。“凡居官者不谙算法，须择能算者一人，于凡钱粮数目再三覆算，分毫丝勿无差，方可填注申呈批解”[⑥]。没有堂而皇之地称为幕友，也没有要求必须延请这样的人，但《官箴书》提到此事，也应该是较为普遍的事情。

清代府县正官聘请幕友，已经成为常态，在朝廷的诏令谕旨中也予以承认。如顺治八年（1651 年），顺治帝谕吏部曰：“迩来吏治，不肖者刻剥民财，营求升转，不顾地方荒残，民生徉苦。稍知自爱爱民者，因上官举荐不公，不觉操守顿易。至于不识文义之人，益不胜任，文移招详，全凭幕友代笔，转换上下，与吏役通同作弊，贻害百姓。”[⑦] 这等于是承认地方官延聘幕

① 贺长龄，等．清经世文编：第 15 卷：吏政［M］//阎若璩．守令．北京：中华书局，1992：374.

② 陈宝良．明代幕宾制度初探［J］．中国史研究，2001（2）：22－34.

③ 何朝晖．明代知县幕友小考［J］．故宫博物院院刊，2006（5）：140－143.

④ 不著撰人．官箴书集成：第二册．初仕要览・明律令［M］．合肥：黄山书社，1997：32－33.

⑤ 不著撰人．官箴书集成：第一册．新官轨范［M］．合肥：黄山书社，1997：739.

⑥ 吴遵．官箴书集成：第二册．初仕录・明课算［M］．合肥：黄山书社，1997：46.

⑦ 清世祖实录：第 54 卷．顺治八年闰二月丙辰条［M］．北京：中华书局，1985：427.

友的合法性，地方官乃至督抚雇用幕友也成为常态。

私人僚佐与官设僚佐有根本的区别，对于官设僚佐，府县正官既不能够对之实施惩处，也不能够将其辞退，在僚佐还有监督责任的情况下，有一种不自由的感觉，与他们交往，要讲究“道”，必须要“瞻前顾后，寮寀之际，不敢自异，且以因习既久，可幸无罪。若我发之而我不能收之，则祸且不测，故复苟且而退耳”①。正官惧祸而苟且，佐贰官也不会因正官苟且，就没有觊觎之心。明初正官有缺，往往由佐贰官直接递补，这种制度对保持政务的连续性有一定的好处，但也难免使佐贰官生出替代之心，借监督之权，必欲除去正官而后快，期能够谋得正职。宣德年间，陕西汉中府知府有缺，同知王聚就想谋得此缺。这位永乐时期的进士，被选为知县以后，就一直想升迁，恰巧当时朝廷行取御史，王聚就动员本县的里长、老人百余人，到京城荐举他为御史。当时朝廷很重视“民意”，因此许多官员利用“民意”以牟私利，唆使不明实情的百姓为自己唱赞歌，在朝廷没有深入调查的情况下，往往能够收到奇效。果然，该县民众到京城吁请收到效果，王聚被行取为御史。御史的前程看好，还没有满任，王聚就被任命为汉中府同知。想当初王聚就是动员本县士绅百姓为自己歌功颂德，才得以荣升御史，跃升为府同知的，所以他深明利用“民意”之道，知道这样花钱很少，却能够取得很好的效果。问题是如何动员士绅百姓以获得“民意”呢？自己平常被知府看得很紧，根本就不能够接近士绅，更别说百姓了，所以士绅、百姓难以利用。于是王同知想到本府的各级下属，府学教授张迪及所辖一州十二县的知州、知县，“刲羊置酒”招待，要他们推荐自己为知府。府学教授张迪及所属知县毕昇等，便褒称王聚“有实德真才，海内士夫罕比，乞典郡政”。却没有想到被陕西按察司弹劾“朋比欺罔”。宣德帝批示云：“此亦无耻甚矣！士君子患无诸己，何俟求人？今卑辞下气，请托属官，不复知有廉耻矣！并教授、知县悉罪之”②。用什么罪名呢？按照《大明律·吏律·职制·上言大臣德政》条规定：“凡诸衙门官吏及士庶人等，若有上言宰执大臣美政才德者，即是奸党。务要鞫问，穷究来历明白，犯人处斩，妻子为奴，财产入官。若宰执大臣知

---

① 陈子龙．安雅堂稿：第10卷：策·去欺蔽［M］．孙启治，校点．沈阳：辽宁教育出版社，2003：176.

② 明宣宗实录：第84卷．宣德六年十一月辛卯条.

情，与同罪。不知者，不坐。”[①] 王聚称不上宰执大臣，也是上官，所以可以比附此律，予以递减量刑。法司将王同知、张教授、毕知县等人拟为斩刑，其余签字者拟为绞刑，免去他们的妻子为奴，财产入官，算是皇恩浩荡了。

自从这个案件发生以后，本府县的佐贰官就不能够递升正官了，即便是升为正官，也是在别的地方，至少可以泯灭佐贰官替代之心。因为正官有派委的权力，佐贰官要想谋得利益，署理本府州县正职，就只能够走正官的门路了。在这种情况下，佐贰官的监督权力也就形同虚设了。

自抚按官成为制度之后，由于他们有委署佐贰官的权力，给佐贰官带来一些转机，通过抚按官可以获得重用，这也是佐贰官最大的希望。明代中叶以降，崇尚身份，在府县佐贰官中，同知与推官出身进士者居多，抚按官委署的，大多数是这类的人，其余因出身杂途，很少能够得到抚按官的认可，使原本已经失势的府县佐贰官，又压上两座大山。抚按官握有考核与举劾大权，考核有黜退比例，举劾凸显抚按官政绩，无权无势的府县佐贰官成为宰割的对象。以举劾而言：“其举者必方面大官也，不然必进士州县也，不然必其突梯韦脂善为媚者也，不若是千百中之一耳。其劾者必州县小官也，不然必举人方面也，不必其倔强倨亢，不善为媚者也，不若是千百中之一耳。”[②] 在这种情况下，府县佐贰官生存环境更加恶化，“其所劾者可不问而知，其必通判、县丞小官也”[③]。抚按官吹毛求疵，使这些佐贰官有动辄得咎的感受。如嘉靖年间，保定刘巡抚弹劾广平府管马通判张经济，说他在履历上填写 59 岁，实际年龄却 81 岁。为了保住官职，隐瞒三五岁，并不为奇，但不可能隐瞒 22 岁，显然有夸张的成分。说该通判“潜自到任”，显然不实，通判是朝廷命官，岂能够私自到任。说其“率领恶子狞孙，及无籍光棍数人”，打着知府的旗号，“私下各县点马”。其身为管马通判，原本是其职权范围内的事，也没有必要非打着知府的旗号。那时候官员办事，带着自己的家人奴仆，也是朝廷默许的事情，在这里变成了“恶子狞孙”“无籍光棍”，若不知道明代常规的人，显然就会认同。说其“所至之县，各索银不下数百两，犹同强盗

① 大明律［M］. 怀效锋，点校. 北京：法律出版社，1999：35.

② 陈子龙，等. 明经世文编：第 366 卷［M］//叶春. 审举劾. 影印本. 北京：中华书局，1962：3951.

③ 陈子龙，等. 明经世文编：第 261 卷［M］//唐顺之. 答李中溪论举劾书. 影印本. 北京：中华书局，1962：2761.

打劫”，则更是不顾事实。那个时候官员都有常例，这区区数百两，并不算多。他为什么会被弹劾呢？一句“通不出见抚、按、兵备”[①]，则泄露了天机，故此吏部考功司讲：“顺天等捌府，设有巡抚都御史贰员，巡按、巡关御史各贰员，提学、巡盐、印马、管屯御史各壹员，缘此捌府庶官，壹岁之间，被劾者几至十次，不惟事多掣肘，人无固志，抑且迎新送旧，劳民费财，况后者未必胜前者，调者又须别用，似涉纷更，殊非事体。”[②] 通判张经济也因此保住官职。以通判而言，除了以上各官之外，还有兵备道、按察司副使、佥事，都有巡视考察之责，上面还有正官，其上还有同知，若是县丞、主簿，二府、三府、四府，本县正官，都算是上司，谁也不能够得罪。也就难怪那个时候一提到位卑，总以通判、丞簿为词了，他们总有动辄得咎的感觉。

在抚按官委署佐贰官建构自己耳目的情况下，出现了“窝访”。“今天下文巧之吏，剥民奉上，而吏良悃愊无华，虽拂上官之意弗顾也。上官悦趋承，恶介特，耳目寄之吏胥，毁誉采之窝访，不肖县官，阴结窝访，阳事上官，而吏事毕矣”[③]。地方构建这个窝访的头目，大多数是府推官，是“巡方制督抚之专，而推官实为之爪牙”[④]。施行这种特务政治，使抚按的威权骤增，而于政治无补，是“抚按之权太重，举劾惟贿是视，而人皆贪墨以奉上司。于是吏治日偷，民生日蹙，而国亦遂以亡矣”[⑤]。清代废除巡按，举劾大权归于督抚，时人认为，官贪吏污，皆由督抚举劾不当，“所举未必皆贤，故举不足劝。所劾未必皆不肖，故劾不足惧。人人皆思图目前之利，以为善事上官之

---

① 广平府管马通判张经济：先任青州府通判，被劾调任脚色，虽开伍十有玖，见年实则捌拾有一，耳目聋聩，手足痿痹，牙齿脱落，虽尚能饮啖，但语音含糊，则不辨尔我。自去冬十二月，潜自到任，通不出见抚、按、兵备，但率领恶子狞孙，及无籍光棍数人，乘知府陈俎之公出，即扛抬本官，私下各县点马，将各马头苦打索银，动称寻死图赖。所至之县，各索银不下数百两，犹同强盗打劫。及知府回日，差人禁止之回，止救得邯郸、永年二县，不曾被害而已。及臣至该府，其子孙光棍，各已逃回原籍，止存本官，坚卧宅内不出，仍欲候臣行后，破死求索银两。盖举世所未见，而一日不可留者也。除行该府，将本官奉粮住支，将马政行令知府代管外，合亟行罢黜，以快人心。不著撰人．吏部考功司题稿·拟覆巡抚保定等处都御史刘劾官疏［M］．台北：台湾伟文图书公司，1977：349－350.

② 不著撰人．吏部考功司题稿·拟覆巡抚保定等处都御史刘劾官疏［M］．台北：台湾伟文图书公司，1977：352－353.

③ 明神宗实录：第133卷．万历十一年二月辛丑条.

④ 贺长龄，等．清经世文编：第18卷：吏政［M］//储方庆．裁官论．北京：中华书局，1992：445.

⑤ 赵翼．廿二史札记：第33卷：明初吏治［M］．北京：中国书店，1987：478.

资，则日悬惩贪之令，而贪必不可止”[①]。

清代完全确立正官负责制，官设的僚佐也退出赞治的行列，改由私人聘用的幕友来赞治。对于幕友制，清王朝既没有正式承认，也没有试图加以取缔，因此很难称得上是“制度”。按理说私人聘用的幕友，应该与官府没有关联。瞿同祖高度评价幕友的作用，认为幕友的出现是职能需要的产物，是放在特定的教育和官僚体制的架构中才能够理解的特殊群体。所谓职能需求，主要是地方政府对于行政专家的需求。州县官出身科举，缺乏必要的行政知识，他们上任之前首要的任务就是寻找一个能干、可靠的幕友作为参谋和助手[②]。但是也不能忽略在幕友聘用过程中，受到上官的左右。“上司荐人与属员，派定束脩，刑名至数百金，钱谷亦须二三百金。或刑钱俱已无缺，更为添荐一人，名刑钱总管，脩金愈厚”[③]。上司所推荐的人，不仅仅是无官无职的，许多候补正官，以及一些佐贰官也在其内。嘉庆年间，御史讲到幕友以蠹吏治之弊有三：一是“督抚用属员为幕友”；二是“上司荐幕友于属员”；三是“幕友互相钩连以取重价”。特别是督抚大员，用属员为幕友，不肯出钱，“必借朝廷名器，提拔升迁，以代束脩之费”，那些原本候补的人员，往往能够因此平步青云，为直隶总督幕友的“吴兆熊由主簿微员，不数年升至同知”；通判胡季堂，被“题授冀州直隶州知州”[④]，以后官至直隶总督。道光以后，以督抚幕友成为方面大员者，多不胜数，左宗棠、李鸿章都曾经为幕友。

官设僚佐不复存在了，地方官自聘幕友，显然与专制主义中央集权制度是格格不入的。“如果从专制君主政治的本来的原则来说，官员都是应该直属于君主的，官员彼此之间不能保持私人性的联系。只是在职务上，下级官员必须接受上级官员的监督，服从指导，上下官衙之间公开的联络是允许的”[⑤]。

---

① 贺长龄，等．清经世文编：第19卷：吏政［M］//王命岳．论吏治不清皆由举劾不当疏．北京：中华书局，1992：475.

② 瞿同祖．清代地方政府［M］．北京：法律出版社，2011：145－147.

③ 贺长龄，等．清经世文编：第16卷：吏政［M］//御史贾允升．请除外省积弊六事疏（嘉庆八年）．北京：中华书局，1992：387.

④ 贺长龄，等．清经世文编：第20卷：吏政［M］//御史张鹏展．请厘吏治五事疏（嘉庆五年）．北京：中华书局，1992：495.

⑤ 宫崎市定．清代的胥吏和幕友［M］//日本学者研究中国史论著选译・明清卷．北京：中华书局，1993：522.

私人聘用幕友，容易导致地方官形成私人的势力集团，故此清王朝明明知道幕友的存在，却一直没有在制度上予以认可。在镇压太平天国、捻军，以及抵抗外来侵略过程中，地方官的权力越来越大，特别是咸丰三年（1853 年），颁行《就地正法章程》，就连私人武装的团练头目，都能够操人生死。在内乱平定以后，朝廷试图收回地方官就地正法权的努力也失败了，在内外交困的情况下，朝廷不得不承认地方官以“委员”的方式用人，而清末“新政”，更是将地方用人权下放，为了限制地方官，采用荐举与选举相结合的方式，地方行政体制也发生了根本的变化。

二、秩卑禄微的困境

明代因袭前代的巡检司制度，在市镇、关隘、府县交界、海港、渡口等处设置，巡检为从九品文官。其职责在于盘查过往行人，稽查没有“路引”的外出之人，缉拿奸细，截获脱逃军人及囚犯，打击走私，维护正常的商旅往来等。朱元璋非常重视巡检，曾经发布敕谕云：“古者，设官分职，不以崇卑，一善之及人，人受其利焉。朕设巡检于关津，扼要道，察奸伪，期在士民乐业，商旅无艰，然自设置以来，未闻其举职者。今特遣使分视各处，谕以巡防有道，讥察有方、有能，坚守是职，镇静一方，秩满来朝，朕必嘉焉。”① 明代中叶，流民问题严重，边远地区也动荡不安，级别低的巡检，往往“不足弹压”，便开始将一些府县佐贰官移驻，以其在提高行政级别的情况下，可以稳定社会秩序。如江西景德镇，因为设有官窑，也越来越有名，瓷器远销海内外，商人慕名而至者相望于道，以至于“诸省商民流寓，丛聚杂处，中间善恶难分”。原驻景德镇附近的“桃树镇巡检，不足弹压”，所以添设府通判，提高行政等级，“统辖浮梁县里仁、长香等都一十三里居民，与所属鄱阳、余干、德兴、乐平、安仁、万年，及南昌、都昌等县杂聚窑业佣工”②。这是将巡检司改设为通判级的“厅”，在诸多巡检司中，以县丞、主簿移驻，或直接改为县治的也很多。巡检官卑，不足以弹压，府县佐贰官虽然品级较高，但为副职，也不尊贵。如“山东益都县颜神镇，旧设通判、巡

---

① 明太祖实录：第 130 卷．洪武十三年二月丁卯条．

② 谢旻，等．雍正江西通志：第 27 卷：土产［M］//景印文渊阁四库全书第 514 册．台北：台湾商务印书馆，1983：21－22.

检，职散且卑，不足制盗”[①]，因此提出增设县治，才能够进行有效管理，府县佐贰官秩卑权轻的认识，也得到上下的认可，其施政的阻力也远比正官要大。

在朝廷及大臣、科道官、抚按官、正官眼里，府县佐贰官，乃是“官卑智短，既难望之以廉”[②]。他们不但智力有限，而且是贪图钱财之人，不能够指望他们办什么事。这些意识，在《吏部考功司题稿》所载的抚按官弹劾词中可以看出，凡是府县佐贰官，不是“贪污不职”，就是“才力不及”，要不然就年老有疾，有些还不厌其烦地讲述他们的劣迹。如沁州同知武镇：“衰颓废事，污滥无耻，署印而里老尽逃，受词而吏书通贿。”吉州同知李珍：“软而且昏，受制群小，老而嗜利，尤多物议。”辽州同知王思学：“官怠于宦成，心贪于日暮，受贿赂而卖放，豪奸因奖励而遍索里甲。”忻州同知盖清：“阘茸无为，昏耄已甚，署州事而官银被盗，督钱谷而逋负日多。”解州同知王汲：“行年老迈，佐郡昏庸，一筹莫展，百姓皆玩。”[③] 太平府通判苏廷瓛：“举动轻浮，心行苟且，理讼滥受民财，贪声显著。署郡公行私贿，物议喧腾。长官屡致讽戒而不悛，猾吏因肆玩舞而不识。”平乐府通判叶昌许：“久恋县印，而心迹甚可猜疑，广理民词而纸赎俱不申解，任贼盗纵横，全无捕御，忍无辜劫杀，漫不追求，近升河池，罔安分命，嫌地方之丑恶，弃政务而不修。”[④] 遂安县县丞蒋啤：“年亦近衰，耳复重听，贪印事而强逼正官，管钱粮而多索分例。”寿昌县县丞李文：“重听无为，贪得有迹，争署缺官印信，冒支典史薪丁。”湖州府归安县县丞刘凝：“庸才有疾，不能治事。”长兴县主簿韩世美：“老迈衰颓，职业尽废。”处州府龙泉县主簿黄宾：“昏耄无为。”[⑤] 从这些弹劾词中可以看出，抚按官对他们充满鄙夷，所使用的词汇，既少真实的劣迹，又少具体的贪污数额。在官场意识里，府县佐贰官就是秩卑禄微之人，没有前程而看重钱财。“若夫位卑禄薄之臣，或自弃于进步之有限，或自懈于作兴之无由，则其苟且隳堕，无足过责。而乃能卓有志，向克自树立，

① 明世宗实录：第22卷．嘉靖二年正月癸丑条．

② 明神宗实录：第409卷．万历三十三年五月甲午条．

③ 不著撰人．吏部考功司题稿［M］．台北：台湾伟文图书公司，1977：305－321．

④ 同③327－333．

⑤ 同③1399－1403．

非豪杰不能也"[①]。他们当中，自甘堕落，反而能够让人理解，若是有为，则是豪杰之人。

府县佐贰官秩卑禄微，并不是官秩所带来的问题。论级别，府同知是正五品官，府通判正六品，推官正七品，州同知从六品，州判官从七品，县丞正八品，主簿正九品，有些级别高于州县正官，更在杂职官以上，因此不应该存在秩卑的问题，按照朝廷规定的俸禄，他们也不比正官少多少，也不应该存在禄微的问题。那么为什么还说他们秩卑禄微呢？这应该从实际权力与收入的角度来理解。当主官负责制形成之后，佐贰官失去实际的权力，没有权力则难以得到尊重，以至于明末《官箴书》把州县官如何对待府佐贰官的问题写入，指出许多州县官"不肯执下司礼"[②]。知县是正七品官，对高于自己的同知、通判都敢不以为礼，则可见没有权力的佐贰官的地位。明清两代官员俸禄一直没有变。顾炎武认为："今日贪取之风，所以胶固于人心而不可去者，以俸给之薄而无以赡其家也。"[③] 以俸给而言，确实官员俸禄极低，但以各种补贴而言，官员的收入并不低。如清代官俸之外发放养廉银和恩俸，京官一品的年俸是180两，恩俸则是270两；外官总督的年俸也是180两，养廉银则多至15000两。将历代的补贴进行粗略统计，其收入要超过俸禄数倍，甚至数十倍，这是朝廷规定的补贴。佐贰官虽然比正官得的少，但差距还不大，差距大的乃是常例的收入。按照海瑞所讲，征收钱粮，知县要提成5%，县丞、主簿只有在自己承担的征收任务下，才能够提成2%。这个差距就明显了，以淳安县年征银80万两计，知县能够得到16000两，县丞、主簿则就难说了，若是知县不将征收之事派委给他们，也就分文得不到了，其禄微则在此显现出来。只有办事才有常例，在正官负责制下，佐贰官沦为闲曹，哪里有什么常例收入，仅靠俸禄及比正官少许多的补贴，显然就困难了，也难怪地方志把这些府县佐贰官纳入《名宦传》，都有清廉的表述了。此外，出身的问题也是佐贰官难以得到尊重的重要原因。明代的"府佐及知州、知县、佐贰等官，则不皆进士为之，进士出身者十三四，监生、吏员出身者十六七"。

---

① 明世宗实录：第544卷．嘉靖四十四年三月戊申条．

② 余自强．官箴书集成：第9卷：治谱：待二府三府［M］．合肥：黄山书社，1995：172.

③ 顾炎武．黄汝成集释．日知录集释：俸禄［M］．栾保群，等点校．石家庄：花山文艺出版社，1990：548.

这种出身的差异，反映到考核之中，乃是“世之所重在进士，考课之法，旌异之典每先焉。监生、吏员出身者流，大较钟鸣漏尽，日暮途穷之人，志气销蚀，精力疲惫，仅胜冠裳，无有干局，望利而馋，触事而颓，流风踵类，考课若其弗恕。彼浮家飘宅，何所于归，十人而九皆坐可黜之列，无以酬其灯火栖迟之望，尘埃奔走之劳矣。其中有铮铮于铁，萧丛而兰馨者，虽其上司旌异间及，该部自以非进士，此无所事旌异也”[①]。出身的差异，使佐贰官无论如何努力，也难得出头之日，而握有考核大权的正官、抚按官，利剑高悬，随时可以将他们黜免，其比例在90%，让人尊重他们则很难。

府县佐贰官秩卑禄微所带来的影响是很大的。首先，正官歧视，好差事不交给他们办，坏差事让他们去办。如茶马贸易，中间利益很大，“商茶给卖，每商上引，仍给附茶一百篦，中引八十篦，下引六十篦，名曰酬劳”。以前正官都是让“佐贰官催运，稽查奸弊”，如今“率多转委首领，受贿容情”[②]。这种有利益的事情，不让佐贰官去做，有风险的事情则会逼迫佐贰官去做。如催科与办理疑狱，“或因催科，或因狱讼，鞭扑之下，民命如蚁非命而死者，岂可计也”[③]。完不成催科任务，要受到处分；打死人命，要追究刑事责任；若是官逼民反，恐怕性命难保。

其次，成为抚按官重点弹劾的对象。明代抚按官掌握举劾大权，滥用权力的现象也很普遍。“今各处抚按荐举所属官员，真知其贤者，荐之可也，而任浅及升任去任已久者，往往掇拾举荐，或曰录去思，或曰荐升任。夫既已升迁去任矣，又何荐焉。其意不过结欢收功，而不顾激扬之大体也”[④]。他们举大官“则足以树恩”，劾小官“无伤于任怨”[⑤]。因此府县佐贰官是他们主要的弹劾对象，以至于所劾官员有十之九在佐杂。清代督抚掌握举劾大权，

---

① 陈子龙，等．明经世文编：第127卷［M］//何孟春．陈万言以俾修省疏．影印本．北京：中华书局，1962：1219．

② 陈子龙，等．明经世文编：第386卷［M］//褚鈇．条议茶马事宜疏．影印本．北京：中华书局，1962：4181．

③ 陈子龙，等．明经世文编：第186卷［M］//霍韬．天戒疏．影印本．北京：中华书局，1962：1918．

④ 陈子龙，等．明经世文编：第127卷［M］//许赞．正国典明选法以便遵守疏．影印本．北京：中华书局，1962：1367．

⑤ 陈子龙，等．明经世文编：第261卷［M］//唐顺之．答李中溪论举劾书．影印本．北京：中华书局，1962：2761．

他们“乃或由一时之喜怒，或凭一日之见闻。当其被劾时，赃证罗列，秽迹难堪，及致承审之后，一无实据”[①]。一经弹劾，率先丢官，待核实清楚，官缺已经为他人所占，再要补缺，还不知道等到何日。在这种情况下，作为重点弹劾对象的府县佐贰官，也不得不将他们的重点放在决定他们生死荣辱的督抚按等大员身上，“能以所得之半赂上官，则横行而不败矣”[②]。他们致力于逢迎上官，“府州县官自处卑污，专事逢迎”[③]。卑躬屈膝，无所不为。如万历时，一个给事中到江南视察荒政，嘉兴兵道设欢迎宴，让一个县丞办理此事，该县丞居然对厨夫说：“今日是我性命所关，汝不要害我。”[④] 府州县官卑躬屈膝，府县佐贰官则性命攸关。以迎送督抚按大员而言：“今厨传之供，驺从之烦，百倍于往。州郡一下吏，出乘舆列骑，拥于衢术、隳制度、夷等威，视而泛常。”[⑤] 招待规格，只有想不到的，没有他们做不到的。如万历十八年（1590年），华亭知县杨东野首创宴客动辄百金之例，“时五月，有肥紫蟹重斤余，鲜鲥鱼五六斤者”。这种超规格的招待，风宪官们不但吃得坦然，而且“按院啧啧叹赏曰：‘两年兄莅兹土，不可谓福人哉！’”他们当然是“争以杨令为能”[⑥]。吃吃喝喝已经所费不赀，问题是还要行贿，李乐巡按南直隶，在松江府，知府、同知、通判、推官除了一起宴请他，还分别宴请，“凡为盛筵者十，以一倍十，所费不赀。每送下程，用燕窝菜二斤一盘，郡中此菜甚少，至赂节推门子，市出而成礼焉”[⑦]。松江府不产燕窝，一送礼就送二斤。螃蟹在秋天才可能有斤余的，五月就能够吃到；鲥鱼五六斤者极为少见，却成为

---

① 贺长龄，等．清经世文编：第22卷：吏政［M］//内阁学士凌如焕．敬陈风化之要疏（乾隆二年）．北京：中华书局，1992：582.

② 贺长龄，等．清经世文编：第15卷：吏政［M］//卢锡晋．吏议．北京：中华书局，1992：372.

③ 陈子龙，等．明经世文编：第197卷［M］//潘潢．申明守令条格疏．影印本．北京：中华书局，1962：2036.

④ 李乐．见闻杂记：第10卷：七十九［M］．上海：上海古籍出版社，1986：865.

⑤ 陈子龙，等．明经世文编：第153卷［M］//崔铣．政议十篇．影印本．北京：中华书局，1962：1527.

⑥ 范濂．云间据目抄：第4卷：纪赋役［M］．扬州：江苏广陵古籍刻印社，笔记小说大观，1984：123.

⑦ 李乐．见闻杂记：第8卷：三十五［M］．上海：上海古籍出版社，1986：691.

每席必备。送些燕窝，还算是土仪，即便是贵重，也无可厚非，问题是书帕[①]，是下级送上级的常例。如崇祯元年（1628 年），户科给事中韩一良曾经讲："以官言之，则县官为行贿之首，给事为纳贿之尤。今言者俱咎守令不廉，然守令亦安得廉？俸薪几何，上司督取，过客有书仪，考满、朝觐之费，无虑数千金。此金非从天降，非从地出，而欲守令之廉，得乎？臣两月来，辞却书帕五百金，臣寡交犹然，余可推矣。"[②] 一个户科给事中都能够在两个月间得到 500 两书帕，则可见有权的官员收取之多。在这种情况下，佐贰官们不但唯上是从，"委靡不振，悦谀成风。上官曰是，彼亦曰是。上官曰非，彼亦曰非"[③]。而且贿赂公行，使贪风盛行，"今也动称千数，或及万数矣。岂无贪者暮夜而行，潜灭其迹犹恐人知。今也纳贿受赂，公行无忌，岂非士风之大坏乎。大臣贪浊而日在高位，则小臣得于观感之下者，将无不惟利是图矣"[④]。"下官专事逢迎，而忘尽职之义"[⑤]。最终则会把这些转嫁到人民身上，他们"追呼遍及鸡豚，敲扑尽于闾里，民不聊生"[⑥]，逼迫人民铤而走险，走上反抗的道路。

再次，下属官员及百姓的轻视。府县佐贰官秩卑禄微，已经使下属官员轻视，知州、知县不把府州佐贰官当上级，巡检、驿丞等不把县丞、主簿当上级，居然不以为礼，这在明初是根本不可能发生的事情，下级无不把他们奉为神明，有一些下级因为破格接待，被朱元璋得知，还遭到重处。如《大诰·差使人越礼犯分第五十六》，扬州府皂隶宋重八，到高邮州传处事务，州

---

① 明代官员之间送礼，都以自著或自编的书籍相互赠送，书用函套包装，里面放有银两，一般是 16 两，也可以多放。如海瑞这样的清官，也不能够免俗，所著《淳安政事》印刷 3000 册，据其书信讲，内有银 8 两，书函用手帕包起来，故称书帕，其内装的是金、是银、是珠宝，外人不知，以至于成为行贿的代名词。此外，送名人字画则是重贿，若是送自作的书画，在卷轴内也要放金银财宝，使行贿变得典雅一些。

② 张廷玉，等．明史：第 251 卷：韩一良传［M］．北京：中华书局，1974：6565.

③ 贺长龄，等．清经世文编：第 22 卷：吏政［M］//陈庆门．仕学一贯录．北京：中华书局，1992：564.

④ 陈子龙，等．明经世文编：第 145 卷［M］//王廷相．天变自陈疏．影印本．北京：中华书局，1962：1471.

⑤ 陈子龙，等．明经世文编：第 251 卷［M］//王邦直．陈愚衷以恤民穷以隆圣治事．影印本．北京：中华书局，1962：2637.

⑥ 贺长龄，等．清经世文编：户政［M］//高熊征．粤西行盐议．北京：中华书局，1992：1193.

同知开正门迎接，结果两个人都被“杖断流入云南烟瘴”[①]。《大诰续编·擅差职官第十九》，因为布政司及府州县官差遣仓场、库务、湖池、闸坝、巡检等司官员离职办事，便“罪得乱政之条，合该身首异处”[②]。《大诰三编·沽名肆贪第四》，原宜兴县主簿王复春，因为控告常州府差人下乡扰民，被升为常州府同知，“亲自下乡，临民科扰”。原安庆府怀宁县县丞陈希文，因反对知府嘱托而被升任青州府知府，却需索下属“糯米、蒸笼、鞍韂、鞊鞶等物”。他们“前者阳为君子，阴为小人”[③]，最终是难逃其罪。到了嘉靖以后，府县佐贰官地位骤然下降，不但担心抚按官弹劾去位，还面临着朝廷大规模裁撤佐贰官，闲曹、冗员的看法，使他们完全没有与正官抗衡的本钱。都在府县，与正官一起被称为亲民之官，如今“亲民必先于富教，丞簿以下，不敢亲也。通判以上，不得亲也”[④]。有利益的事情不让他们干，得罪百姓的事，让他们冲锋在前，“而民之视其去也，如豺狼蛇蝎之驱出其里，亟须臾以为快”[⑤]，百姓恨不得他们马上滚蛋。上官轻视，“居是官者，顾每若薄之，所谓予不负丞，而丞负予”[⑥]。上官看不起，百姓恨之入骨，在这种情况下，许多佐贰官“无名节之顾惜，玩法渔民，十有八九”[⑦]，不但于吏治无补，往往是吏治败坏的前驱。

最后，前程无望，自甘堕落。府县佐贰官大多数是杂途出身，一是很难以升迁，二是熬到这个官职往往是垂暮之年，三是宦途风险，已经饱受机诈权变之苦，使他们不得不自暴自弃。“今所用丞、簿、尉，凡贡、监、吏途三，而吏途益众。人之出于其间，得一官不胜其艰苦，而上之人待之甚轻。待之既轻，其自待不得不轻。自待轻，故上之人待之益轻，未尝有诗书礼义，

---

① 张德信，毛佩琦．洪武御制全书［M］．合肥：黄山书社，1995：774.

② 同①806.

③ 同①893.

④ 贺长龄，等．清经世文编：工政［M］//杨椿．衢州知府杨公传．北京：中华书局，1992：2789.

⑤ 高攀龙．高子遗书：第9卷：下送陈二尹序［M］//景印文渊阁四库全书第1292册．台北：台湾商务印书馆，1983，9：11.

⑥ 王樵．方麓集：第3卷：赠袁二尹序［M］//景印文渊阁四库全书第1285册．台北：台湾商务印书馆，1983：60.

⑦ 贺长龄，等．清经世文编：第17卷：吏政［M］//李之芳．请禁杂流委署疏．北京：中华书局，1992：433.

渐涵之力，以养其心，而机诈权变，又尽汨丧其良，安处于行险徼幸之窟宅，而以为固”。他们前途无望，“朝夕之所望，与其父母妻子所以望之者，不过多得金钱。至去其官也，不以墨，即以老疾。即去，其橐中装，已可耀示妻儿，了无所悔憾”。能够得到一些金钱，向妻子儿女炫耀，便可以满足了。故此在他们中间，“求得其人，有志自立，不肯亡耻冒利者，不啻麟凤矣”①。就是这一点并不能够说太过分的追求，也是不容易的，在正官负责制下，不让他们干能够得到利益的事情，则难免“衙中空空如也，柴马俸钱外，无从有毫厘之入”。钱财难得到，地位又低下，其上者“大抵卑抑无聊之情，因之有怀乡挂冠之想”，能够顺利地致仕，也算是还有秀才之气。想要干些事业，“如此官阶，所由如是，侍之诸进士大官之下，譬之云泥，纵使出群其才，谁则我与？泰山压卵，因而颓废”②。本来就动辄得咎，出身杂途，要想显示自己的才能，出人头地，进士大官有如“泰山压卵”，岂能够得到完卵。

总之，佐贰官秩卑禄微，主要是因为失去权力，若是正官不让他们办事，就是闲曹，不但收入减少，而且被人轻视。来自官场与社会的压力，则更凸显他们官微言轻，要想办事也很难。本来府县佐贰官在官场上地位已经很低，在清代又施行捐纳制度，府县佐贰官中捐纳出身越来越多，固然有少数人颇有手段，“由一布衣费百余金报捐县丞，荐牍一次则知县，蓝翎矣；二次则同知、直隶州，花翎矣；三次则知府矣；四次则监司且加至两司衔顶矣”③。他们走督抚的门路，寻求荐举，可以摆脱秩卑禄微的处境，但毕竟是凤毛麟角，大多数府县佐贰官，还是本着能够得一点就得一点，至少可以向妻子儿女炫耀，也可以向乡里炫耀，毕竟有钱就能够得到尊重，更何况他们还身着冠带，享有官员之荣。

三、规定与现实的差距

明代府县官吏设置是本着正官负责、佐贰辅助监督的原则而设置的，虽然这种正佐互相辅助监督机制伴随着正官负责制度的加强而逐渐失去效用，

---

① 高攀龙．高子遗书：第9卷：下送陈二尹序［M］//景印文渊阁四库全书第1292册．台北：台湾商务印书馆，1983，9：11.

② 陈义钟．海瑞集：下编：赠吴颐庵贰尹句容序［M］．北京：中华书局，1962：387.

③ 方浚师．蕉轩随录：第9卷：官常［M］．盛冬铃，点校．北京：中华书局，1995：347.

但在制度上还是维持这种机制，或多或少还能发挥辅助监督的效用。“自知府论之，其僚佐则有同知、通判、推官之员，其属则有经历以下，至州县正、佐、首领、师儒之员，莫不各有僚属”①。制度规定他们要相互辅助，彼此要商议而行，但制度缺陷也是明显的，那就是佐贰官与正官有明显的区别，也偏袒于正官。

在明初，若是正官与佐贰官有意见分歧，还是可以单独上奏的，在抚按官制度化以后，连知府都失去单独上奏的权力，佐贰官更不在话下。当《在外正佐官互相纠举例》颁行，两者的等差更加明显，他们只能“是凭家兄为驱使，了不能以自主”②。“为之者，其不肖者不假言矣，虽贤者亦惟谨修其常职；至于其长之前，则亦唯唯而已，敢与之相异者少矣”③。从正佐互相辅助监督，走向正官负责制，在制度上并没有予以承认，现实中却是正官负责。既然没有制度的认可，即便是正官也不敢真正地负起责任，更不能够理直气壮地彰显自己的权力。

从明末《官箴书》中要求正官处佐贰官以“道”，无非是自己“正身”，然后才能“正人”，所采用的是“和”，而不是如何办理政务，在这种情况下，即便有正佐互相辅助监督，也不能够付诸执行。要知道“和”字的含义极多，作为形容词，有相安、协调、平静、平息争端等意，是指不同事物或方面，能够达到令人满意的结果，和睦、和谐、和衷共济是人与人之间和的体现。作为动词则有调和、调治、调适、和解等。《官箴书》的和，显然就是动词，要府县正官去“和”，显然是要采取手段，而这种手段往往不是光明正大，也就成为“术”了。韩非讲君临“七术”有“众端参观，必罚明威，信赏尽能，一听责下，疑诏诡使，挟知（智）而问，倒言反事”，乃是“亲爱习莫之得闻”（《韩非子·内储说上》），隐秘幽深而又变幻莫测。府县正官对佐贰官讲究驾驭之道，作为弱势的佐贰官，也只能够“郡县之事惟守令决之，

---

① 陈子龙，等．明经世文编：第100卷［M］//李承勋．重守令疏．影印本．北京：中华书局，1962：883.

② 陈义钟．海瑞集：上编：主簿参评［M］．北京：中华书局，1962：147.

③ 林文俊．方斋存稿：第6卷：送顾正甫赴遂安邑幕序［M］//景印文渊阁四库全书第1272册．台北：台湾商务印书馆，1983：24.

丞倅以下拱手而已”[①]。制度规定是正佐相互协商，而如今却要行之以术，原本应该按照制度办事，却必须采用不正常的手段才能够实现，不但制度成为具文，还使人际关系紧张，增加彼此防范的心理。

在朝廷没有明令废除正佐互相辅助监督制度的情况下，制度也成为可以利用的工具。李乐讲，在嘉靖年间，湖州知府“大兴学校，费钱不赀”，去任以后“群小菲然谤议，通判以下不肯书其簿”。后任知府则说：“滕侯（前知府）之谋，倘有不臧，何不早发？俟其去，乃非之，岂古人分谤之意。”最终使“一坐大惭”[②]。本来嘛，当时你们不提出意见，待知府离去，不但谤议，还不肯承认自己也有责任，朝廷还有正佐相互辅助的制度。为了规避责任，同荣共辱，“内而六曹，上曰据案呈，下曰奉堂札，每一事也，堂佐司属皆书名焉，外而郡县，上则自抚若按、司、道以至郡县。下之行上也亦然，每一事，则守令、丞、簿若小吏皆书名焉，以示功惟均也，罪惟均也”[③]。问题是有功的时候都想独占，有罪的时候则互相推诿，有主导权的正官，具有优势，独占其功而卸罪于佐贰官，也就成为常态。湖州府那些通判以下佐贰官，在前任知府在位的时候，一言不发，弄不好还歌功颂德，毕竟是大兴学校。在地方志《金石志》中，收录不少修建学校的碑文，撰写者大多数是较为有才的佐贰官，仔细分析，其肉麻得令人脸红。洋洋洒洒千余言，最终发现只不过是修修门窗，添些桌椅而已，有什么值得歌颂的，佐贰官讨好正官，于此可见。

清代的州县官吏设置则完全是以主官负责制为基础，基本上取消了正佐辅助监督机制，在主官负责制的情况下，以主官个人为中心的私人集团承担起辅助职能，而强化自上而下的监督机制。同样，在因循明代制度的基础上，也没有在制度上明令取消正佐辅助监督制度，所以要求“文武寅僚，同舟共济，善相劝，过相规，协恭和衷之谊也”[④]。办理具体事务，也要“卑府细询

---

① 陈子龙．安雅堂稿：第10卷：策・去欺蔽［M］．孙启治，校点．沈阳：辽宁教育出版社，2003：175.

② 李乐．见闻杂记：第6卷：九十三［M］．上海：上海古籍出版社，1986：516.

③ 同①175.

④ 贺长龄，等．清经世文编：第83卷：兵政［M］//蓝鼎元．潮州海防图说．北京：中华书局，1992：2030－2031.

僚属，博访舆情，佥无异辞”[①]。办理“上司数批检问，正谓恐有冤抑，欲与下僚商酌，为平反计耳。要知一人之聪明有限，同官之思虑无穷。从前承问者，岂事事皆能自决”[②]。这些言论都是清前期的，此后出现的《官箴书》，再也不谈什么询问僚属、善言相劝、遇事商酌的问题，却在幕友方面用笔甚多，则说明朝廷虽然在制度上还是有正佐辅助监督，实际上已经没有佐贰官了，因为在乾隆以后，除了独立的直隶厅、散厅之外，佐贰官都有分防之地，即便是与正官同城，也有独立的衙署，没有取消佐贰官，实际上佐贰官已经不复存在。

实际的佐贰官不存在了，但因循下来的理念与正官差委制度还存在，佐贰官位卑还是影响到他们施政。清乾隆年间颁行《穷苦佐杂回籍路费例》，将县丞、主簿、典史、巡检等定为微员，以后经督抚陆续题请，将州同、州判及边远地区的通判，都纳入微员之内。在乾隆帝看来，“微员俸少力薄，未免衣食艰难”[③]，在回籍、上任资助他们一些路费，可以解决他们一些困难。但有些微员所干的事情，与正官没有什么差别，如福建省 14 名移驻县丞，“征粮理讼，任等知县”，但与知县的“养廉悬殊”[④]，经过闽浙总督的奏请，养廉银升为 160 两，与顺天府通判的养廉银相等，知县养廉银为 500 两，正官与佐贰官的差距非常明显。人称微员，就难以服众。在社会经济发展，地方出现动荡，许多巡检司，因为是微员不足以弹压，而改为县丞、主簿管理，但还是属于微员管理范畴。如湖北长乐县的渔洋关，“为土汉门户要隘，陆续招垦，生齿日繁，兼有枕近渔洋之仁和坪，烟户甚众，止设县丞微员，不足弹压”[⑤]。“金门一岛，地亩日辟，民人辐辏，向设县丞微员，难资弹压”[⑥]。这两地分别升为同知厅与通判厅，却还有直隶厅与散厅的区别。如湖南凤凰厅，原来“止设通判，六品顶戴”，还是属于微员，故此“征粮听讼，苗民视

---

① 贺长龄，等. 清经世文编：第 117 卷：工政［M］//项诚. 浚成都金水河议. 北京：中华书局，1992：2870－2871.

② 贺长龄，等. 清经世文编：第 94 卷：刑政［M］//李渔. 论人命. 北京：中华书局，1992：2306.

③ 清高宗实录：卷 12，乾隆元年二月甲戌条.

④ 清高宗实录：卷 385，乾隆十六年三月是月条.

⑤ 清高宗实录：卷 238，乾隆十年夏四月丁巳条.

⑥ 清高宗实录：卷 767，乾隆三十一年丙戌五月己巳朔条.

同末弁，不听弹压”[①]，升为同知厅，也就为直隶厅了。广西太平府龙州，因“紧接安南地界，现在开关通市，稽查商民，所关尤重，通判职分较小，难资弹压”[②]，也升为同知厅。毕竟朝廷没有把同知纳入微员序列，但在官方文书中，也常称之为微员。如“呼世图以同知微员，到任不过二年，亏空至一万数千两之多”[③]。“刘组曾以同知微员，承办军需，竟能出纳无弊，尚属奉公守法”[④]。正因如此，朝廷与督抚大员，都认为“微员究难弹压”[⑤]，“佐贰不足以资弹压”[⑥]。基于这种认识，即便是身为直隶厅正官的同知，在具体政务处置上，也与府县正官有很大的区别。如南康府同知驻吴城镇，“该地兵民杂处，习俗刁顽，视同知为隔属之官，呼应不灵”[⑦]。那些管事的佐贰官，如“押运同知、通判，隔属呼应不灵”[⑧]，则更突出了。

清代虽然施行正官负责制，但没有从制度上予以废除，便采取裁冗与移驻、分事的办法，使佐贰官不至于无事可做，也使佐贰官制度得以保留。佐贰官有固定的缺，在不断裁冗的情况下，缺越来越少，而分省候补的制度，使大量的佐贰官在省待缺，候补无期，生活艰难，能够解决当前困境的，只有寄托于督抚差委。清代确立了以督抚为中心的地方管理体制，督抚也有了调剂属员的权力，作为微员的佐贰官，也只能够唯督抚马首是瞻了。

总之，明清两代都没有在制度上废除正佐相互辅助监督，但在实际上却将佐贰官置于闲曹与冗员地位，使他们既失去辅助的职能，又失去监督的职能，即便是让他们办一些事务，也失去副职的意义。“若佐贰微员，其去胥吏一间耳”[⑨]。自正官负责制出现以后，佐贰官受正官委派某些事务，都是府县各房承办的事务，让佐贰官去兼管，实际上他们所办的事情与各房书吏没有什么区别，故此称他们与胥吏仅仅相差一点，基本上与胥吏等同。按照制度规定，各房书吏直接对正官负责，诸事都要正官认可才能够有效，因此胥吏

① 清高宗实录：卷1351，乾隆五十五年三月丙申条.
② 清高宗实录：卷1388，乾隆五十六年冬十月丙辰条.
③ 清高宗实录：卷588，乾隆二十四年六月丙辰条.
④ 清高宗实录：卷949，乾隆三十八年十二月己酉条.
⑤ 清高宗实录：卷513，乾隆二十一年五月乙未条.
⑥ 清高宗实录：卷609，乾隆二十五年三月壬戌条.
⑦ 清高宗实录：卷747，乾隆三十年十月己巳条.
⑧ 清高宗实录：卷917，乾隆三十七年九月己酉条.
⑨ 清高宗实录：卷625，乾隆二十五年十一月丙辰条.

也不会心甘情愿地听从佐贰官的指挥，胥吏若是向正官汇报，反而会更增加正官与佐贰官之间的相互不信任，在夹缝之间的佐贰官，在府县中的生存环境非常险恶。佐贰官分驻、分事，使佐贰官摆脱上有正官、下有胥吏的困难处境，成为较为独立的官员，却也因微员的地位，在具体施政过程中，与正官还是有明显的差别。

四、佐贰官差委的弊端

明代自抚按制度形成以后，委署佐贰则成为常态。对于这种委署，明人已经指出弊端，认为在府县，“署印半是佐贰、教官，甚则阴、医、巡检，间有一二贤能官员，此委彼差，不得停息，虽本府佐贰官，亦多弃其专职，奔走不暇，而况于州县乎”①。抚按官的差委，已经破坏正常的制度。不但佐贰官供抚按官差委，“又有一等巡按御史，于亲民正官，责其过州县相见，及经年累月，供其差委。或自欲立事，以至少拂其意，则凌辱加之”②。抚按官委署太杂，连正官也在其委署之内，与朝廷设官分职的方针相违背，这仅仅是其弊之小。明代抚按官差委弊端之大，主要有二：

一是负有监察之责的抚按官以委署之官为耳目。在张居正施行改革的时候，严惩贪官污吏是一项内容，在清查赃吏的过程中，出现“各抚按官耳目委诸下寮，多为所欺蒙，不即擿发”的情况，内阁次辅陈以勤提出，要抚按“所属有司，悉心廉访”③，对抚按官委署佐贰官充当耳目，颇有看法。对于在考察过程中，抚按官以佐贰官等下寮为耳目的做法，在当时已经有非议，认为耳目太偏，因为“抚按会同举劾，其耳目必有所寄，非不委司府州县，互相觉察，而其实皆起于所亲信之一官也”。他们一般是委派推官，“推官委耳目于胥隶，各处水陆要冲，多有卖访窝家，又胥隶之耳目也”④。实行这种“窝访”，并不能够收到察吏的功效，反而使被委推官及胥吏们威焰熏灼。有

---

① 陈子龙，等．明经世文编：卷151［M］//万镗．恤民隐均偏累以安根本重地方疏．影印本．北京：中华书局，1962：1502.

② 陈子龙，等．明经世文编：卷180［M］//桂蕚．修省十二事疏．影印本．北京：中华书局，1962：1843.

③ 陈子龙，等．明经世文编：卷310［M］//陈以勤．披哀献议少裨圣政疏．影印本．北京：中华书局，1962：3277－3285.

④ 陈子龙，等．明经世文编：卷399［M］//管志道．直陈紧切重大机务疏．影印本．北京：中华书局，1962：4328.

人提出应该对抚按官委官进行限制，“请乞通行各处抚按，务精简别，毋惑飞语。寄之耳目者，必先问其所寄之人。得之传闻者，必覆查其所闻之事”①，要将所寄耳目明确指出，也就是说要实名举报。这种建议显然没有被采纳，以至于在考察过程中出现报复之私，“风宪不能以自知也，而惟取之于委官。委官不能以自知也，而复凭之于吏卒。毁誉多出于爱憎之口，伪妄率繇于体访之疏。贿赂可以潜通，贤否竟至淆乱。所以官怀疑恐，恒肆志于贪求，士务逢迎，多不修夫职业也”②。自张居正以后，抚按广寄耳目之事，不但没有加以限制，而且有扩大的趋势，以至于“朝廷用舍，多凭举劾，任己则耳目不广，任众则毁誉易淆，比年以来，几于朝无完人”③。明末“抚按广寄之耳目，恒穷于无所施，然亦赖是益信”④。抚按官们在自己的管辖区域内，构建以佐贰官为主的耳目体系，意在对辖区内的官吏实施有效的监督，就应该收到耳目的功效。问题是耳目传闻是否属实，举劾的时候，以耳目为名，却没有真名实姓，若是眼见，尚可以自己负责；若是听说，则难免不实。道听途说虽然不可信，毕竟还有一定的真实在内；若是以伺察的方式，专门查找隐私，抚按官轻信，则不是什么正当的行为了。在这种情况下，官吏们岂能够安心于政务，只能够小心翼翼地做人，甚者以耳目制耳目，上上下下都在伺察别人的过失，不但使人际关系空前紧张，更败坏了官场与社会风气。明代抚按官广设耳目，并不是让人民监督，而是一种特务侦缉，与博采舆论完全不同。

二是抚按官差委佐贰官滥用权力与缺乏制约的弊端。地方事务繁多，也经常会出现突发事件，抚按官委官办理，也是一种应急手段，原本不应该有什么非议，问题是委官打着抚按官的名义，往往徇私舞弊。如遇到灾荒，需要踏勘赈济，“府州县委官踏勘，不过骚扰一番。镇巡官委官踏勘，又一番

① 陈子龙，等．明经世文编：卷407［M］//萧彦．竭愚忠陈三议以备圣明采择疏．影印本．北京：中华书局，1962：4420.

② 陈子龙，等．明经世文编：卷251［M］//王邦直．陈愚衷以恤民穷以隆圣治事．影印本．北京：中华书局，1962：2635－2639.

③ 陈子龙，等．明经世文编：卷394［M］//王锡爵．定国论一政体疏．影印本．北京：中华书局，1962：4264.

④ 陈子龙，等．明经世文编：卷459［M］//赵南星．申明宪职疏．影印本．北京：中华书局，1962：5027.

扰。到头贷赈之及，其济几何”[1]。因为委官“无提问之例，是以委官无所钤束，全不畏惮”[2]。“明王朝参酌前代旌节制度，将令旗、令牌结合在一起，形成旗牌制度，最初仅仅授予带兵出征的将领”[3]。天顺时已经颁发给带兵的文臣。至万历时，不但巡抚都拥有旗牌，连一些兵备道也开始拥有。旗牌也称之为“王命旗牌”。旗牌拥有者一般都有军法从事的权力，也有一定便宜行事的权力，巡抚一般可以有八面副，若是他们委署官员，将旗牌授予他们，持有者便具有代天子行令的权力，因此也会气焰嚣张。这些“委官始则吹毛求罪，以献功能，终至假为作威，以行胸臆”，以至于“把总等官，一闻委官到寨，神气皆丧，披甲跪拜不暇。委官不过推官、知县，安然受之不疑，少有失礼，则煅炼罗织之狱已呈，充军降级之祸立至”[4]。这些“承委官员假公营私”[5]，也得不到惩处。“奉命者复不自查而委之各官，各官复为地方官笼络，而相遁相欺，以文避法”[6]。所以这些“委官不胜其私，贿嘱纷然”[7]。督抚按都有委官的权力，“今日委官某促责，明日委官某较量，今日委官某检正，明日某覆核奔走文移之渎，吏人戴罪之严，迎送夫马之费，动辄掣肘之艰，民曷为而不告病耶”[8]。督抚按滥委官员，既显示出朝廷对地方失控，也反映了政出多头的特征。在这种情况下，府县难以施展其治理的职能，只能够唯上司委官马首是瞻，更不可能安心于府县政务，原本沦为闲曹、冗员的佐贰官，却可以从中谋得利益，地方政治渐不可问。

清代废除巡按制度，督抚则拥有委署的权力。按照清代的制度，总督可

---

① 陈子龙，等．明经世文编：卷127［M］//何孟春．陈万言以俾修省疏．影印本．北京：中华书局，1962：1224.

② 陈子龙，等．明经世文编：卷169［M］//马卿．攒运粮储疏．影印本．北京：中华书局，1962：1735.

③ 柏桦，李瑶．明代王命旗牌制度［J］．古代文明，2017（1）：85.

④ 陈子龙，等．明经世文编：卷205［M］//朱纨．请明职掌以便遵行事．影印本．北京：中华书局，1962：2156.

⑤ 陈子龙，等．明经世文编：卷359［M］//庞尚鹏．清理延绥屯田疏．影印本．北京：中华书局，1962：3874.

⑥ 陈子龙，等．明经世文编：卷412［M］//钟羽正．条议阅视事宜以图实效疏．影印本．北京：中华书局，1962：4472－4473.

⑦ 陈子龙，等．明经世文编：卷429［M］//侯先春．清马政以裨边疆重务事．影印本．北京：中华书局，1962：4697.

⑧ 陈子龙，等．明经世文编：卷4［M］//钱楩．筑堡．影印本．北京：中华书局，1962：5561.

以授予旗牌十面副，巡抚可以授予旗牌八面副，这些旗牌称为“王命旗牌”。从雍正时起，就开始授予拥有“王命旗牌”的督抚以“恭请王命，立即正法”的权力，特大的刑事案件，如盗贼、人命、蔑伦等，可以一面请旨，一面正法，其正法的事宜，督抚将“王命旗牌”给付委员，他就可以到各府县去执行正法之事。法国人老尼克认为：“这一发明值得好好研究，每一行政长官都持有这种权力象征，足以宣布判决生效。”① 若是督抚委用属员，将“王命旗牌”授予他们，就使之拥有天子一样的权力。即便是不能够得到“王命旗牌”，以督抚的“札付”，也可以行使督抚授予的权力。

清代督抚委署官员，颇受时人诟病，认为“委署之害不止一端，惟杂途之钻营委署其害最甚”②。赈济灾荒，“其所委佐贰微员，或更滋扰累，无益救荒”③。兴修水利，“则大吏委官督筑，所委者皆琐琐下僚，苟求锱铢，不知政体之人”④。在佐贰官不断被裁缺的情况下，谋职已经容易，督抚有委署之权，能够得到委署，则是他们的期望，钻营则在所难免。如乾隆三十八年（1773年），甘肃发生一起州判谋求署理知县实缺的案件。这一年，靖远县知县出缺，身为河州州判的麦桓，知道这是个优缺，就通过关系找到兰州府知府蒋全迪，然后再钻营署理甘肃布政使王亶望，希望得到这个缺。当时答应给王亶望银4000两，知府4000两，并且许诺到任以后，在办理赈灾时，再给他们每人各4000两，仅仅谋此一缺，就花去16000两。经过行贿，麦桓终于谋得此缺，办理捐监赈灾之事。所谓的“捐监”，即捐监生执照，可以拥有监生的名义，就算是有身份的人，清人戏称监生是“屁股盖子”，也就是说，拥有监生之名，州县官就不能打他们的板子，见到州县官也不用下跪，行作揖礼就可以了。按照朝廷规定，捐监要到京城，由礼部颁给执照，各省是不能够随便捐的。王亶望等人以甘肃大旱，需要赈济为名，奏请朝廷，允许甘肃捐监赈灾。按照朝廷规定，一名捐监要55两银，各地方官在此基础上加10两

① 老尼克．开放的中华：一个番鬼在大清国［M］．钱林森，蔡宏宁，译．济南：山东画报出版社，2004：154.

② 贺长龄，等．清经世文编：卷17：吏政［M］//李之芳．请禁杂流委署疏．北京：中华书局，1992：433.

③ 贺长龄，等．清经世文编：卷44：户政［M］//工科给事中翁自涵．请速赈济疏（顺治十一年）．北京：中华书局，1992：1061.

④ 贺长龄，等．清经世文编：卷38：户政［M］//蒋士铨．札吴翥堂观察．北京：中华书局，1992：946.

银。麦桓谋得此缺之后，知府蒋全迪“即豫填实收六百张，勒令补印收捐”①，仅这一项收入就是6000两银，则可见谋得正官之缺的利益有多大。值得注意的是，麦桓行贿谋缺，并没有败露，若不是王亶望贪污巨案发生，他也不会被清查出来。

督抚委署属员，给一些佐贰官提供署理正官的机会。以嘉庆初年福建省为例：当时该省知县有62缺，因犯事遭到弹劾的有39员，得到任命还没有到任的13员，吏部还没有题补的10员，总共52员，可以供督抚委署，他们“间于府经（历）、县丞中遴选委署，亦因不得其人，为一时权宜之计”②。从上麦桓案可以看到，这些被权宜委署的佐贰官，不可能是因为才能出众，他们是“微员”，也不足以服众，委署他们，其金钱交易显然。

清统治者不是不知道其中的弊端。如乾隆帝讲，水旱震溢，本应该督抚亲往抚绥，“而向来督抚率委属员查勘，并不亲行，名曰镇静，实则偷安”③。也知道“向来各省督抚，于地方应办事务，往往饬委属员，以次转详遂成通例”④。更知道督抚勒派属员，江西巡抚郝硕，“藉敛盘费为名，勒派属员公帮银两，贪婪牟利，数至累万盈千”⑤。从《乾隆朝惩办贪污案件选编》132名一、二品大员所涉及的犯罪情况，都有勒派属员之罪⑥。乾隆以后，督抚委员已经成为常态，不仅仅是委署制度规定的官缺，还因事设局设馆，派委员前去管理。委员则成为督抚调剂属员的形式，至鸦片战争以后，这种调剂已经成为督抚用人的手段，以至于督抚司道都可以委派人去当“委员”，委员再委士绅，因此官曰委员，绅曰委绅。特别是“自咸丰初年，奉檄饷局，首则捐输，继而助饷，又继而米捐”，这些委员都是捐纳得来的，“其有营私为己者，得费免捐，公然卖放，收钱不报，暗地侵吞，此是国家之盗臣也”。自曾国藩首创厘金制度以来，征收厘金是地方的主要财政来源，“设卡既多，立法益密，大小委员，一局三四辈，巡丁司事，一卡数十人，人数猥杂，局用益大，

① 清高宗实录：卷1141. 乾隆四十六年己未条.

② 贺长龄，等. 清经世文编：卷16：吏政［M］//汪志伊. 敬陈吏治三事疏. 北京：中华书局，1992：393.

③ 清高宗实录：卷391. 乾隆十六年闰五月丁亥条.

④ 清高宗实录：卷688. 乾隆二十八年六月戊戌条.

⑤ 清高宗实录：卷1208. 乾隆四十九年六月戊申条.

⑥ 中国第一历史档案馆. 乾隆朝惩办贪污案件选编［M］. 北京：中华书局，1994.

所入不敷，则不得不加意搜求。再，人之贤者少，而不肖者多，查察不及，弊端百出，既为暴客，又为盗臣，而商贾徒耗其财，饷需仍无有济，言之可为痛恨，虽大吏时加检摄，有犯必惩，而吞舟之漏者，又不知凡几”①。可以说是委员遍天下，以至于有假借委员以行骗者。《清稗类钞》记载，清末浙江巡抚要访察官民之不法者，温州知府因为贪污受贿，非常害怕，手下人发现“有外来三人操北音者”，知府派人搜查他们的行李，“得中丞访牌一，守之私事备列焉，所钤乃紫色印花也”。因此认为这三个人就是巡抚派来访察的，便向他们行贿。后来得知是假冒者，“前物入骗子手而不敢言”②。一名知府，被假冒的委员骗了，还不敢声张，也可见委员气势嚣张，连骗子都假借委员而招摇撞骗。

第三节　明清府县佐贰官制度实施效果分析

明清府县佐贰官制度，施行了500余年，其间经历了从正佐相互辅助监督制向正官负责制的转变。正官负责制使佐贰官逐渐退出府县管理层，几乎与管理具体事务的胥吏相等，但朝廷一直没有从制度上废除佐贰官制度，其与正官之间的矛盾则影响到府县的治理，因此进行了调整，在裁冗与移驻、分事的情况下，府县佐贰官逐渐脱离府县序列，成为与正官权责相同的官员，却没有摆脱佐贰官的身份，在具体施政方面也存在许多阻碍。应该承认，一个实行500余年，且不断发展变化的府县佐贰官制度，在具体实施过程中，还是有一定成效的，但也不能够忽略问题的存在。

一、实施的效果

明清两朝500多年间，府县佐贰官人数难以进行统计，在整个官僚群体中，是属于末秩下僚，乃是人数众多的一批，但从当时的人口来看，又应该属于少数。府县佐贰官制度在规范这些官员行为的同时，也考虑到提高统治

---

① 陈其元．庸闲斋笔记：卷12：钱东平创厘捐法［M］//笔记小说大观第21册．扬州：江苏广陵古籍刻印社，1984：158－159.

② 徐珂．清稗类钞·棍骗类·冒为探事委员以行骗［M］．北京：中华书局，1984：5429.

效率。因为他们要把国家的统治直接施加在人民身上，所作所为不但直接关系到地方的稳定，也关系到民间疾苦，其实施效果也是统治者最关注的问题。

（一）在正佐相互辅助监督的机制下，府县佐贰官能够发挥其积极辅助与正确监督职能

正佐相互辅助监督机制是整饬吏治、督促各级官吏恪守朝纲法律的有效措施。一方面，同僚之间的相互监视，使彼此的行为都要有所检点，可以促进吏治，提高工作效率；另一方面，以官制官，造成权力上的互相制约，有利于朝廷对他们的控制，也有利于佐贰官充分发挥作用。从地方志所载明初"名宦"事迹，就可以看出这种制度在当时还是能够顺利实施的。以《畿辅通志·名宦》所载明代名宦39名的事迹来看，在正统以前，那些佐贰官多有佐治办事的表述。如洪武时期的迁安县主簿金彦祥，在元兵围城的情况下，"转饷不乏，及兵迫县，悉力拒守"。永乐时蓟州州判吴万里，"有政事，能文章"；安平县县丞耿福缘，"廉能才干，抚民有方"。洪熙时易州州判张友闻，"以冗员当去"，以本州部民乞留，得以不去。正统时容城县丞张琎，完县主簿林巍，清苑管马主簿高俨，都是因为有善政，为百姓父老诣阙请留，得以升秩还职（见附录F）。由此可见，在正统以前，正佐相互辅助监督在府县基本上能够得以执行。但也不得不承认，佐贰官发挥的作用，远远不如正官，因为这个时期，正官进入《名宦传》的，比佐贰官要多许多。地方志编者感叹："有明一代，可计数之君子也，同时宦于畿辅，风节治行，见于公文，而确乎有据者，凡二十余人，而郡县旧志无一及焉。"① 也就是说，真正称为君子又有政绩的人，府县地方志都不记载。

明清地方志的编纂，其真实程度应该予以辨别，特别是与地方志编纂时间接近，在编纂时出现的名宦，其真实性就比较差了。谢肇淛讲："尝预修郡志矣，达官之祖不入名贤不已也，达官之子孙不尽传其祖父不已也；至于广纳苞苴，田连阡陌，生负秽名，死污齿颊者，犹娓娓相嬲不置。或远布置以延誉，或强姻戚以祈求，或挟以必从之势，或示以必得之术。哀丐不已，请托行之；争辩不得，怒詈继焉。强者明掣其肘，弱者暗败其事。及夫成书之

① 李卫，等．畿辅通志：卷67：名宦传序［M］//景印文渊阁四库全书第504册．台北：台湾商务印书馆，1983：1.

日，本来面目十不得其一二矣。嗟夫，郡乘若此，何有国史哉。”① 祝允明被召修《广东通志》时，也不无感叹地说：“一涉予夺，爱恶纷起”，“以此事罹谤毁者至多”②。明代地方志编纂大多数是在弘治以后，所讲正统以前的名宦，则大多数根据档案所载，有朝廷明令表彰，则基本上可信，而弘治以后的名宦，则要从事迹中进行分析了。

从地方志记载的名宦来看，府县佐贰官的事迹往往与府县正官没有什么区别，偶尔也会有赞治的表述，是“皇朝彝制，邑之有丞，实佐其长，于邑事任责等尔”③。这与地方志所记名宦事迹是相同的。宣德时“内官内使差遣在外者。多贪纵为民害”，故城县丞陈铭，敢于殴打太监，宣德帝并没有将之治罪，“朕既释之矣，彼当因此知改过也”④。史书认为明代吏治澄清百余年，应该与府县正佐相互辅助监督制度有很大的关系，而明初经过战乱，快速地恢复凋敝的社会经济，也离不开府县佐贰官们的努力，因为按照明代制度，府县正官不能够下乡，只有佐贰官才能够深入基层去办理实事。明代宣德年间，设立劝农佐贰官，则更表明佐贰官在促进社会经济发展方面是发挥了重要作用的。

明代自弘治年间已经出现正官负责制的迹象，此后以府县佐贰官为闲曹、冗员的表述也越来越多，还出现大规模的裁减，但佐贰官并没有退出职官序列。朝廷以分事、分防的办法，以使府县佐贰官不至于成为闲曹，抚按官委署则使他们获得原本佐贰官不可能拥有的权力，因此不论是在政务方面，还是在政治方面，都可以见到佐贰官的身影。如正德时，宦官刘瑾专权，以旗校访核苏州府同知王昚“贪得无耻”⑤，被罢为民，是没有向刘瑾行贿。刘瑾“蛊惑朝廷，变乱祖法，屏弃忠良，收集凶狡，阻塞言路，括敛民财，籍没公卿，封拜侯伯，数兴大狱，罗织无辜，肆遣官校，胁持远近”⑥。朝野畏惧，居然也有王昚这样的佐贰官敢于不服，其被罢为民，也受到地方的尊重。嘉

---

① 谢肇淛．五杂组：卷13：事部一［M］．上海：上海书店出版社，2001：268.

② 祝允明．怀星堂集：卷13：上巡按陈公辞召修广省通志状［M］//景印文渊阁四库全书第1260册．台北：台湾商务印书馆，1983：17.

③ 嘉靖．浦江志略：卷3：历官［M］//天一阁藏明代方志选刊26. 上海：上海书店，1982：7.

④ 明宣宗实录：卷94. 宣德七年八月壬子条.

⑤ 明武宗实录：卷52. 正德四年秋七月庚子条.

⑥ 郑晓．今言：卷3. 二百八十五.

靖元年（1522 年），“惜薪司所收木柴，每于正数外暗加耗柴数倍”，易州判官赵孔清，“下户部议”，与太监赵亨认为“旧规难免”，孔清等进行疏辩不胜，被“发山厂听审”①，史家将此事迹列出，表示尊重。凡此都说明佐贰官若是认真履行职责，还是能够发挥赞治与正官等同的作用。

（二）正佐相互辅助监督向正官负责制转变，中间有一个过渡，那就是首领官的设置

专制王朝的正佐相互监督，主要是出于对地方长官不放心，其本身就难以为正官所接受，但佐贰官是朝廷任命的，正官也无权罢免他们，又不能够剥夺其监督权力，要想让正官信任佐贰官也很难。正官利用一切机会将佐贰官架空，除了利用自己正官的权力之外，拉拢首领官，也是一种策略。

朱元璋痛恨“胡元之制”，在府县设立正官、佐贰官、首领官，也曾经明确说明正官“所任之事，各必躬亲理之，所以视吏卒如奴仆，待首领官若今参谋，善者礼之，不善者奏闻黜之。凡所施行，议论已成，正官、首领官亲行草稿，役吏精书之，而乃书押印行，所以事多端正，并无稽迟”②。因为有首领官的设置，正官在与佐贰官政见不和的时候，往往会借助首领官而达到自己的目的，甚至在决策时，绕开佐贰官，直接与首领官谋议，毕竟太祖高皇帝认为首领官是“参谋”。正佐相互辅助监督向正官负责制转变过程中，首领官起到至关重要的作用。制度上规定正官不许下乡，这下乡之事必然要派委佐贰官前往，首领官则必须在衙署办公，正官与首领官直接定议，把佐贰官排除在外，既合情又合理。首领官的地位是属官，佐贰官的地位是僚佐，正官指挥属官是天经地义，指挥佐贰官则不是那么容易的。正官与首领官的结合，把佐贰官架空，沦为闲曹，成为冗员，也就顺理成章了。在这种情况下，朝廷进行调整，让佐贰官分防、分事，在他们分管的事务上发挥作用，也能够做出成绩。从嘉靖以后的佐贰官名宦事迹来看，多是这种分防、分事方面的政绩（见附录 F）。

---

① 王世贞．弇山堂别集：卷 97：中官考八［M］．北京：中华书局，1985：1855.

② 张德信，毛佩琦．洪武御制全书：大诰·官亲起稿第二［M］．合肥：黄山书社，1995：750.

（三）佐贰官分防、分事是顺应社会的发展，也符合治理的要求，因此成为趋势

从朱元璋起，添设佐贰官乃是因为民多事繁，裁减佐贰官则是民少事简，以后在流民不断增加的情况下，出于安抚流民的需要，让一些佐贰官去流民聚集地管理，也收到一些成效。如在荆襄一带，安置流民 113317 户，438644 口，“俱山东、山西、陕西、江西、四川、河南、湖广及南北直隶府卫军民等籍”[①]。在安置过程中，派委的佐贰官起到了重要作用，他们编定户籍，核查垦地，既使流民安心谋生，也增加了朝廷税收。此后这些派委的佐贰官所在地方设置府治、县治，成为行政区划。这种成功的经验，促成佐贰官分驻，一些商业发达、交通要道的市镇，在巡检司微员不足以弹压的情况下，以县丞、主簿移驻，个别地方还以同知、通判分防，以提高行政管理的等级，也收到一定的成效。这种制度直接影响到清代，在雍正年间大规模移驻佐贰官的情况下，出现了直隶厅、散厅制度，这是向行政区划转变，该地区在发展以后，改为府县治者也不在少数。

府县佐贰官分事的效果也很显著，特别是劝农、水利的佐贰官，对社会经济发展起到积极的作用。如宣德时期增设劝农官时，全国有田地 394334322 亩[②]，数年以后，全国有 423016193 亩[③]，田地净增 28681871 亩，其成效是显著的。地方发展情况不一，如松江府在宣德七年（1432 年），定垦官民田地涂荡 46888 顷余，至正德六年（1511 年）则为 47204 顷余，增加 316 顷余，虽然增加不多，但其中既有“田亩有因大水冲决，虚腋税粮及水坍沙压等项”自然灾害的原因，也有造册不实等问题，“正德五、六二年，粮额无改，而户总及岁报田数，相去至三千一百二十七顷有奇，殆不可晓”[④]。这种不可晓，实际上是达官权贵兼并土地，他们享受朝廷的优免权，其田亩就不纳入官方统计之中，如“嘉万时期，土地跨州连郡的官绅大地主并非绝无仅有。礼部尚书董其昌，松江府华亭人，即拥‘膏腴万顷’（一百万亩）；在江南还有拥

---

① 明宪宗实录：卷 160. 成化十二年十二月己丑条.

② 明宣宗实录：卷 34. 宣德二年十二月是岁条.

③ 明宣宗实录：卷 115. 宣德九年十二月是岁条.

④ 正德. 松江府志：卷 7：田赋中［M］//天一阁明代地方志选刊 5. 上海：上海书店，1982：389.

田七万顷（七百万亩）的豪绅”[①]。无论如何，劝农佐贰官的设置，还是对农业有所促进的，土地开垦是一方面，提高产量更是农业发展的根本。再如山东兖州府，是运河的重要枢纽，“当南北漕河之中，上下数百里，其为漕河利者诸州县，汶、洸、泗、沂诸泉二百有四”。这些水源乃是运河的命脉，因此设立总理河道、工部都水分司、管河水利兼兵备道等重管统领，设置管河、管泉同知、通判、州判、主簿等11员，闸官11员分管各河、泉、闸，保证漕运粮米顺利运至北京。在分事、分驻、分防方面，佐贰官也发挥了重要作用。清人认为：“水利有专官，至急之务也。”既可以确保水利工程与设施的管理，又可以安民。至于“穷乡僻壤，去城辽远，民有善恶，事有轻重，岂无冤抑，岂无控诉者。使有专官以协理之，则讼自鲜”。分防专官的作用也不容忽视，若是层层问责，“一图之省视，责在里长。一区之省视，责在县丞。一县之省视，责在邑令。一府之省视，责在太守”[②]。如此层层管理，地方何忧不可治理。值得注意的是，这里把县丞视为分区，在施行“新政”时，县下设区也是有所本的。

晚清思想家冯桂芬认为：“天子之不能独治天下，任之大吏；大吏不能独治一省，任之郡守；郡守不能独治一郡，任之县令；县令不能独治一县，任之令以下各官。”若是能够“县留一丞或簿为副，驻城各图满百家公举一副董，满千家公举一正董，里中人各以片楮书姓名保举一人，交公所汇核，择其得举最多者用之”。如此则能够知县督促县丞、主簿，县丞、主簿督促乡董，“如是则真能亲民，真能治民，大小相维，远近相联”[③]，地方也就好治理了。清末“新政”基本上是循这个思路进行的，县以下行政区划增加区一级，也是在佐贰官分防、分驻的基础上确立的。

总之，无论是在正佐相互辅助监督，还是在正官负责制的情况下，佐贰官在地方治理过程中都发挥着重要作用，其治理效果也是明显的，起到小官应该起到的作用。顾炎武认为小官多有利于促进盛世，佐贰官的裁撤则导致小官少，以至于不得不任用胥吏，则会导致胥吏弄权，“后世流品莫贱于吏，至今日而等于奴隶矣；后世权势又莫贵于吏，至今日而驾于公卿矣”。胥吏地

① 张显清．严嵩传［M］．合肥：黄山书社，1992：392.
② 钱泳．履园丛话：卷4：水学·专官［M］．张伟，点校．中华书局，1979：104－107.
③ 冯桂芬．校邠庐抗议·复乡职议［M］．上海：上海书店出版社，2002：11－13.

位低贱，政务运作却离不开他们，若是改为佐贰幕官来直接管理，提高地位，或许“舞文黩货之风庶几少衰息”①。对于佐贰幕官“微员”的问题，则认为科目、荐举兼用可以改变，却没有关注疏通仕途的问题，以为佐贰幕官升迁无望，才是地位低微的根本。

二、实施的困境

明清府县佐贰官制度自制定以来，就是利弊共存，因此在具体实施过程中，不免要面临许多困境。面临这些困境，统治者时常在制度上予以调整，但有些并没有调整，因为是“大率遵旧制行之”②。既然是旧制必须因循，也就很难摆脱旧制的困境。

首先，府县正佐辅助监督机制必须得到上司的认可才能发挥效用，也就不能够排除上司的干扰。明初的府县佐贰官都有权直接向皇帝奏事，这是朱元璋自己没有遵循制度的非正常行为。按照朱元璋的设计：县亲临里甲，“若耳目有所不及，精神有所不至，遗下无藉顽恶之民，本州方乃是清”。州临县治，“耳目有所不及，精神有所不至，遗下贪官污吏，及无藉顽民，本府方乃是清”。府临州治，“耳目有所不及，精神有所不至，遗下贪官污吏，及无藉顽民，布政司方乃是清”。布政司治理亲属临府，“傥耳目有所不及，精神有所不至，遗下贪官污吏，及无藉顽民，按察司方乃是清”。按察司治理布政司府州县，“耳目有所不及，精神有所不至，巡按御史方乃是清”③。这种层层监督，配合以监察，原本是正佐辅助监督得以顺利实施的根本，若是打破这种层级，下级不通过上级，直接面对君主，不但会破坏层级制，更会导致君主的独断。孟德斯鸠认为：“一个广大帝国的统治者必须握有专制的权力。君主的决定必须迅速，这样才能弥补这些决定所要送达的地区的遥远距离；必须使遥远的总督或官吏有所恐惧，以防止他们的怠忽；法律必须出自单独的个人，又必须按照所发生的偶然事件，不断地变更。”④ 君主的独断，会使制度缺乏稳定性，也会使人无所适从。朱元璋以后的君主，既缺乏其祖上那样独

---

① 冯桂芬．校邠庐抗议·易吏胥议［M］．上海：上海书店出版社，2002：16.

② 张廷玉，等．明史：卷71：选举志三［M］．北京：中华书局，1974：1720.

③ 申时行，等．明会典：卷12：吏部·责任条例［M］．北京：中华书局，1989：77.

④ 孟德斯鸠．论法的精神［M］．张雁深，译．北京：商务印书馆，1961：126.

断专行的气质，又缺乏其祖上那样理政不倦的能力，在内有内阁与司礼监双轨辅政，在外有巡抚、巡按相互牵制而统辖地方，使府县官不得不面对多头上司，而身为佐贰官由于《在外正佐官互相纠举例》的存在，比府县官又多了一层上司。地方抚按官成为制度，府县佐贰官则失去直接向皇帝奏事的权力，府县事务操之抚按官之手。府县无论是正官，还是佐贰官，都要以抚按官为中心。佐贰官要改变自己的处境，最好能够得到抚按官的荐举。“官愈小则心愈贪，抚按两司遇郡邑小官，惟较礼敬疏密，不问操守廉污，奸人巧于事上，刻于剥下，事上愈巧，虚誉愈隆，虽奸赃滔天，且得旌举”①。在朝廷规定有考核黜退的比例的情况下，府县佐贰官往往又会被抚按官拿去充数。在这种情况下，不但正佐辅助监督难以实施，正官负责也纳入监察权力控制之下。监察权力转向行政权力，也导致行政体制发生变化，在清代形成以督抚为核心的地方体制，正佐辅助监督也只能够成为具文。

其次，府县正佐官出身上的差异，导致正佐辅助监督难以实施。明清在风宪官铨选上，存在很大的差异。在府县正官铨选上，进士、举人居多；佐贰官铨选则贡监、吏员居多，尤其是县丞、主簿，若不是进士、举人贬官，几乎没有举人以上出身者。即便是进士、举人，二者也存在很大的差距。海瑞经常埋怨进士与举人的待遇不公，“今吏部止是一个资格，这资格格了许多贤者不得出头，格了许多不贤者使不退步”②。即便如此，随着制度的惯性，出身成为衡量人才的重要标准，在正官序列正途出身越来越多，在佐贰官序列正途出身越来越少。当时的意识“做官里头还有多少不平处，进士官就是个铜打铁铸的，撒漫做去，投人敢说他下字”③。这虽然是小说语言，却也有现实为根据。如李乐曾经感叹当时“大可骇异，只要中个进士，为县令赃至二三万，或五六万，上官惜大体面，或受嘱托，本犯不受笞辱，不入囹圄，不问徒罪，只作不及、浮躁降级轻处，衣锦还乡，人羡富贵。其讨巧多护者，依然官不改动，十居四五”④。出身上的差异，使佐贰官与正官之间出现一道鸿沟；制度上的偏袒，则拉大了他们之间的差距；现实的政策与实际举措对

① 陈子龙，等．明经世文编：卷 186［M］//霍韬．天戒疏．影印本．北京：中华书局，1962：1917.

② 陈义钟．海瑞集：下编：与博白大尹林仲和［M］．北京：中华书局，1962：448.

③ 冯梦龙．警世通言：卷 18：老门生三世报恩［M］．北京：作家出版社，1956：250.

④ 李乐．见闻杂记：卷 11：十五［M］．上海：上海古籍出版社，1986：1003.

佐贰官养廉银不利，使他们沦为“微员”，统治者认为他们与胥吏区别不大，若要重用他们，“不但闾阎滋累，且从中沉搁延捱，救弊更恐滋弊”[①]。在这种情况下，不但佐贰官失去赞治的职能，就是分事、分防，也往往会被看为微员不足弹压，使他们很难正常发挥作用。

再次，正官负责制的确立，使佐贰官的地位下降，正官对佐贰官变成驾驭的关系，正佐辅助监督也就无从谈起。正佐官虽主从有别，但毕竟是同僚，也就不可避免地发生工作和人事的联系，自然也有共同作弊和相互仇视的基础，“意气相投者，固合深相结纳；凌厉自异者，亦为折节周旋”[②]。彼此之间有交际往来的关系和交往的技巧。明人谢肇淛认为：“今太守（知府）二千石，下视丞（同知）判（通判）司理（推官）已如雕之挟兔，而琐屑脂韦之辈，趋承唯诺，惟恐不及，虽云同寮，已隔若殿陛矣。况上而藩臬，又上而部使者乎？上下相临，俨若木偶，鱼贯而进，蒲伏而退，其有赐清坐，假颜色者，即诧以为国士之遇矣，敢与之抗是非，争可否哉？礼文进退之节，平反出入之间，一失其意，朝白简而夕报罢矣。”[③] 他把正官视为在天上飞的老雕，佐贰官犹如在地上的兔子，老雕随时可以把兔子当点心。如成化元年(1465 年)，在荆襄流民动乱时，夔州府王知府不敢前去平乱，便让夔州府通判王桢前往，结果被流民杀死，所骑战马跑回府城，“夜嘶府门，蹄啮其扃，若告急状，流血淋漓，毛鬣尽赤”。这位王知府不管通判王桢死活，却看上这匹战马，“竟徒手得之，不与其（王桢）子一文”[④]。后来这匹马在主人王桢安葬之后，不再吃草，当王知府探视的时候，“马骤前啮其项不释口，久乃得脱。复奋首捣胸，仆之地，不省人，翌日呕血数升死”[⑤]。这匹马被称为“义马”，时人为马作记。从这里可以看出，正官若是想害佐贰官，就把危险的事情派委给他，通判死了，不但不想方设法抚恤，却侵夺人家战马，则可见正官之无情。在这种情况下，佐贰官完全处于劣势，屈服者多，甚至想方设法取媚正官，彼此竟然形成君臣一样的关系，不得不“探上官之意指者，从而

---

① 清高宗实录．乾隆二十五年十一月丙辰条．

② 黄六鸿．福惠全书：卷 4：莅任部·交接寅僚［M］．康熙三十八年（1699 年）种书堂刊本．

③ 谢肇淛．五杂组：卷 13：事部一［M］．上海：上海书店出版社，2001：280．

④ 沈德符．万历野获编：义马［M］．北京：中华书局，1959：717．

⑤ 李诩．戒庵老人漫笔：卷 5：马烈死相同［M］．北京：中华书局，1982：203．

窥词气焉；卜上官之喜怒者，从而承颜色焉”①。号称“强项”而能顶撞上司的海瑞，也曾在知府盛怒之下，“惟敛容长跽，无一语辩”②。海瑞顶撞的上司，不是上官，而是与他没有统属关系的，顶撞他们可以获得声名，而得罪顶头上司，就会马上得到报应，“朝白简而夕报罢”，也难怪当时的官员认为：“天子之逆鳞易犯，而上官之意指难违。”③ 佐贰官因为出身低贱，更易被上官看不起。于是，上官之需索，使他们承受额外的经济负担；升进机会渺茫，使他们对前程失去信心。他们求进不得，则以捞些实惠为主要宗旨，一旦得到机会，必然拼命搜刮。在正官的眼里，“大小衙门各首领佐贰官，其间能守法者固有，而贪纵不检者最多。往往有一事之干，则思一事之利；一差之委，则有一差之图。府官行县，则受县官之钱；县官下乡，则受小民之物。催粮者，里甲受其害；巡捕者，地方被其扰。管造册，则科户人之钱；委部粮，则受大户之馈。甚至滥受民词，私罚纸价；差遣勘事，贿赂公行”④。基于这种认识，父母官从心理上轻视佐贰官，表面上卿卿我我，实际上总想委过于人，施政过程中，也难免出些难题给佐贰官，乃至做出不尽人情的事来。不怕现官、就怕现管的心理，则成为佐贰官的心态，即便是制度赋予他们辅助监督的职权，也不敢真正履行，“涉笔占位署惟谨”⑤，则成为常态。而正佐之间的关系变成驾驭与反驾驭，彼此之间钩心斗角也成为必然，所构成的错综复杂的政治关系，使他们不能够安心于政务，却致力于互相防范。在政治现实中，正官对佐贰官并不仅仅是雕之挟兔，在趋承唯诺中，佐贰官也深刻窥探正官之短，犬狼对峙、猫鼠同眠、蛇鼠一窝、狼狈为奸，也是常见的现象。

最后，委署佐贰官的问题，一直影响府县佐贰官制度的正常实施。明代抚按官与清代督抚都有委署属员的权力，特别是在正官负责制形成以后，若是府县正官出缺，在朝廷新任命的人还没有到来之前，由督抚按派委人去署理，则成为常态，佐贰官则有机会前往署理。沦为闲曹、冗员的佐贰官，能够获得署理的位置，就能够获得正官应得的利益，在明代已经有署理如打劫

① 汪辉祖．学治臆说：卷上要人不可为［M］．北京：商务印书馆，1939：7.
② 陈义钟．海瑞集：下编：海忠介公行状［M］．北京：中华书局，1962：538.
③ 谢肇淛．五杂组：卷13：事部一［M］．上海：上海书店出版社，2001：281.
④ 王廷相．浚川公移集：卷3：巡按陕西告示条约［M］．大阪大学图书馆影印明刻本.
⑤ 陈义钟．海瑞集：上编：县丞参评［M］．北京：中华书局，1962：147.

之说，清代更甚，“盖署印之人，始而百计钻营，既而视如传舍，肆意贪婪，图饱欲壑，或取媚上官，供其索取，贻害小民，尤非浅鲜”[①]。为了谋取署理，就必须得到督抚按的认可，取媚上官，钻营取巧也就成为常态。清代官员参谒上官，称之为“跕（diǎn）班”，俗名“上衙门”，也就是说要定期参谒上官，“下僚必黎明赴官厅，俟上官出入，皆趋俟庭隅，鱼贯序立于傍，敛容屏息以示敬”，这是常参，“他如庆贺、祭祀、迎送诸礼节，凡上官所到之处，无不先往伺候其出入。故需次省会者，奔走仆仆，几无暇日”。也就是说，候补官员要参谒上官，而年节诸礼都不能少，佐贰官属于下僚，参谒是不能少的，以至于有“终朝事业惟跑路，毕岁功名只跕班”之嘲[②]。仅仅各种礼，就已经让佐贰官们开销不起，还不算他们行贿，也就无怪乎他们一旦得到署理之位，就大肆敛财了。不要以为奉承上官，以金钱行贿就能够有上官的庇护，固然上官会因“属吏贪庸，则曲为庇护”[③]，但在祸害来临时，上官也会委罪于下僚。陆游家训云：“祸有不可避者，避之得祸弥甚，既不能隐而仕，小则谴斥，大则死，自是其分。若苟逃谴斥而奉承上官，则奉承之祸不止失官，苟逃死而丧失臣节，则失节之祸不止丧身。人自有懦而不能蹈祸难者，固不可强，惟当躬耕绝仕进，则去祸自远。”[④] 陆游看得明白，奉承上官并不是仕宦所应为，即便是逃过朝纲国法的惩处，也是失节，更何况上官也不会为了保全奉承者而失去自己的官职。陆游认为，不如不当官，去务农种地，就可以免去灾祸，殊不知“任是深山更深处，也应无计避征徭”。在君主专制中央集权制度下，又如何能逃脱官府的管辖呢！当官既可以欺压百姓，又可以接权肥己，不知道多少人削尖脑袋，千方百计当官，即便是佐贰下僚，也有很多人觊觎，毕竟他们不同于百姓。纪晓岚曾经讲道：“一馆吏议叙得经历，需次会城，久不得差遣，困顿殊甚，上官有怜之者，权令署典史，乃大作威福，复以气焰轹同僚，缘是以他事落职。”[⑤] 一个小小的典史，就敢大作威福，那些佐贰官都比典史级别高，在上官面前，他们好似可怜虫，一旦面临百姓，

---

① 清世宗实录：卷2. 康熙六十一年十二月甲子条.

② 陆以湉. 冷庐杂识：卷4：跕班［M］. 石印本. 上海：上海文明书局，1929：8.

③ 清世宗实录：卷87. 雍正七年冬十月丁未条.

④ 叶盛. 水东日记：卷15：陆放翁家训［M］. 魏中平，点校. 北京：中华书局，1980：152.

⑤ 纪昀. 阅微草堂笔记：滦阳续录二［M］. 天津：天津古籍出版社，1994，20：485.

就可以大逞淫威，也就难怪“以官爵为性命，以钻刺为风俗，以贿赂为交际，以嘱托为当然，以循情为盛德，以请教为谦厚”①，完全不顾廉耻的佐贰官多不胜数了。

总之，明清府县佐贰官制度在具体实施过程中面临着诸多的困境，这些困境的产生，有来自制度本身的，也有来自人为的，究其根源，都是君主专制政体造成的。在君主专制政体下，“首脑人物多是不诚实的人，而要求在下的人全都是善人；首脑人物是骗子，而要求在下的人同意只做受骗的呆子；这是极难能的事”②。专制君主以国为家，以家天下计而选官，臣僚以私家权宜计而入仕。君主驾驭臣僚以“君临之术”，臣僚侍奉君主以“臣奉之道”，彼此都不能够以诚实对待。等而下之，府县也是如此，正官“统之以术”，佐贰“迎之以道”，也是不能够以诚实相处，彼此之间没有信任感，也缺乏基本的品德，欲使府县佐贰官制度顺利实施，则不胜其难。

三、值得思考的问题

明清府县佐贰官制度作为时代的产物，曾经在强化君主专制中央集权制度、维护王朝的政治统治、规范地方施政行为等方面发挥过重要的作用。对明清府县佐贰官制度进行研究，并不是为了叙述其曾经存在的“辉煌”，也不仅仅是为了描述其出现及实施的经过，而在于分析和评价，总结经验教训，提出一些值得思考的问题，以提高研究的意义。

首先，正佐相互辅助监督制与主官负责制的问题。中国自秦汉推行郡县制，正佐相互监督就成为地方设官的原则，但却无法消除正佐相互辅助监督制与主官负责制的矛盾。正佐相互辅助监督制，既有辅助的意义，又有监督的意义，希望同僚之间能够精诚团结，又想让他们相互监视，使彼此的行为都要有所检点。这种以官制官的体制，形成权力互相制约，有利于朝廷对地方的控制。君主专制中央集权制度，总体上是奉上安下体制，专制君主出于对下的不放心，又恐自己的耳目不广，不断加强对下的监察。以明代而言，既设巡抚，又设巡按，再加上各布政司、按察司的守巡各道，还有兵备道、

① 赵南星．赵忠毅公诗文集：卷20：陈铨曹积弊疏［M］//四库禁毁书丛刊集部第68册．北京：北京出版社，2000：634．

② 孟德斯鸠．论法的精神［M］．张雁深，译．北京：商务印书馆，1961：上册24．

提学道以及外派的大差、中差、小差的监察御史，不得不使府县面临多头上司。奉上安下体制就是唯上是从，监察官员掌握考核与弹劾大权，也就使府县正佐相互辅助监督制已经不能够施行，再加上朝廷诸事问责于府县正官，走向正官负责制也成为必然。正官负责制容易导致正官的权力膨胀，以监察权力控制正官就成为必要。加强监察，确实能够达到控制正官的目的，但监察权力的扩大，又可能导致监察权的失控，又不得不予以制约。明代抚按并立是其一，“在嘉靖以前，巡抚代表中央监控地方的职责仍很明显，且级别较高，权力较大，故抚按发生争执时，巡抚往往占优。在嘉靖以后，巡抚节制三司，成为总领一方的封疆大吏的趋向已大大加强，而原有的代表中央监控地方的职能相对地减弱，因而朝廷便有意通过巡按对巡抚牵制，以防止巡抚在地方上专擅”①。既然寓意抚按相互制衡，抚按之争也在所难免。清代废除巡按制度，地方各种事务一统于督抚，为了加强对督抚的控制，清代皇帝将正佐监督纳入皇帝掌控之中。自康熙时起形成密折制度，“将连坐告密、牵制监督、密察侦缉、遣吏循行等监察方法融为一体，具有绝密、准确、内容广泛而迅速的特点，是在认真吸取历代监察制度的经验教训的基础上，具有开创性的措置，是极端君主专制的产物”。明清特务组织是其二。明代东厂、锦衣卫是人们熟知的，其对官员们的监督也是无孔不入的。如朱元璋时，学士宋濂在家与人饮酒，第二天朱元璋便问：“昨饮酒否，坐客为谁，馔何物?”当宋濂如实回答后，朱元璋则笑曰：“诚然，卿不欺朕。”② 清雍正时，翰林院修撰王云锦在春节放假时与几个朋友做叶子戏，忽然丢失一张，节后上朝，“上问以元日何事，具以实对。上嘉其无隐，出袖中一叶与之曰：‘俾尔终局。’则即前所失也”③。由此可见，明清两代对官员监控已经深入家庭。平心而论，这两种形式都不是最佳的手段。前者容易使监察权力分散，监察人员相互猜疑争斗，就不会发挥监察的效用。在《吏部考功司题稿》中曾经提到顺天府所属八府，各有十几个巡抚与御史监察，以至于地方官一年之间被弹劾竟十次，彼此弹劾各异，经常出现你弹劾了我举荐，你举荐了我弹劾，地

---

① 关文发，颜广文．明代政治制度研究［M］．北京：中国社会科学出版社，1995：62.

② 张廷玉，等．明史：卷128：宋濂传［M］．标点本．北京：中华书局，1974：3786－3787.

③ 赵翼．檐曝杂记：卷2：王云锦［M］．李解民，点校．北京：中华书局，1982：43.

方官对他们应接不暇，不知道是哪个监察官员能够决定命运，而监察官员相互纷争，也使朝廷难以采信，也就不得不姑息迁就。后者更不可取，容易形成恐怖统治，使人心怀畏惧，不可能安心于政务。如清代督抚经常委派属员去充当探事委员，深入各府县进行刺探，以至于有人冒充探事委员行骗，当时的人们以明代的“窝访”、清代的“探事”为地方之大弊，民间之大苦。历史证明，依靠秘密侦缉来控制地方官，以秘密奏报打小报告，都不是长久之计，只能够起到自乱营垒的作用，最终失去赖以维护统治的官僚阶层，也失去人民的信任，是亡国之道。

其次，正佐相互辅助监督制的变通与提高行政效率的问题。朱元璋构建正佐相互监督机制，其立意是很明显的，就是要同僚之间相互监督，这与佐贰官制度设置所要减少决策上失误的初衷是相违背的，因为佐贰官辅助正官才是其要责。赋予佐贰官以监督正官的责任，正官与佐贰官之间彼此防范，也容易出现意气之争，于政务无补。在实行正官负责制以后，佐贰官不仅仅失去监督之权，也失去赞治之权，但政务还必须要办理。海瑞讲：“令萃百责，大抵刑教十之一、理财十之九，百职惟令，临财惟琐惟多。”① 正官面对百职，以一人之力，显然是难以应付，在没有信得过的人赞治的情况下，自聘幕友则成为他们的选择。清代上自督抚，下至佐杂，都聘用幕友以佐理办事，带门丁、家人办理各项事务，成为不成文的规定。把幕友视为心腹，是府县官们的普遍认识。官聘幕友，名为“赞治”，实际上是想通过幕友来监督胥吏的工作，并不是让他们拥有实权，“至于一定主意，须亲自裁决，庶事权不致旁落”②，是“权不尽在幕友，专在本官”③。且不论幕友制度也存在许多弊端，只以权在本官而言，是幕友只能“赞治”，不能有权，其立意是在佐助本官办理事务，则表明正官确实需要有人辅助。问题的关键就在这里，正佐相互辅助监督制没有把重点放在辅助上，也就导致正官难以得到辅助。若是去掉佐贰官的监督职能，仅仅定位在辅助上，则有利于正官办理政务，而不是刻意去防范佐贰官。这里涉及一个民主集中的问题，若是充分发挥佐贰官

---

① 陈义钟．海瑞集：下编：赠黄村赵先生升靖安大尹序［M］．北京：中华书局，1962：342.

② 黄六鸿．福惠全书：筮仕部·延幕友［M］．康熙三十八年（1699年）种书堂刊本.

③ 徐栋．牧令书：卷4：用人［M］//黄可润．幕友．清道光二十八年（1848年）楚兴国李氏刊本：35.

赞治的功能，有可能会收到“民主”之效，正官在博采众长的基础上则有“集中”之权，既可以减少独断专权所带来的危害，也可以提高佐贰官从政的积极性，有利于政务运作，且能够保证效率。明清统治者没有关注这一点，却允许正官聘用私人幕友，他们没有合法的身份，即便是赞治，也是尽宾主之谊，又因为分管各种事务，即便是提出看法，也仅仅局限于具体的事务，不可能有“民主”之效。对这个问题是值得深思的，因为“民主集中制”面临的问题是，汲取民主与集中的优长，则会成为更好的制度；若是沿袭民主与集中之短，则会成为更坏的制度。要使民主集中制成为更好的制度，确保其成为更好制度的构建，是不容忽视的问题。明清府县佐贰官制度的发展变化，或许可以提供一些启示。

最后，正佐官身份地位与待遇的问题。明清时期常称府县佐贰官秩卑禄微，这似乎难解，府的佐贰官最低是正七品，与知县同级；县的佐贰官最低是正九品，级别远远高于杂官、教职。正七品在整个官僚体系中，属于中等偏下，由于知县被称为“芝麻官”，县丞、主簿则更不在话下，达官权贵看不起他们是在情理之中，一些笔记文集也如是说，特别是小说，把这类人都描写为自高自大、地位低却愿意显示自己的人。如“像巡检带了主簿印，居然做起主簿官，行起主簿事，肃起主簿堂规，装起主簿模样来”①。巡检从九品官，在民间看来，署理正九品主簿，就得意得了不得。但也讲他们的苦衷，当了县丞，“到任之后，上司之馈送，各项之料理，若点缀不到，非是委解钱粮，就是押送重犯，终日奔波不宁”；上司批词下来“大半是坏心钱财”。在这种情况下，“欲做清官，奈自己家不富余，微俸无几；欲不做清官，自心不安，报应可畏”②。如此之类，不胜枚举。他们对上是位卑禄微者，对百姓却都能够摆出官威。小说里透露的信息，府县佐贰官必须逢迎上司，若是得不到上司青睐，就会派你苦差，奔波不说，还容易担罪，并且得不到钱财。从海瑞《兴革条例》来看，县丞、主簿只是在征收钱粮的时候，才能够有 2% 的常例，若是知县不让他们征收，则得不到常例。自明代中叶以后至清代，大小官员都有常例，这个收入相当可观。海瑞透露征收钱粮，知县可以得到 5% 的

---

① 酌元亭主人．照示杯：卷 4：掘新坑悭鬼成财主［M］．张琳，校点．郑州：中州古籍出版社，1985：87.

② 石成金．通天乐［M］．扬州：江苏古籍出版社，1990：1.

常例，则可见正官所得之多，故此有“不贪不滥，一年三万”[①]；“三年清知府，十万雪花银”之说，认为“今天下之凋敝，其最者莫若赃吏，而吏之犯赃者，多出于小官。自丞簿以下至杂流，其不贪者盖百之一二”[②]。即便如此，正官与佐贰官在常例方面的巨大差异，则显示出他们禄微；正官把持各种带有利益的权力，使他们得不到有利益的权力，也就显得秩卑了。由此可见，秩卑禄微都是基于权力而言，是权力与地位金钱紧密联系在一起的。佐贰官秩卑禄微的另一个体现，就是出身上的差异。自明代中叶以后，府县佐贰官，特别是县佐贰官，除了贬官，举人都没有为此官的，而那些贡生都是捐纳的，大部分都是吏员出身。这种出身不但在官场受人歧视，就连民间也看不上，也给他们施政带来许多困难。由此可见，上自朝廷，下至民间，都轻视府县佐贰官，主要是因为出身与权力，且由此带来的政治与经济地位。这里带来一个值得思考的问题，既然国家治理需要这些府县佐贰官，为什么要使他们与正官在出身上形成巨大的等差呢？府县佐贰官也是属于亲民范畴的，大量使用捐纳与吏员出身的人，出身与正官形成天壤之别，轻视他们在所难免，不肯给他们有利益的差事，却千方百计勒索，使他们不得不在获得有限权力内去捞取最大的利益，故此给人以贪利的形象。他们本身前程无望，追求钱财为养老计者多。吏员出身，熬资循例，得到佐贰官也大多是垂暮之年，即便是给他们以重任，恐怕也难以承担。黄宗羲提出：“郡之经历、照磨、知事，县之丞、簿、典史，悉行汰去。”[③] 是这些人于政事无补，若是将具体办事的书吏，都改为士人，给他们以一定升迁之路，则可以去胥吏之弊。黄宗羲的思想与此前士人主张基本相同。“不过，基层吏治在根本上说，主要取决于国家基本体制，其次取决于上层政治风气和高层吏治，并不是能够单纯从基层政府层面或者基层胥吏管理层面就能够直接处理妥当”[④]。也就是说，在

---

① 王闿运．湘潭县志：赋役：“湘潭湖外壮县也，财赋甲列，县民庶繁殖，官于此者，恒欣然乐饶，民间为之语曰：不贪不滥，一年三万。嗜利者不知足，见可以多取，辄增取之。自承平以来，屡以钱漕讼，然公私悦利，穰穰尤盛。城外沿湘十余里，皆商贾列肆及转移执事者，肩摩履错，无虑数十万人，其土著农毗，合巨亿计。”清光绪十五年（1889 年）刻本，6。

② 袁帙．世纬：卷下惜爵［M］//景印文渊阁四库全书第 1381 册．台北：台湾商务印书馆，1983：8.

③ 黄宗羲．明夷待访录·胥吏［M］//沈善洪．黄宗羲全集．杭州：浙江古籍出版社，1986：43.

④ 赵轶峰．明夷待访录［M］．郑州：河南大学出版社，2016：83.

君主专制政体下，根本解决不了基层治理问题，但这些思想家的设想，在新的政治体制下，还是可以进行尝试的。不以出身定高下，基层官员也可以用进士、举人，给予他们以顺畅的升迁途径，都是可以进行的。如今大学生村官，不以学历定高下，也未尝不是一种顺应社会发展的策略。

总之，明清府县佐贰官制度有许多值得思考的问题，毕竟明清王朝存在500多年，府县承担着王朝地方治理的重任，佐贰官也发挥着重要职能。即便是在实行正官负责制，王朝也没有废除府县佐贰官。不能说存在即是合理的，但存在则反映社会现实。研究明清府县佐贰官制度，既要看到其积极的一面，也要看到其消极的一面，认真总结经验教训，分析得失利弊，乃是研究者应该持有的态度。

结　语

明清府县佐贰官制度经过500余年的发展，从正佐相互辅助监督到正官负责制，一直都存在，并且在府县治理过程中发挥了一定的作用，可见此制度的重要性。在专制主义中央集权体制下所构建的府县佐贰官制度，不可能不存在局限甚至难以克服的弊端，其具体实施的效果，既要受到高层政治的影响，也有社会发展的因素。作为府县佐贰官，虽没有能力去影响高层，却与社会发展息息相关。府县佐贰官是府县级官府的重要组成部分，地方的治理与他们有很大的关系，值得研究的问题很多，要想深入理解，还需要下更大的功夫。

以明清府县佐贰官制度研究而言，前人并没有系统研究，即便有些论述，也是局限于某些制度与事件，因此，本研究需要整合材料，也需要摸索研究方法，故在构建纲目时，已经颇费工夫，试图能够将明清府县佐贰官制度完全展现出来，意在有所创新。

首先，概述明清府州县的职官设置，是了解府县佐贰官必备的前提，通过府县衙门官吏设置，则可以看出佐贰官所处的位置。他们处在承上启下的位置，又肩负辅助与监督职能，可以看出其存在的重要性，但从典章制度规定里，也可以看出他们缺少明确的职权，势必会影响具体实施，引出值得思考的问题。

其次，明清府县佐贰官并不是每个府县所必须具备的职官，从开始设置到清代灭亡，增添裁撤乃是经常的现象，梳理起来不是一件容易的事情，特别是有关增添裁撤的原因，因其是“微员”，往往不谈理由。幸而增添裁撤频繁，有时候也透露一些情况，收集这些史料虽然比较困难，但可以从中找到一些具有典型或普遍意义的理由，则可以看到佐贰官的增添裁撤与社会发展紧密相关，也可以看到佐贰官是如何沦为闲曹、冗员的。通过对佐贰官增添裁撤情况的梳理，可以看到佐贰官从同僚向属官的转变过程，进而从同僚与属官的角度分析他们与正官的关系，再从政治与社会现实的角度进行分析，试图从地位的变化，讲到心态的变化，再讲到府县治理模式的变化。

再次，在论述明清府县佐贰官的权力时，从实际运作的角度，划分为三个阶段。从最初制度设计的辅助监督，到凭官差遣驱使，再到分防、分事、分驻，既可以看到佐贰官制度上的变化，也可以看到佐贰官退出赞治行列以后，朝廷采取的策略。府县佐贰官经过不断裁撤之后，清代所设缺额仅为主官的三分之一，却成为有佐贰官之名，没有佐贰官之实的官员，承担起正官的责任，也由此引起地方行政体制的变化。在对厅制与区制形成的原因进行分析的同时，关注分防、分守佐贰官对该地社会经济发展的促进，又从厅变为府县治的过程，看到顺应社会发展的趋势。

最后，在研究的基础上，对明清府县佐贰官制度进行评析。先从制度设计理念方面对正佐相互辅助监督机制进行分析，再从佐贰官所处的位置来看施政，既关注对府县佐贰官约束与激励的制度，也看到裁减与增添佐贰官的必要。在制度缺陷方面，关注了官设僚佐本身存在的问题，分析秩卑禄微的主要原因，从而看到规定与现实的差距，以及没有正式权力而被随意差委的弊端。在肯定府县佐贰官制度实施的效果的同时，也分析了实施的困境，并且从正佐相互辅助监督制与主官负责制，府县佐贰官制度变通与行政效率，正佐官身份地位与待遇悬殊等方面提出一些思考。

明清府县佐贰官制度研究是一个庞大的课题，要想整体把握、深入研究确实也不是一件容易的事。明清两代史料浩瀚，仅从典章制度上是不能够进行研究的，因为典章制度对这些“微员”记述甚少，而佐贰官又是一个庞大的群体，各种史料都不可避免地会提到他们，也就形成分散之势，要查找他们的事迹就比较困难了，再加上这些史料多是没有标点的繁体字，阅读上的障碍及理解能力，一直困扰着研究，故此不足的方面也是明显的。

第一，有关明清府县佐贰官制度规范。由于典章制度记载简略，难以看到细致的规范，各种笔记及地方志资料也不太具体，因此要弄清府县佐贰官制度的具体规定，也是很困难的。要弄清楚细致的规范，也不是没有可能，至少需要查阅数百种地方志与相关的省例，只是时间与精力不允许这样做，故此在制度论述方面还存在不足。

第二，史料收集及理解方面的不足。明清府县佐贰官虽然只有 7 个职官，却有不少别称，如府同知的别称就有二府、贰守、治中、郡丞、副守、辅守等多种，通判、推官、州同、州判、县丞、主簿都有别称，即便是通过电子检索，也难以准确地收集资料，不但资料难以查找，理解上也存在困难。此外，因为日本侵略战争的原因，北平图书馆的明清善本书转移到美国国会图书馆保存，后来又移交给中国台湾地区，日本全部影印，有些已经影印出版，尚可以千方百计查找，有些没有影印出版，也只能够望书目而兴叹了，进而导致论述难以深入。

第三，案例分析不足。研究明清府县佐贰官制度，重在具体运行，案例分析乃是非常必要的，但在案例选择标准与规范上，却不得不费一番心思。若是能够把地方志《名宦传》中所载府县佐贰官名宦资料全部汇集起来，从进入名宦的佐贰官事迹，再选择有代表性案例分析，则具有说服力。当初面对众多地方志，不知道从何下手，在研究过程中才发现，若是把现存的各省通志所载佐贰官名宦事迹收集起来，就可以从中选择案例了，只是时间关系，没有进行此项工作，案例分析也就有所不足了。

第四，理论深度不够。明清府县佐贰官制度虽然是历史制度，但在分析过程中，也需要提到理论的高度，才能够显示出研究的价值。虽然在研究过程中，也注意到历史制度主义、官僚制理论、社会控制理论等，并且尽量将其应用于研究中，但有些理论还是没有吃透、摸准，在具体应用方面则明显不足。

明清府县佐贰官制度值得深入研究的问题很多，虽然目前无暇顾及，但可作为今后研究中的重点。

首先，明清府县佐贰官制度规范与具体实践问题。制度规范本身是一种抽象的规则或规定，从某种意义上讲，它是死的，如果不纳入实践领域，最终也就是一种文本。明清两代府县佐贰官数以百万计，虽然大多数都湮没在历史的长河之内，但也留下不少历史记载，以这些记载结合制度规范，就能够从多方面展开论述，既可以看到在制度规范下的佐贰官对制度的看法，也可以了解他们在制度规范下的行为，进而从思想、思维与社会意识形态等方面展开论述，将死的制度规范变成活的运用，使研究更具有价值，且能够带来更深层次的启示。当然，这是一项艰巨的工作，却很有意义，没有理由不深入研究下去。

其次，明清府县佐贰官的资料众多，虽然在史书、政书中记载不多，但在地方志内却还是不少，特别是明清历史档案，存在不少有关佐贰官的资料。

先从地方志入手，至少可以下限到府志，再从现在发现并且已经公布的一些地方档案查找有关资料，在有可能的情况下去中国第一历史档案馆查阅相关档案，特别是《刑科题本》中涉及佐贰官犯罪的案件。只有掌握更多的史料，才能够进行深入的研究。

再次，常言道：伤其十指不如断其一指。自明代中叶，府县佐贰官分防、分驻、分事逐渐增多，到清代乾隆时期形成厅制，既是佐贰官职权转变的过程，也是制度变化的过程。若是以分防、分驻、分事为重点，集中到某个佐贰官分防、分驻、分事，在他们所在地点进行实地考察，结合文献记载，就可以从一个点上将研究深入下去。据初步统计，明清府同知、通判、县丞、主簿衙署，至今得以保存下来的有十几处，有些家谱还记载着这些地方佐贰官的事迹，在实地考察获得感官认识之后，再回到文献分析，将会给研究带来活力，这也将是今后研究的重点所在。

最后，明清府县佐贰官制度至今已经不复存在，但该制度在民国得以改造，特别是县下设区的制度，对当时社会治理有很大的影响。美国汉学家杜赞奇曾经对20世纪初至40年代的华北农村进行考察，以文化、权力与国家为题进行研究，那么在明清府县佐贰官制度研究的基础上，对民国县以下地方行政制度进行研究，也是具有可行性的，毕竟对历史沿革的接续研究，或许可以看到变化规律，也会使研究更有意义。

通过对明清府县佐贰官制度的初步研究，从内心感觉到中国古代政治制度的博大精深，需要研究与理解的问题实在太多，也深感自己的不足。既然走上了这条研究的道路，也得出了一些体会，更感觉到有意义，所以今后还会继续关注明清府县佐贰官的问题，开拓新的思路，从中发现具有研究价值的问题，继续展开研究。研究只有起点，没有终点。这个研究虽然是个起步，但有了研究兴趣，今后还会继续研究下去。

附　录

附录A　清府佐贰官表

省	同知	通判
奉天	兴京、凤凰、新民、金州、营口，军粮、同知各一人	围场通判一人
吉林	伯都讷、宾州、五常三厅，抚民同知各一人	双城厅抚民通判一人
黑龙江	呼兰理事同知一人	绥化厅理事通判一人
直隶	四路厅同知四人，口北道属理事同知一人，保定、永平理事同知二人，保定管河盐捕同知、河间河捕同知、天津河防粮捕盐漕同知、海防同知、广平河务同知各一人。正定、顺德、大名，地方同知各一人。口北道属张家口、独石口、多伦诺尔三厅，抚民同知各一人。永定河道属，石景山同知、南岸同知、北岸同知、北运河同知各一人。承德围场厅粮捕同知一人	顺天理事通判一人，粮马通判一人。保定理事通判、水利通判、天津管河通判、抚民通判各二人。永平山海关通判一人。通永道属，理事通判粮运通判二人。永定河道属，北运河三角淀通判二人
山东	青州府理事同知一人。济南、武定、兖州、曹州、东昌、青州、登州、莱州，地方同知各一人。运河道属，河工同知二人	济南、泰安、兖州，地方通判各一人。沂州通判二人。济东道属，河工通判三人。兖沂道属，河工通判二人
山西	归化城、萨拉齐，抚民同知二人。大同府丰镇抚民同知一人。将军所属理事同知，朔平府理事同知各一人。太原、蒲州、潞安、汾州、泽州，地方同知各一人	归绥道属，和林格尔、托克托城、清水河、宁远，抚民通判各一人。太原理事通判一人。平阳、汾州、大同，地方通判各一人
河南	开封府理事同知，地方同知各一人。南阳淅川抚民同知一人。河北道属，河工同知一人。开归道属，河工同知四人	陈州、归德、彰德、怀庆、河南，地方通判各一人。汝宁分防通判二人。开封管河通判二人。卫辉管河粮运兼地方通判一人

续表

省	同知	通判
江苏	海门直隶厅海防同知一人。江宁、镇江，理事同知各一人。苏州府太湖、松江府川沙，抚民同知各一人。江宁、苏州，地方同知各二人。淮安、徐州，地方同知各一人。苏州海防同知一人。淮安、扬州，河务同知各一人	苏州、镇江、淮安，地方通判各一人。江宁、松江、常州，地方通判各二人
安徽	安庆、徽州、太平、庐州、颍州、凤阳、凤颍，地方同知各一人	安庆、宁国、池州、太平、庐州、凤阳、颍州，地方通判各一人
江西	吉安府莲花、赣州府定南，抚民同知各一人。南昌府地方同知二人。饶州、广信、九江、建昌、瑞州、袁州、南安同知各一人	南昌、饶州、广信、南康、抚州、临江、吉安、赣州，地方通判各一人
福建	漳州府云霄抚民同知一人。泉州、汀州、邵武，地方同知各一人。福州理事同知一人。海防同知二人	泉州马港、蚶江，通判二人。延平、兴化、漳州，地方通判各一人
台湾	抚民理番同知驻水沙一人	澎湖、埔里社，地方通判各一人
浙江	温州府玉环海防同知、抚民同知各一人。杭州、嘉兴，理事同知各一人。杭州、湖州、宁波、衢州、严州、处州，地方同知各一人。杭州东塘、西塘、中塘，海防同知各一人。嘉兴、绍兴、台州，海防同知各一人	杭州、嘉兴、湖州、宁波、绍兴、金华、温州，地方通判各一人。海防通判一人
湖北	荆州府理事同知一人。武昌、汉阳、安陆、德安、荆州、襄阳、郧阳、宜昌、施南，地方同知各一人。黄州府二人	武昌、汉阳、襄阳、郧阳、黄州、荆州、宜昌，地方通判各一人
湖南	乾州、凤凰、永绥直隶厅同知三人。长沙、宝庆、常德、永州、永顺，地方同知各一人	长沙、宝庆、衡州、辰州、永州、南洲，地方通判各一人。晃州厅通判一人
陕西	西安府孝义、宁陕、同州府潼关、汉中府佛坪、留坝、定远，抚民厅同知六人。西安府地方同知一人。西安、延安、榆林，理事同知各一人	兴安府汉阴、砖坪厅，抚民通判各一人
甘肃	巩昌府洮州、西宁府贵德、循化、丹噶尔、凉州府庄浪、宁夏府宁灵，同知各一人。宁夏府理事同知一人	化平川直隶厅、西宁府巴燕戎格、甘州府抚彝，通判三人。凉州理事通判一人。宁夏府地方通判一人

续表

省	同知	通判
新疆	伊犁理事同知一人。镇西、库尔喀喇乌苏、精河、塔城、喀喇沙尔、库车、乌什、英吉沙尔，直隶厅同知各一人。吐鲁番同知一人	伊犁府霍尔果斯通判一人。玛喇巴什直隶厅通判一人。哈密通判一人
四川	叙永、石砫、松潘，直隶厅同知三人。成都府理番厅同知一人。叙州府马边、宁远府越嶲、重庆府江北、雅州府打箭炉、靖西关，抚民同知五人。成都府理事同知、地方同知各一人	绥定府城口厅、嘉定府峨边、叙州府雷波，抚民通判各一人。成都、夔州、潼川、嘉定，地方通判各一人
广东	连山、佛冈、阳江、赤溪，直隶厅同知四人。广州、潮州、雷州，海防同知各一人。广州府佛山、虎门，同知二人，理事同知一人。潮州地方同知一人	广州、惠州、潮州、高州，地方通判各一人
广西	太平府龙州、上思、百色，直隶厅抚民同知各一人。桂林、庆远、平乐、梧州、南宁、太平，地方同知各一人	桂林府龙胜抚民通判一人。柳州、思恩、平乐、浔州，地方通判各一人。百色厅恩阳理苗州判一人
云南	景东、蒙化、永北、镇沅、镇边，直隶厅同知五人。昭通府大关、普洱府思茅、威远、丽江府中甸、永昌府龙陵、腾越厅，抚民同知六人。云南、临安、开化、东川，地方同知各一人	昭通府鲁甸、丽江府维西、顺宁府猛缅、普洱府他郎，抚民通判四人。大理府地方通判一人
贵州	仁怀、松桃、普安，直隶厅同知三人。贵阳府罗斛、安顺府郎岱、都匀府八寨、镇远府台拱、黎平府古州，抚民同知五人	安顺府归化、镇远府清江、黎平府下江、都匀府都江、丹江、大定府水城，抚民通判六人

附录 B　清直隶州佐贰官表

省	州同	州判
直隶	易州、定州，州同各一人	遵化州、易州、冀州、赵州、深州，州判各一人
山东	济宁州、临清州，州同各一人	济宁州、临清州，州判各一人
山西		平定州、代州、解州、绛州，州判各一人
河南	汝州州同一人	许州、陕州、光州，州判各一人
江苏	太仓州、通州，州同各一人	海州州判一人
安徽	和州、六安州、泗州，州同各一人	广德州、泗州，州判各一人

续表

省	州同	州判
江西		宁都直隶州州判一人
福建	永春州、龙岩州，州同各一人	
台湾	台东直隶州，州同一人	台东直隶州，州判一人
湖北	荆门直隶州，州同一人	
湖南	桂阳州州同一人	澧州、靖州，州判各一人
陕西	商州州同一人	乾州、鄜州，州判各一人
甘肃	阶州、肃州，州同各一人	阶州、秦州、固原州，州判各一人
四川	酉阳州州同一人	资州、绵州、酉阳州、忠州、眉州、泸州，州判各一人
广东	南雄州、嘉应州，州同各一人	连州、罗定州，州判各一人
广西		郁林州州判一人
云南		广西州州判一人

附录 C 清州佐贰官表

省	州同	州判
吉林	伊通州州同一人	
直隶	河工州同共三人	涿州、平泉州、磁州、开州、延庆州，地方州判各一人。涿州、通州、霸州、安州、滦州、景州、沧州，管河州判共十人
山东	莒州、宁海州、平度州、胶州，地方州同各一人。河工州同共二人	德州、滨州、濮州、高唐州，地方州判各一人。河工州判共二人
河南	邓州州同一人	禹州、睢州、信阳州，地方州判各一人。郑州管河州判一人
安徽	无为州、寿州、亳州，州同各一人	宿州州判一人
江西	南昌府属义宁州州同一人	
湖北	沔阳州、随州，州同各一人	兴国州、蕲州、沔阳州、鹤峰州、随州，州判各一人
湖南	武冈州州同一人	茶陵州州判一人
陕西	陇州、宁羌州，州同各一人	华州州判一人
甘肃	灵州州同一人	狄道州、河州，州判各一人
四川	崇庆州、涪州，州同各一人	简州、巴州，州判各一人

续表

省	州同	州判
广西	全州、河池、西隆三州，南丹、田州、忠州、万承、太平、龙英、江州、思州八土州，州同各一人	西隆州那地、凭祥、安平、向武四土州，州判各一人
云南	镇雄州州同一人	南安州、姚州、镇雄州，州判各一人
贵州	独山州、贞丰州，州同各一人	定番州州判二人

附录D　清县佐贰官表

省	县丞	主簿
奉天	宽甸县长甸河、通化县柳树河，县丞各一人	主簿一人
直隶	大兴、宛平，京县县丞二人。良乡县、密云县、房山县、東鹿县、建昌县、赤峰县、南宫县、赤城县、万全县，地方县丞各一人。大名县管河兼地方县丞一人。河工县丞共二十一人	河工主簿共二十一人
山东	历城县、章丘县、禹城县、平原县、长山县、齐河县、长清县、泰安县、东阿县、惠民县、利津县、蒲台县、滋阳县、邹县、滕县、汶上县、阳谷县、兰山县、沂水县、曹县、聊城县、茌平县、恩县、益都县、寿光县、安邱县、蓬莱县、莱阳县、掖县、潍县、昌邑县，地方县丞各一人。河工县丞共五人	历城县、泰安县，地方主簿各一人。河工主簿共十二人
山西	阳曲县、永济县、平陆县、长治县、长子县、大同县，县丞各一人	太谷县主簿一人
河南	祥符县、荥泽县、淮宁县、太康县、商丘县、鹿邑县、夏邑县、永城县、浚县、滑县、河内县、洛阳县、宜阳县、灵宝县、阌乡县、唐县、汝阳县、固始县，地方县丞各一人。河工县丞共十人	河工主簿共八人
江苏	上元县、江宁县、句容县、吴县、长洲县、元和县、昆山县、常熟县、吴江县、震泽县、崇明县、嘉定县、宝山县、华亭县、奉贤县、娄县、上海县、南汇县、青浦县、武进县、无锡县、江阴县、宜兴县、靖江县、金坛县、溧阳县、山阳县、清河县、沭阳县，地方县丞各一人	吴县、长洲县、元和县、昭文县、吴江县、宝山县、娄县、上海县、青浦县、阳湖县、金匮县、丹徒县、丹阳县、如皋县，地方主簿各一人

续表

省	县丞	主簿
安徽	怀宁县、桐城县、潜山县、宿松县、歙县、休宁县、婺源县、宣城县、泾县、南陵县、贵池县、当涂县、合肥县、凤阳县、阜阳县，地方县丞各一人	宣城县、凤阳县、怀远县、定远县，主簿各一人
江西	南昌县、新建县、丰城县、进贤县、奉新县、靖安县、武宁县、鄱阳县、余干县、乐安县、浮梁县、德兴县、安仁县、万年县、上饶县、玉山县、弋阳县、广丰县、贵溪县、铅山县、都昌县、建昌县、安义县、南城县、新城县、南丰县、泸溪县、临川县、金溪县、崇仁县、东乡县、清江县、新淦县、新喻县、峡江县、高安县、新昌县、上高县、庐陵县、泰和县、吉水县、永丰县、安福县、龙泉县、万安县、永新县、赣县、上犹县，县丞各一人	南昌县、新建县，主簿各一人
福建	闽县、侯官县、古田县、福清县、晋江县、南安县、同安县、建安县、建阳县、瓯宁县、崇安县、浦城县、松溪县、南平县、顺昌县、宁化县、上杭县、莆田县、邵武县、龙溪县、漳浦县、平和县、宁德县，县丞各一人	闽县主簿一人
台湾	彰化、凤山、嘉义，三县县丞各一人。噶玛兰厅县丞一人	
浙江	钱塘县、仁和县、富阳县、余杭县、嘉兴县、秀水县、嘉善县、海盐县、平湖县、桐乡县、乌程县、归安县、长兴县、武康县、安吉县、鄞县、慈溪县、奉化县、镇海县、山阴县、会稽县、萧山县、诸暨县、余姚县、上虞县、临海县、黄岩县、宁海县、太平县、金华县、兰溪县、东阳县、永康县、西安县、龙游县、江山县、常山县、开化县、桐庐县、永嘉县、瑞安县、乐清县、平阳县、丽水县、青田县，县丞各一人	钱塘县、仁和县、嘉兴县、秀水县、嘉善县、石门县、平湖县、乌程县、归安县、长兴县、德清县，主簿各一人
湖北	江夏县、武昌县、蒲圻县、汉阳县、孝感县、钟祥县、京山县、天门县、襄阳县、黄冈县、麻城县、黄梅县、江陵县、监利县、长乐县、恩施县、利川县、建始县，县丞各一人	潜江县、枣阳县、江陵县、监利县，主簿各一人
湖南	长沙县、善化县、湘潭县、湘阴县、浏阳县、益阳县、湘乡县、巴陵县、衡阳县、武陵县、沅陵县、芷江县、麻阳县、零陵县，县丞各一人	巴陵县主簿一人
陕西	长安县、咸宁县、咸阳县、兴平县、临潼县、泾阳县、三原县、盩厔县、渭南县、富平县、大荔县、凤翔县、宝鸡县、洋县、西乡县、略阳县、平利县、甘泉县，县丞各一人	长安县、朝邑县、紫阳县，主簿各一人
甘肃	皋兰县、隆德县、平罗县、平番县、张掖县、高台县、海城县、陇西县、安化县，县丞各一人	平罗县主簿一人

续表

省	县丞	主簿
新疆	阜康县县丞一人	
四川	成都县、华阳县、西昌县、冕宁县、盐源县、南部县、渠县、大竹县、巴县、平武县、三台县、遂宁县、蓬溪县、荣县、永宁县、梁山县，县丞各一人。富顺县县丞二人	南充县、东乡县、平武县，主簿各一人
广东	南海县、番禺县、顺德县、东莞县、新宁县、香山县、新会县、三水县、新安县、曲江县、归善县、海丰县、海阳县、潮阳县、揭阳县、高要县、合浦县、遂溪县、琼山县、防城县，县丞各一人	南海县、增城县，主簿各一人
广西	临桂县、永福县、宜山县、上林县、恩隆县、凌云县、平乐县、贺县、崇善县，县丞各一人	罗城县、怀远县，主簿各一人
云南	昆明县、文山县、永善县，县丞各一人	
贵州	镇远县、施秉县、天柱县、铜仁县、开泰县、永从县、普安县、清平县、荔波县、锦屏乡，县丞各一人	镇远县主簿一人

附录 E　雍正时期河南府县佐贰官分驻表

官名	序号	任职范围	驻扎地	类别
同知	1	开封府上南河	中牟县杨桥	分事
	2	开封府下南河	开封府城	分事
	3	开封府上北河	杨武县	分事
	4	开封府下北河	祥符县陈桥镇	分事
	5	彰德府管河	彰德府城	分事
	6	怀庆府黄河	武陟县二铺营	分事
州判	1	郑州	州城	分事
通判	1	归德府管河	考城县	分事
	2	卫辉府管河	卫辉府	分事
	3	怀庆府沁河	河内县清化镇	分事
	4	河南府兼管河	河南府城	分事
县丞	1	荥泽县	荥泽县	同城
	2	阳武县	阳武县	同城
	3	中牟县	中牟县	同城
	4	祥符县	祥符县	同城

续表

官名	序号	任职范围	驻扎地	类别
县丞	5	陈留县	陈留县	同城
	6	兰阳县	兰阳县	同城
	7	仪封县	仪封县	同城
	8	虞城县	虞城县	同城
	9	安阳县	安阳县	同城
	10	汤阴县	汤阴县	同城
	11	内黄县	内黄县	同城
	12	汲县	汲县	同城
	13	新乡县	新乡县	同城
	14	获嘉县	获嘉县	同城
	15	淇县	淇县	同城
	16	浚县	濬县	同城
	17	滑县	滑县	同城
	18	武陟县	武陟县	同城
	19	河内县	河内县	同城
	20	修武县	修武县	同城
	21	巩县	巩县	同城
	22	灵宝县	灵宝县	同城
	23	阌乡县	阌乡县	同城
主簿	1	原武县	原武县	同城
	2	阳武县	阳武县	同城
	3	封丘县	封丘县	同城
	4	祥符县南岸	祥符县	同城
	5	祥符县	祥符县陈桥镇	分防
	6	兰阳县	兰阳县王里集	分防
	7	仪封县	仪封县小宋集	分防
	8	商丘县	商丘县	同城
	9	考城县	考城县	同城
	10	虞城县	虞城县	同城
	11	辉县	辉县	同城

续表

官名	序号	任职范围	驻扎地	类别
主簿	12	孟县	孟县	同城
	13	荥泽县	荥泽县	同城
	14	武陟县沁河	武陟县木乐店	分防

附录 F　明清直隶府县名宦表

官职	出身	姓名	时期	事迹
蓟州判	无记载	吴万里	永乐初	有政事，能文章，卒于官，吏民怀之
顺天通判	无记载	舒向	弘治间	刚介负气节，事所当为，虽权势不能屈，惠政及民，民爱戴之
顺天通判	无记载	汪循	正德初	刘瑾擅权，循奋然曰：是将不利社稷，安忍坐视不言。三抗疏请裁抑中官，言极凯切
蓟州同知	进士	周臣	正德间	由主事谪。时徭役无常，重为民困，臣接籍清审，立为定则，百姓安之
迁安主簿	无记载	金彦祥	洪武三年	元将姜文靖内侵，围永平，彦祥以迁安簿，转饷不乏，及兵迫县，悉力拒守，事平，擢知本县，升兵部主事
永平府同知	举人	张守	嘉靖时	署滦篆。旧例草束赴京，民甚病之，守疏请改附近仓驿，岁省银十之九。中官镇守，恶其不利已，妄奏械系，科道交章荐救得免，滦人祀之
永平府推官	无记载	沈之唫	嘉靖时	值大水，之唫缚筏拯溺，散粟赈饥，生全甚众
容城县丞	无记载	张珙	正统间	服官清谨。正统间兵变，官马被掠殆尽，珙诣阙申诉，得免赔补，民感之
完县主簿	无记载	林巍	正统间	九载秩满当迁，县民陈其善抚字，乞留任，诏增一级还之
清苑管马主簿	无记载	高俨	正统时	得民心，九载满将去，适县阙丞，父老乞于朝，以俨为之，果以善政闻
保定府推官	无记载	张铨	崇祯	郡有两是亭，祀杨继宗、许逵，履任日，梦入亭中，神揖之曰：虚席以待子矣。后尽节辽东，果符所梦

续表

官职	出身	姓名	时期	事迹
保定府同知	贡生	邵宗元	崇祯	甲申三月，流贼破固关，宗元方摄府篆，集绅士，严城守。督师李建泰闻京师陷，讽之降。宗元慷慨责之，与新守何复，协心死守，城陷，骂贼遇害，手犹持印不解。贼剜其指抉之去何。邵忠烈，人比之张、许焉
推官	无记载	李献明	崇祯	以查阅兵饷，抵遵化，北兵猝至，或以遵化非治属，宜急返。献明叱曰：莫非王土？安有舍此他适者。城陷，偕饷司何天球，知县徐泽，同死之
河间府通判	无记载	段钊	弘治中	时军民储峙，豪右久擅其利，而民常苦于输纳。钊至，悉按以法，核计称平。属邑兴济县，为昭圣皇太后故里，敕使营兵，供亿巨万，钊综理有要，长贰忌其能，中伤之，遂解任去，行橐萧然，时论称屈
河间府同知	举人	蒋劝善	崇祯	在官一介不苟，与忤当道，拂衣归。著述甚富，明末流寇逼降，不屈死之
顺德府通判	进士	归有光	嘉靖末	掌马政。有光至署，土室蓬户，读书其中，与家居无异。寻升太仆寺丞
彰德府推官	进士	陈与郊	万历间	剖决疑狱，人皆悦服。署郡邑篆，新法积谷不敷者降罚，与郊毅然曰：民已穷矣，我复剥割以应时求，非民父母也。人称曰陈佛子
广平府通判	进士	茅坤	嘉靖中	负海内重名，尝佐陈给事棐，修大名志，为冉子祠堂记，辨析精详，至今脍炙人口
广平府通判	进士	毛汝麟	嘉靖中	和易近人，不立崖岸。摄篆肥乡，恤疾苦，均徭役，优礼士大夫，修振学宫，比去，士民遮道留
清河县丞	监生	孙惟中	隆庆中	一仆自随，独励苦节，自言死期，逾月暴卒。检囊中仅余钱二百文，士民为举丧甚哀
广平府推官	进士	张凤翔	万历末	年少精敏，平反无冤抑，两摄邑篆，皆有政声，历仕至尚书
广平府推官	进士	徐廷宗	天启中	性简朴，执法无移。值水患，民露处失所，廷宗罄囊赈济，不继，鬻袍带以佐之
开州同知	进士	何塘	正德初	官修撰，刚正不阿，以忤刘瑾谪。时称其一介不取之廉，万夫不当之勇

续表

官职	出身	姓名	时期	事迹
开州同知	进士	潘埙	正德间	由兵科都给事忤权贵谪。先是城旷而虚，白昼行劫，埙徙乡里富豪千余家实城中，市廛稠密，奸盗敛息。尝修忠烈二祠及循吏乡先生，行实炳烈者入祠，惠政不可悉举
大名府推官	进士	王德	嘉靖间	决狱如神，滑人为捕贼诬陷，德谳出之，滑人立祠以祀
大名府通判	进士	潘骖	嘉靖间	治操体要，所著大名府志，常时与茅坤并称
大名府推官	进士	方大镇	嘉靖	己丑（1529 年）赈贫寒。活疑狱百三十人。后仕至大理寺卿，擢刑科给事中
大名府推官	进士	许赞	万历	以明法举职。有夜杀人者，取其首去，比晓，刘姓负薪于途，拾其刃置薪上，逻者执之，遂诬服。赞独疑之曰：岂有手刃人而犹露其刃者。乃榜市曰：刘某杀人已服罪，有能得其首者赏。乃得杀人者，负薪者始释
南乐县主簿	无记载	鞠珍	万历	常禄之外，一无濡染。诣部考绩，自陈老不能任职，乞归。冢宰王公叹曰：吾有愧乎尔矣
东路通判	举人	刘汝登	万历末	会计出纳，登籍详明。督府巡历怀城，概问钱粮大数，汝登抗言无弊。督府嫌其戆直，下之狱，商民军士涕泣拥诉居数日，勾籍簿记，见其纤悉无遗，绝无侵冒可指，遂贤而释之
东路通判	恩贡	刘必绍	嘉靖	署保安州事，会计暇则听断，才识敏练。案无留滞。军民感颂之。考满，州民吁留，以同知管州事，复任三年，转陕西平凉同知，百姓复诣阙请留，部议以新衔久任
东路通判	选贡	杜齐名	嘉靖	军饷出纳，纤悉不苟，上官以其廉能，委任城墉、墩堡、桥梁、水利诸大工，齐名必躬亲营度而后分任，课其成功，政不苛细，民无淹狱，军民安之。寻升两淮运副，百姓攀留命，以新衔仍旧职
西路通判	举人	原阙	万历末	遗爱于民，至今感颂不衰
南路通判	岁贡	蔺民孚	崇祯中	有善政，吏民德之
宣府推官	举人	李师圣	崇祯中	致仕客居保安，甲戌（1634 年）城破，全家尽节。事闻，予赠荫，建祠南关祀之

续表

官职	出身	姓名	时期	事迹
易州通判	无记载	张友闻	洪熙	以冗员当去，适他判官督马政者，以亲丧去。部民言友闻廉干，乞即留督马政。从之，政绩益著
枣强县丞	无记载	杨琛	正统	任枣强典史，公平廉谨，民爱之，保升本县丞，食知县俸，卒于官
安平县丞	无记载	耿福缘	永乐初	廉能才干，抚民有方，以母忧去，耆老赴阙请留，敕吏部记名，比服阕，民恳请复任，诏从之
定州通判	翰林院检讨	耿裕	天顺末	清慎公勤，不以升沉易节，于民事尤尽心，三载复旧职，历官吏部尚书
永平同知	举人	梁泰来	顺治	廉静自持，推诚待物，民不忍欺，时称长者，上官多器重之
永平同知	中书	罗京	顺治	历事详慎，严饬胥吏，有穷民鬻女偿逋，京为赎还
永平推官	贡生	尤侗	顺治	学识优长，治政明决，优礼师儒，因材鼓舞，士习丕变，后登博学宏词科，官翰林院检讨
山海关管关通判	无记载	刘观澜	顺治	值悍卒狂逞，顽民影附，抚御劳心，卒于官。关人为敛资归其丧，祀名宦
保定府同知	进士	常大忠	康熙	端严有守，创建忠烈祠于西郊，祀甲申诸尽节者。无何疾作，闻完县大祲，倾囊助赈，及卒，榇不能归，郡人感思不置，祀名宦
保定府同知	无记载	宋基	康熙	职司捕盗，严保甲，慎缉捕，常冬日出巡，遇贫士衣葛，解囊以赈，仍劝勉之，祀名宦
正定府推官	进士	胡文学	顺治	巨寇高鼎踞恒之西山绝顶，垂二十年，并代绛、晋俱骚动。文学请益汛兵，端意招抚，鼎率众出降。又井陉贼聚众事败，指称伪牒，株连数百人，文学严治其党，举伪牒尽焚之，人情始安，举卓异第一，擢御史
大名府同知	无记载	季璜	顺治	精明廉介，人有铸金为古砚馈者，璜书其上云：古砚古砚，为何相见；名石非石，滋我颜汗。送入黉宫，用修圣殿。后以诖误去，民思之，留其子洼即家焉
大名府通判	举人	范明德	康熙	风裁峻整，治狱不阿上官意。督府幕士某犯罪，明德惩治之，其人肤愬于上。明德曰，某守法吏，使今以上官挠法岂宪台意耶，督府颔之，卒于官，贫不能殓，士民悼焉

续表

官职	出身	姓名	时期	事迹
开州州同	贡生	程正性	康熙	建学宫，捐俸以资贫士膏火。历升永宁府同知，卒于官
宣府推官	举人	陆浚睿	顺治	宣为古上谷地，素称难治，前官皆用法绳之，睿独以宽，察重囚巩加世、段大、康性全等之冤，出之狱。甄拔隽彦，塞外士习，为之振起
河间府推官	拔贡	方畿	康熙	驻扎宣府，仁明平恕，活累囚数十人，有疑狱数年不决者，一讯即服。畿工诗，政暇则登山啸咏，后迁汉中府同知
西宁管粮通判	无记载	陈天栋	康熙	庚申岁（1680 年）歉民饥，天栋力请上官蠲赈，全活数万人，荐举卓异，以艰去，民思之，立遗爱碑，祀名宦

参考文献

1. 史料

[1] 官修．明太祖实录［M］．台北史语所影印本．1962.

[2] 官修．明太宗实录［M］．台北史语所影印本．1962.

[3] 官修．明仁宗实录［M］．台北史语所影印本．1962.

[4] 官修．明宣宗实录［M］．台北史语所影印本．1962.

[5] 官修．明英宗实录［M］．台北史语所影印本．1962.

[6] 官修．明孝宗实录［M］．台北史语所影印本．1962.

[7] 官修．明宪宗实录［M］．台北史语所影印本．1962.

[8] 官修．明武宗实录［M］．台北史语所影印本．1962.

[9] 官修．明世宗实录［M］．台北史语所影印本．1962.

[10] 官修．明穆宗实录［M］．台北史语所影印本．1962.

[11] 官修．明神宗实录［M］．台北史语所影印本．1962.

[12] 不著撰人．官箴书集成［M］．合肥：黄山书社，1997.

[13] 官修．清高宗实录［M］．北京：中华书局，1985.

[14] 官修．清世祖实录［M］．北京：中华书局，1985.

[15] 官修．清圣祖实录［M］．北京：中华书局，1985.

[16] 官修．清宣宗实录［M］．北京，中华书局，1985.

[17] 不著撰人．吏部考功司题稿［M］．台北：台湾伟文图书公司，1977.

[18] 陈龙正．几亭全书［M］//四库禁毁书丛刊．北京：北京出版社，1998.

[19] 陈子龙，等．明经世文编［M］．影印本．北京：中华书局，1962.

[20] 陈子龙，等．明经世文编补遗［M］．影印本．北京：中华书局，1962.

[21] 陈子龙．安雅堂稿［M］．孙启治，校点．沈阳：辽宁教育出版社，2003.

[22] 范濂．云间据目抄［M］．扬州：江苏广陵古籍刻印社，1984.

[23] 冯梦龙．警世通言［M］．北京：作家出版社，1956.

[24] 高攀龙．高子遗书［M］//景印文渊阁四库全书．台北：台湾商务印书馆，1983.

[25] 黄宗羲．明文海［M］．北京：中华书局，1987.

[26] 焦竑．国朝献征录［M］．台北：台湾学生书局，1984.

[27] 李乐．见闻杂记［M］．上海：上海古籍出版社，1986.

[28] 李清．三垣笔记［M］．顾思，点校．北京：中华书局，1982.

[29] 李诩．戒庵老人漫笔［M］．北京：中华书局，1982.

[30] 李中馥．原李耳载［M］．凌毅，点校．北京：中华书局，1987.

[31] 林文俊．方斋存稿［M］//景印文渊阁四库全书．台北：台湾商务印书馆，1983.

[32] 林希元．林次崖先生文集［M］．厦门：厦门大学出版社，2015.

[33] 陆容．菽园杂记［M］．佚之，点校．北京：中华书局，1985.

[34] 吕坤．实政录［M］．续修四库全书本．上海：上海古籍出版社，1995.

[35] 中华书局上海编辑所．祁彪佳集［M］．北京：中华书局，1960.

[36] 邵景詹．觅灯因话［M］．上海：上海古籍出版社，1981.

[37] 申时行，等．明会典［M］．北京：中华书局，1989.

[38] 沈德符．万历野获编［M］．北京：中华书局，1959.

[39] 沈鲤．亦玉堂稿［M］//景印文渊阁四库全书．台北：台湾商务印书馆，1983.

[40] 王临亨．粤剑编［M］．凌毅，点校．北京：中华书局，1987.

[41] 王樵．方麓集［M］//景印文渊阁四库全书．台北：台湾商务印书馆，1983.

[42] 王世贞．弇山堂别集［M］．魏连科，点校．北京：中华书局，1985.

[43] 王廷相．浚川公移集［M］．大阪大学图书馆影印明刻本.

[44] 西周生．醒世姻缘传［M］．黄肃秋，校注．上海：上海古籍出版社，1981.

[45] 谢肇淛．五杂组［M］．上海：上海书店出版社，2001.

[46] 叶盛．水东日记［M］．魏中平，点校．北京：中华书局，1980.

[47] 袁帙．世纬［M］//景印文渊阁四库全书．台北：台湾商务印书馆，1983.

[48] 张德信，毛佩琦．洪武御制全书［M］．合肥：黄山书社，1995.

[49] 张瀚．松窗梦语［M］．盛冬铃，点校．北京：中华书局，1985.

[50] 张居正．张太岳集［M］．上海：上海古籍出版社，1984.

[51] 张肯堂．䇲辞［M］．台北：台湾学生书局，1970.

[52] 张卤．皇明制书［M］．续修四库全书本．上海：上海古籍出版社，1995.

[53] 张萱．西园闻见录［M］．波士顿：哈佛燕京学社，1940.

[54] 赵南星．赵忠毅公诗文集［M］//四库禁毁书丛刊．北京：北京出版社，2000.

[55] 郑本忠．安分先生集［M］．民国抄本.

[56] 郑晓．今言［M］．最早刻本是嘉靖四十五年（1566 年）.

[57] 祝允明．怀星堂集［M］//景印文渊阁四库全书．台北：台湾商务印书馆，1983.

[58] 陈康祺．郎潜纪闻初笔［M］．晋石，点校．北京：中华书局，1984.

[59] 陈其元．庸闲斋笔记［M］．扬州：江苏广陵古籍刻印社，1984.

[60] 东鲁古狂生．醉醒石［M］．上海：上海古籍出版社，1985.

[61] 段光清．镜湖自撰年谱［M］．北京：中华书局，1960.

[62] 段玉裁．说文解字注［M］．上海：上海古籍出版社，1981.

[63] 方浚师．蕉轩随录［M］．盛冬铃，点校．北京：中华书局，1995.

[64] 冯桂芬．校邠庐抗议［M］．上海：上海书店出版社，2002.

[65] 顾炎武．日知录集释［M］．黄汝成，集释．栾保群，等点校．石家庄：花山文艺出版社，1990.

[66] 官修．湖南省例成案选刊［M］//中国古代地方法律文献．北京：世界图书出版公司，2006.

[67] 官修．清通典［M］．杭州：浙江古籍出版社，2000.

[68] 贺长龄，等．清经世文编［M］．北京：中华书局，1992.

[69] 黄六鸿．福惠全书［M］．康熙三十八年（1699 年）种书堂刊本.

[70] 黄宗羲．明夷待访录 [M] //沈善洪．黄宗羲全集．杭州：浙江古籍出版社，1986.

[71] 纪昀．阅微草堂笔记 [M]．天津：天津古籍出版社，1994.

[72] 昆冈，李鸿章，等．钦定大清会典 [M]．光绪二十五年（1899 年）石印本.

[73] 李成林．令梅治状 [M]．清木刻本.

[74] 李卫，等．畿辅通志 [M] //景印文渊阁四库全书．台北：台湾商务印书馆，1983.

[75] 刘源溥，等．锦州府志 [M]．台北：台湾广文书局，1968.

[76] 陆世仪．复社纪略 [M] //续修四库全书第 438 册．上海：上海古籍出版社，1999.

[77] 陆以湉．冷庐杂识 [M]．上海：上海文明书局石印本，1929.

[78] 欧阳兆熊，金安清．水窗春呓 [M]．谢兴尧，点校．北京：中华书局，1984.

[79] 钱泳．履园丛话 [M]．张伟，点校．北京：中华书局，1979.

[80] 屈大均．广东新语 [M]．北京：中华书局，1985.

[81] 石成金．通天乐 [M]．南京：江苏古籍出版社，1990.

[82] 汪辉祖．学治臆说 [M]．北京：商务印书馆，1939.

[83] 王闿运．湘潭县志 [M]．清光绪十五年（1889 年）刻本.

[84] 王聘珍．大戴礼记解诂 [M]．北京：中华书局，1983.

[85] 吴庆坻．蕉廊脞录 [M]．北京：中华书局，1990.

[86] 吴庆坻．蕉廊脞录 [M]．张文其，刘德麟，点校．北京：中华书局，1990.

[87] 萧奭．永宪录 [M]．朱南铣，点校．北京：中华书局，1959：130.

[88] 徐栋．牧令书 [M]．清道光二十八年（1848 年）楚兴国李氏刊本.

[89] 徐珂．清稗类钞 [M]．北京：中华书局，1984.

[90] 大明令 [M] //中国珍稀法律典籍集成．杨一凡，等点校．北京：科学出版社，1994.

[91] 张廷玉，等．明史 [M]．北京：中华书局，1974.

[92] 张玉书，等．康熙字典 [M]．标点整理本．上海：汉语大词典出版社，2002.

[93] 赵翼. 廿二史札记 [M]. 北京：中国书店，1987.

[94] 赵翼. 檐曝杂记 [M]. 李解民，点校. 北京：中华书局，1982.

[95] 周学曾，等. 晋江县志 [M]. 福州：福建人民出版社，1990.

[96] 周元文，等. 重修台湾府志 [M]. 台北：台湾大通书局，1984.

[97] 酌元亭主人. 照示杯 [M]. 张琳，点校. 郑州：中州古籍出版社，1985.

[98] 韩愈. 韩昌黎文集 [M]. 马其昶，校注. 上海：上海古籍出版社，1986.

[99] 李湜. 唐江州冲阳观碑 [M]. 北京：中华书局，1983.

[100] 光绪. 清会典事例 [M]. 光绪二十五年原刻影印本. 台北：新文丰出版公司.

[101] 弘治. 徽州府志 [M]//天一阁明代地方志选刊 29. 上海：上海书店，1982.

[102] 弘治. 句容县志 [M]//天一阁明代地方志选刊 13. 上海：上海书店，1982.

[103] 弘治. 温州府志 [M]//天一阁明代地方志选刊续编 33. 上海：上海书店，1982.

[104] 弘治. 易州志 [M]//天一阁明代地方志选刊 7. 上海：上海书店，1982.

[105] 大明律 [M]. 怀效锋，点校. 北京：法律出版社，1999.

[106] 嘉靖. 海门县志 [M]//天一阁藏明代方志选刊. 上海：上海书店，1982.

[107] 嘉靖. 建宁府志 [M]//天一阁明代地方志选刊 38. 上海：上海书店，1982.

[108] 嘉靖. 江阴县志 [M]//天一阁明代地方志选刊 15. 上海：上海书店，1982.

[109] 嘉靖. 兰阳县志 [M]//天一阁明代地方志选刊续编 52. 上海：上海书店，1982.

[110] 嘉靖. 隆庆志 [M]//天一阁藏明代方志选刊. 上海：上海书店，1982.

[111] 嘉靖. 宁国府志 [M]//天一阁明代地方志选刊 21. 上海：上海书

店，1982.

［112］嘉靖．浦江志略［M］//天一阁藏明代方志选刊 26. 上海：上海书店，1982.

［113］嘉靖．青州府志［M］//天一阁明代地方志选刊 21. 上海：上海书店，1982.

［114］嘉靖．寿州志［M］//天一阁明代地方志选刊 34. 上海：上海书店，1982.

［115］嘉靖．太原县志［M］//天一阁明代地方志选刊 10. 上海：上海书店，1982.

［116］嘉靖．温州府志［M］//天一阁明代地方志选刊 21. 上海：上海书店，1982.

［117］嘉靖．宿州志［M］//天一阁藏明代方志选刊．上海：上海书店，1982.

［118］嘉靖．延平府志［M］//天一阁明代地方志选刊 21. 上海：上海书店，1982.

［119］嘉靖．鄢城县志［M］//天一阁明代地方志选刊续编 59. 上海：上海书店，1982.

［120］隆庆．海州志［M］//天一阁明代地方志选刊 12. 上海：上海书店，1982.

［121］乾隆．汀州府志［M］．影印本．台北：成文出版社，1967.

［122］万历．福州府志［M］//日本藏中国罕见地方志丛刊．北京：书目文献出版社，1990.

［123］万历．淮安府志［M］//天一阁明代地方志选刊续编 8. 上海：上海书店，1982.

［124］万历．通州志［M］//天一阁明代地方志选刊 12. 上海：上海书店，1982.

［125］万历．兖州府志［M］//天一阁明代地方志选刊续编 54. 上海：上海书店，1982.

［126］正德．松江府志［M］//天一阁明代地方志选刊 5. 上海：上海书店，1982.

［127］雍正．广东通志［M］//景印文渊阁四库全书．台北：台湾商务印

书馆，1983.

［128］雍正．山西通志［M］//景印文渊阁四库全书第545册．台北：台湾商务印书馆，1983.

［129］雍正．江西通志［M］//景印文渊阁四库全书．台北：台湾商务印书馆，1983.

［130］雍正．处州府志［M］//中国地方志丛书．清雍正十一年刊本.

2. 著述

［1］柏桦．父母官：明清州县官群像［M］．北京：新华出版社，2015.

［2］柏桦．明代州县政治体制研究［M］．北京：中国社会科学出版社，2003.

［3］柏桦．明清州县官群体研究［M］．天津：天津人民出版社，2003.

［4］陈义钟．海瑞集［M］．北京：中华书局，1962.

［5］关文发，颜广文．明代政治制度研究［M］．北京：中国社会科学出版社，1995.

［6］李凤鸣．清代州县官吏的司法责任［M］．上海：复旦大学出版社，2007.

［7］李洵．论明代的吏［M］//下学集．北京：中国社会科学出版社，1995.

［8］林聚任，刘玉安．社会科学研究方法［M］．济南：山东人民出版社，2004.

［9］林玉茹．清代台湾港口的空间结构［M］．台北：知书房出版社，1996.

［10］刘声木．苌楚斋五笔［M］．北京：中华书局，1998.

［11］刘子扬．清代地方官制考［M］．北京：紫禁城出版社，1988.

［12］那思陆．清代州县衙门审判制度［M］．范忠信，尤陈俊，勘校．北京：中国政法大学出版社，2006.

［13］瞿同祖．清代地方政府［M］．北京：法律出版社，2011.

［14］王笛．跨出封闭的世界——长江上游区域社会研究［M］．北京：中华书局，1993.

［15］王亚南．中国官僚政治研究［M］．北京：中国社会科学出版社，1981.

[16] 韦庆远．《明清档案》与顺治朝官场 [M] //韦庆远．明清史新析．北京：中国社会科学出版社，1995.

[17] 吴吉远．清代地方政府的司法职能研究 [M]．北京：中国社会科学出版社，1998.

[18] 吴泽霖．社会约制 [M]．上海：世界书局，1934.

[19] 夏东元．郑观应集 [M]．上海：上海人民出版社，1982.

[20] 尹章义．台湾开发史研究 [M]．台北：联经出版事业公司，1989.

[21] 张显清，林金树，等．明代政治史 [M]．桂林：广西师范大学出版社，2003.

[22] 张显清．严嵩传 [M]．合肥：黄山书社，1992.

[23] 赵尔巽，等．清史稿 [M]．标点本．北京：中华书局，1977.

[24] 郑起东．转型期的华北农村社会 [M]．上海：上海书店出版社，2004.

[25] 郑天挺，等．中国历史大辞典（音序本）[M]．上海：上海辞书出版社，2007.

[26] 中国第一历史档案馆．乾隆朝惩办贪污案件选编 [M]．北京：中华书局，1994.

[27] 周振鹤．中国地方行政制度史 [M]．上海：上海人民出版社，2005.

[28] 撰人不详．新编觉世梧桐影 [M] //明清善本小说丛刊．台北：天一出版社，1985.

[29] 戴炎辉．清代台湾之乡治 [M]．台北：联经出版事业公司，1979.

[30] 方志远．明代国家权力结构及运行机制 [M]．北京：科学出版社，2008.

[31] 黄宗羲．明夷待访录 [M]．赵轶峰，注说．郑州：河南大学出版社，2016.

[32] 何俊志．结构、历史与行为——历史制度主义对政治科学的重构 [M]．上海：复旦大学出版社，2004.

[33] 凯尔森．法与国家的一般理论 [M]．沈宗灵，译．北京：中国大百科全书出版社，1996：215.

[34] 老尼克．开放的中华：一个番鬼在大清国 [M]．钱林森，蔡宏宁，

译. 济南：山东画报出版社，2004.

[35] 孟德斯鸠. 论法的精神 [M]. 张雁深，译. 北京：商务印书馆，1961.

[36] E. 博登海默. 法理学法律哲学与法律方法 [M]. 邓正来，译. 北京：中国政法大学出版社，1999.

[37] N. 维纳. 人有人的用处：控制论与社会 [M]. 陈步，译. 北京：商务印书馆，1978.

[38] 艾尔·巴比. 社会研究方法（第 8 版）[M]. 邱泽奇，译. 北京：华夏出版社，2000.

[39] 爱德华·罗斯. 社会控制 [M]. 秦志勇，毛永政，译. 北京：华夏出版社，1989.

[40] 安东尼·唐斯. 官僚制内幕 [M]. 郭小聪，等译. 北京：中国人民大学出版社，2006.

[41] 盖伊·彼得斯. 政治科学中的制度理论："新制度主义" [M]. 王向民，段红伟，译. 上海：上海世纪出版集团，2011.

[42] 肯尼斯·D. 贝利. 现代社会研究方法 [M]. 许真，译. 上海：上海人民出版社，1986.

[43] 劳伦斯·M. 弗里德曼. 法律制度——从社会科学角度观察 [M]. 李琼英，林欣，译. 北京：中国政法大学出版社，2004.

[44] 罗·庞德. 通过法律的社会控制、法律的任务 [M]. 沈宗灵，董世忠，译. 北京：商务印书馆，1984.

[45] 魏斐德. 洪业：清朝开国史 [M]. 陈苏镇，薄小莹，等译. 南京：江苏人民出版社，2003.

[46] 宫崎市定. 清代的胥吏和幕友 [M] //日本学者研究中国史论著选译·明清卷. 北京：中华书局，1993.

[47] B. B. 伊万诺夫. 历史比较法 [M] //项观奇. 历史比较研究法. 济南：山东教育出版社，1986.

[48] 魏丕信. 18 世纪中国的官僚制度与荒政 [M]. 徐建青，译. 南京：江苏人民出版社，2002.

[49] 艾马克. 中国的法律与地方社会：十九世纪的北部台湾（Law and Local Society in Late Imperial China：North Taiwan in the Nineteenth Century）

[M]. 台北：播种者文化有限公司，2003.

[50] 罗威廉. 汉口：一个中国城市的商业和社会（1796—1889）[M]. 江溶，鲁西奇，译. 北京：中国人民大学出版社，2008.

[51] 瓦特. 衙门与城市行政管理 [M] //施坚雅. 中华帝国晚期的城市. 叶光庭，等译. 陈桥驿，校. 北京：中华书局，2000.

[52] 织田万. 清国行政法 [M]. 北京：中国政法大学出版社，2002.

[53] 三木聪. 明清福建农村社会の研究 [M]. 北海道大学图书刊行会，2002.

[54] 森田明. 清代水利与区域社会 [M] //国家清史编纂委员会·编译丛刊. 雷国山，译. 叶琳，审校. 济南：山东画报出版社，2008.

[55] FEUERWERKER A. State and Society in Eighteenth – Century China: The Ch'ing Empire in Its Glory [M] //Michigan Monographs in Chinese Studies. U OF M CENTER FOR CHINESE STUDIES, 1976.

[56] CHU D J. Translator's Introduction, Accomplete book concerning happiness and benevolence: a manual for local magistrates in seventeenth-century China [M]. Arizona: University of Arizona Press, 1984.

[57] WATT J R. The District Magistrate in Late Imperial China [M]. New York: Columbia University Press, 1972.

[58] REED B W. Talons and Teeth: County Clerks and Runners in the Qing Dynasty [M]. Stanford: Stanford University Press, 2000.

[59] ANTONY R J, LEONARD J K. Dragons, Tigers, and Dogs : introduction [M] // Dragons, Tigers, and Dogs : Qing Crisis Management and the Boundaries of State Power in Late Imperial China. New York: Cornell University East Asia Program, 2003.

[60] ANTONY R J, LEONARD J K. Subcounty Officials , the State, and Local Communities in Guangdong Province, 1644 – 1860 [M] // Dragons, Tigers, and Dogs: Qing Crisis Management and the Boundaries of State Power in Late Imperial China. New York: Cornell University East Asia Program, 2003.

3. 论文

[1] 冯贤亮. 明清江南地区的环境变动及其社会控制模式 [J]. 中国社会经济史研究，2001（3）.

［2］贺跃夫．晚清县以下基层行政官署与乡村社会控制［J］．中山大学学报（社会科学版），1995（4）．

［3］潮龙起．清代会党的地域环境与清政府的社会控制［J］．史学月刊，2004（4）．

［4］柏桦，李瑶．明代王命旗牌制度［J］．古代文明，2017（1）．

［5］柏桦．中国古代地方职官设置与管理智慧［J］．贵州社会科学，2013（6）．

［6］鲍宗豪，李振．社会控制的哲学反思——兼与杨桂华、何怀远等先生商榷［J］．哲学研究，2000（12）．

［7］潮龙起．从清代保甲的社会控制看会党的滋长动因［J］．云南社会科学，2006（3）．

［8］潮龙起．清代保甲的社会控制与教门势力的消长［J］．理论学刊，2011（11）．

［9］陈宝良．明代幕宾制度初探［J］．中国史研究，2001．

［10］陈祺助．清代台湾县丞与巡检设置研究［J］．高市文献，1995．

［11］陈瑞．明清时期徽州宗族社会关系控制初探［J］．安徽史学，2007（2）．

［12］陈业新．清代皖北地区行政区划及其变迁［J］．清史研究，2010．

［13］程宇昌，温乐平．文化认同与社会控制：以明清鄱阳湖区许真君信仰为例［J］．南昌大学学报（人文社会科学版），2013（5）．

［14］丁芮．从方志、族谱看晚清湖南宗族的地方社会控制［J］．中国地方志，2013（6）．

［15］冯贤亮．明清江南的州县行政与社会控制［J］．江南大学学报（人文社会科学版），2014（3）．

［16］付春，管卫江．试论明代云南社学与基层社会的软性控制［J］．云南行政学院学报，2014（2）．

［17］傅林祥．清雍正年间的次县级行政机构及其职能探析［J］．清史研究，2011（2）．

［18］高金霞，刘涛．明初朱元璋的游民治理与社会控制［J］．云南社会科学，2015（3）．

［19］吴静．宋明理学的社会控制思想述论［J］．成都纺织高等专科学校

学报，2009（4）.

［20］王吉平．唐甄社会控制思想研究［J］．重庆师范大学学报（哲学社会科学版），2006（4）.

［21］刘志松，王兆辉．国家、官绅与社会：清代州县佐杂官治区分防与治理——以元和县为例［J］．甘肃理论学刊，2015（6）.

［22］高晓波，张科．论清代青海民族纠纷解决与社会控制［J］．青海民族研究，2013（2）.

［23］李崇林．清代对新疆社会控制的法制经验总结［J］．新疆社会科学，2013（2）.

［24］郝锦花，李伟中．清末民初地方社会控制中的权力较量——以对乡村教育阵地的争夺为中心的探讨［J］．山西大学学报（哲学社会科学版），2007（2）.

［25］何朝晖．明代知县幕友小考［J］．故宫博物院院刊，2006（5）.

［26］何怀远，田佑中．社会哲学视野中的社会控制——兼就“社会系统的自在控制”问题与杨桂华先生商榷［J］．哲学研究，2000（1）.

［27］贺跃夫．晚清县以下基层行政官署与乡村社会控制［J］．中山大学学报（社会科学版），1995（4）.

［28］胡兴东．元明清时期南方民族基层社会控制制度的变迁［J］．中南民族大学学报（人文社会科学版），2005（9）.

［29］孔伟．论明代教育制度的社会控制功能［J］．商丘师范学院学报，2016（8）.

［30］李立．宋代县主簿初探［J］．城市研究，1995（4）.

［31］李细珠．清末民变与清政府社会控制机制的效能——以长沙抢米风潮中的官绅矛盾为视点［J］．历史研究，2009（4）.

［32］李智君．战时清政府对海峡西岸移民社会的控制——以台湾林爽文事件中的福建漳州府为例［J］．厦门大学学报（哲学社会科学版），2013（6）.

［33］廖小波．王阳明“心即理”社会控制思想初探［J］．重庆师范大学学报（哲学社会科学版），2005（3）.

［34］刘锦涛．试论朱元璋的社会控制思想［J］．商业时代，2009（25）.

［35］卢勇．论天津教案中晚清政府对社会舆论的引导与控制［J］．长春理工大学学报，2012（9）.

[36] 陆敏珍. 宋代县丞初探 [J]. 史学月刊，2003 (11).

[37] 茆巍. 万事胚胎始于州县乎？——从命案之代验再论清代佐杂审理权限 [J]. 法制与社会发展，2011 (4).

[38] 莫代山. 历史时期土家族地区土司的社会控制 [J]. 长江师范学院学报，2008 (3).

[39] 牛建强. 从制度层面看明代国家的基层社会控制 [J]. 中国史研究，2015 (1).

[40] 邱捷. 清末民初地方政府与社会控制——以广州地区为例的个案研究 [J]. 中山大学学报（社会科学版），2001 (6).

[41] 冉进，彭福荣. 明代酉阳土司社会控制述略 [J]. 怀化学院学报，2009 (3).

[42] 任放. 明清长江中下游市镇的管理机制 [J]. 中国历史地理论丛，2003 (1).

[43] 申立增. 清代州县佐贰杂职研究 [D]. 北京：首都师范大学，2006.

[44] 施由明. 论明代的里甲制与农村社会控制——以江西为例 [J]. 农业考古，2010 (1).

[45] 石龙，刘长芝. 论广西土司对地方的社会控制——以忻城县为个案 [J]. 法制与社会，2008 (28).

[46] 唐力行，徐茂明. 明清以来徽州与苏州基层社会控制方式的比较研究 [J]. 江海学刊，2006 (1).

[47] 万明. 明代白银货币化的总体视野：一个研究论纲 [J]. 学术研究，2017 (5).

[48] 王洪兵. 清代京师流民问题与社会控制 [J]. 北方论丛，2013 (2).

[49] 王广义. 论清代东北地区"乡约"与社会控制 [J]. 史学集刊，2009 (5).

[50] 王建革. 清代华北的蝗灾与社会控制 [J]. 清史研究，2000 (2).

[51] 王泉伟. 从分职到分防：明清州县佐贰官略论 [J]. 四川师范大学学报（社会科学版），2015 (6).

[52] 王泉伟. 论明代州县幕官的职权转变 [J]. 史学月刊，2013 (9).

[53] 王日根. 习礼成俗：明清东南海洋区域社会控制的一种路径 [J]. 江海学刊，2005 (1).

[54] 王先明，常书红．晚清保甲制的历史演变与乡村权力结构——国家与社会在乡村社会控制中的关系变化［J］．史学月刊，2000（5）．

[55] 王兆辉，刘志松．清代州县佐贰官司法权探析［J］．西南大学学报（社会科学版），2014（4）．

[56] 王兆辉．清代州县佐贰官研究综述［J］．中国史研究动态，2014（2）．

[57] 魏光奇．清代州县治理结构述要［J］．首都师范大学学报（社会科学版），2003（增1）．

[58] 吴佩林．万事胚胎于州县乎：《南部档案》所见清代县丞、巡检司法［J］．法制与社会发展，2009（4）．

[59] 修朋月，宁波．清代社会乡绅势力对基层社会控制的加强［J］．北方论丛，2003（1）．

[60] 薛彦乔．明清泉州祈雨与社会控制［J］．赤子，2014（15）．

[61] 闫鸣．门牌保甲与清代基层社会控制——以清代门牌原件为中心的考察［J］．南京大学学报（哲学·人文科学·社会科学版），2013（2）．

[62] 杨桂华．论社会系统的自在控制和自为控制［J］．哲学研究，1998（8）．

[63] 杨桂华．社会控制理论的三大历史阶段［J］．北京社会科学，1998（3）．

[64] 余燕飞．明清时期湘鄂赣交界山区的地界纷争与社会控制［J］．经济与社会发展，2008（2）．

[65] 苑桂玲．明代县级佐贰官及首领官研究——以山东各县为例［D］．曲阜：曲阜师范大学，2007．

[66] 张海英．“国权”：“下县”与“不下县”之间——析明清政府对江南市政的管理［J］．清华大学学报（哲学社会科学版），2017（1）．

[67] 张海英．明清江南市镇的行政管理［J］．学术研究，2008（7）．

[68] 张金俊．宗族组织在乡村社会控制中的运作逻辑——以清代徽州宗族社会为中心的考察［J］．江西社会科学，2011（2）．

[69] 张晓婧．明清乡村书院与地方社会控制——以徽州为中心的考察［J］．淮北师范大学学报（哲学社会科学版），2012（4）．

[70] 张研．对清代州县佐贰、典史与巡检辖属之地的考察［J］．安徽史学，2009（2）．

[71] 张研．对清代州县佐贰、典史与巡检辖属之地的考察［J］．安徽史学，2009（2）．

[72] 张玉兴．试论唐后期县丞增废及其原因［J］．唐都学刊，2008（2）．

[73] 张玉兴．唐代县主簿初探［J］．史学月刊，2005（3）．

[74] 张振国．清代地方佐杂官选任制度之变革［J］．历史档案，2008（3）．

[75] 赵崔莉．清代皖江圩区的组织功能与社会控制［J］．农业考古，2008（3）．

[76] 赵秀丽．明清时期田氏土司对容美地区的社会控制力研究［J］．中南民族大学学报（人文社会科学版），2014（1）．

[77] 赵毅，刘晓东．明代"社学"之社会属性辨析——兼及"乡村教化"与社会软性控制［J］．东北师大学报（哲学社会科学版），2007（1）．

[78] 赵玉田．明代北方灾荒的社会控制［J］．东北师大学报，2002（5）．

[79] 郑传斌，苏新留．明代河南流民问题与社会控制［J］．史学月刊，2002（6）．

[80] 郑秦．清代县制研究［J］．清史研究，1994（6）．

[81] 周蓓．聚众案件与清代基层政权的社会控制机制［J］．北方论丛，2014（3）．

[82] 邹水杰．秦汉县丞尉设置考［J］．南都学坛，2006（2）．

[83] 左平．清代县丞初探——以《清代南部县衙档案》为中心［J］．史学月刊，2011（4）．

[84] 左平．清代州县佐贰杂职官员研究综述［J］．西华师范大学学报（哲学社会科学版），2012（6）．

[85] 真水康树．清代"直隶厅"及"散厅"的定制化及其明代起源［J］．北京大学学报，1996（3）．

[86] 和田正广．明代の地方官ポストにおける身份制序列に関する一考察［J］．东洋史研究第44卷第1号，1985．

[87] 太田出．清代江南デルタ地方社会と治安维持装置［J］．大阪大学博士论文要旨40，2000．

[88] 西川喜久子．珠江三角洲の地域社会と宗族・郷绅：南海県九江郷のばあい［J］．Bulletin of Hokuriku University 14，1990．

[89] 胡恒．清代甘肃分征佐贰与州县分辖［J］．史学月刊，2013（6）．